JN269108

# 行為の経営学

Toward An Action System Theory of Management

経営学における意図せざる結果の探究

沼上 幹 著

東京 白桃書房 神田

# まえがき

　本書で展開される議論の全体像が，著者に初めて「見えた」と感じられたのは，1993年の秋のことであった．それまで自分の頭の中で未解決なまま不協和音をたて続けていた問題群のほとんどをほぼすっきりとした形で解けそうだという直観がその時点で得られたのである．
　この「問題群」というのは，大きく3つの領域の問題に分けることができる．まず第1に，今風の言い方をするならば，ミクローマクロ・ループの問題である．社会科学におけるマクロとミクロ，また長期と短期の間に見られる異なる見解に，自分なりにどのような解決を与えるのかという点について大学時代から思い悩んできた．組織論に興味をもったのも，個人の行為と組織構造の関係や集団規範の生成など，さまざまな創発的属性に充ちた研究領域だったことがひとつの重要な要因であった．組織における役割期待が個人に何らかの行動を半ば強制するというプロセスと，逆にヴィジョンとか構想に基づいた個人の主体的な行為を通じて組織構造が変化するというプロセスの両者をどのようにバランス良く捉えていくのか，という問題を組織論の領域は提供してくれたからである．しかしどれほど組織論を研究し続けても，マクロの構造が個人の行為を決定するという側面とミクロ行為がマクロの構造を生成するという側面は，それぞれ独立した別個のものであって，両者を綜合的に捉える視点が著者にはなかなか見つからないままであった．
　2番目の問題は，事例研究に向けられてきた批判にどのように応えていくべきかというものであった．著者は大学院進学以来，個別事例を丹念に追いかけるという研究スタイルをとってきた．事例を詳細に深く検討していく作業は，自分の直観では優れた洞察をもたらすものであると思われたのだが，とりわけアメリカの経営学研究者たちからは，非常に痛烈な批判を受けることになった．この批判に対する反批判として，近年のアメリカでは事例研究技法の厳密化・洗練化の努力が強力に展開されてきた．著者自身もその事例

研究法擁護論を自分の論文に利用させていただいたこともあるのだけれども，実のところそれは必ずしも著者にとって満足のいく答えにはなっていなかった．事例研究を擁護するにはもっと根本的な思考が必要であると思われたのだが，どうやって考えれば良いのかという問題まで含めて未解決なまま試行錯誤の日々が流れていった．

　当時，主としてアメリカで展開されていた事例研究技法の厳密化・洗練化の流れに乗らずに事例研究を擁護するためのひとつの手近な道は，解釈学系の議論を展開するというものであった．実際，著者はその経路に真剣に取り組もうと考えた時期があった．その経路にも一貫性をもった十分に妥当な立場を構築する可能性は存在すると思われたけれども，その経路へと向かうことは同時に企業の実践家との対話を断念するということを，すくなくとも当時の著者には意味していた．おそらくどれほど議論を単純化したとしても，経営の実践家に解釈学系の立場そのものと，そこから得られる知見の重要性を理解してもらえないであろう，と著者には思われたのである．だが，他方，法則定立的な研究を進めていくのであれば，一見，経営の実践家たちと対話しているように見え，それ故に実践家を前にしてある種の「安心感」を達成できるのだけれども，実はその相互作用をよくよく検討してみると，それは対話というよりも一方的なデータの提供と法則や指針の提供であって，知的な刺激を与え合うという関係，あるいは互いに視点を闘わせるという関係ではないという点も悩みの種であった．解釈学系の議論では実践家との対話が困難であり，法則定立的な研究では見かけはともかく実際には対話になっていない．どうにかして経営の実践家との間に互いに意義深い対話の土俵を設定できないだろうか．これが著者の直面していた3つめの問題であった．

　これらの問題群がすべて，〈行為のシステム〉という実在に関する仮定を置き，〈意図せざる結果〉を探究し，実践家との間で反省的な対話のプロセスを活発化していくという，ひとつの方法論的立場の設定によって解決できるはずである，というのが本書の基本的なストーリーである．詳しい内容については本文を参考にしていただきたいが，著者が経営学者として日常的に直面してきた問題のほとんどの領域にわたって，一応の解決を与えようとしているという意味で，ある種の体系を構築しようという努力のひとつの到達

点が本書なのである．

　この体系構築作業に関連して，2点ほど注意を促しておきたい．まず第1に，本書に含まれている章の中には当初，事例研究法を擁護するために書き始められたものもあるけれども，本書の展開している議論は単なる事例研究法の擁護論ではない．事例研究法擁護論の展開を目指して着手されたこの研究は，当初の目標をオーバーシュートし，より広くかつより深刻な問題を巡る考察へと発展していったのである．それ故，行為システム観に立った経営学あるいは行為の経営学の立場からすれば，事例研究の中にも適切なものとそうでないものがあり，また質問票を用いたサーベイ研究の中にも同様に適切なものとそうでないものがある．重要なのは，どの技法を用いるかではなく，どのような方法論的立場に立って研究を遂行するか，という点である．本書の主題は事例研究の擁護よりも遙かに広く深刻な問題の解明であり，その解明作業の副産物として，ある種の事例研究は妥当性が高い知見をもたらしうるという結論を出しているのである．

　第2に，上の注意点と関連して，著者は質問票調査を用いた研究に意味がないとか，解釈学的な研究による隠された暗黙の仮定の解明に意味がないなどといった議論を展開しているのではない，という点も強調しておきたい．著者はできるかぎり多様な方法論的バックグラウンドをもつ研究成果を吸収できるような視点を構築しようとしているのであって，他の方法論に基づいて生み出された知見をその方法論故に無意味であると位置づけるような，いわば「もったいない」ことは意図していない．しかも本書で著者が展開する行為の経営学という考え方以外にも，一貫性のある方法論上のスタンスを構築することが可能であると著者は考えている．そのように多様に存在しうる一貫した視点の中から行為の経営学という特定の視点を著者が支持するのは，この視点の背後に存在する仮定の集合が著者にとって比較的受容しやすいものだったからである．著者とは異なる仮定の集合を受容しやすいが故に異なる視点を支持するという研究者が存在することは想像に難くない．著者にとって重要なことは「何となくこちらの方が良い」という感覚をそのまま放置せずに，その根元を問いつめる作業を展開することである．そうすることで初めて方法論的多様性を受け容れられるように知識の地平を広げることが

可能なのである．学問の世界が研究者たちの間の暗黙の多数決によって動いていることを考えれば，「大半の研究者がこのような方法を用いているから」あるいは「欧米の研究者のコミュニティではこれが常識だから」といった理由で自らの方法論上のスタンスを個々の研究者が採用してしまうと，学界が衆愚政治に陥るのを避けられなくなってしまう．筋の通った対話を通じた民主主義社会として学問のコミュニティを維持していくために，個々の研究者が担わなくてはならない思考作業はきわめて深くかつ重い．本書がそのように深く重い思考作業を開始する契機になれることを著者は心から望んでいる．

なお，本書の方法論的立場に関する議論は，本来，もう１冊の拙著『液晶ディスプレイの技術革新史：行為連鎖システムとしての技術』の第１部に収められるはずだった．しかし両方合わせると出来上がりで900ページほどになってしまうことを考えて，技術革新史を中心とした書物と理論系の書物の２冊に分けることにした．それ故，本書の方法論的スタンスに基づいた研究成果の全体像をお知りになりたい方は，もう一方の拙著『液晶ディスプレイの技術革新史』（白桃書房）もお読みになっていただきたい．

# 謝　辞

　本書を書き上げるに際しても，もう一方の拙著のときと同様に，やはり多くの方々のお世話になっている．ここでは，すべての方々に同じ謝辞を繰り返すことはせずに，とりわけ方法論に関連した研究活動でお世話になった方々のお名前をあげて著者の感謝の意を表わしたい．

　まず方法論に関連した議論に私が関心を持ち始めたのは，大学2年次の前期ゼミで榊原清則先生（現在慶應義塾大学）からクーンのパラダイムの議論を教えていただいたのがきっかけであった．その後大学院に進学してから，本格的に方法論の原典を読むことになった．野中郁次郎先生（現在北陸先端科学技術大学院大学）は Stinchcombe の *Constructing Social Theories* を大学院ゼミのテキストに指定し，技法ではなく思考法の議論に私を導いて下さった．

　田島壮幸先生（現在石巻専修大学）は，やはり技法ではなく，哲学に近い方法論の議論の重要性を幾度となく強調され，私の方法論研究を暖かく見守り続けて下さった．方法論に対する関心をもっていること自体が大学院生にとってきわめて「危険」であった当時，田島先生の励ましの言葉と明確に整理されたコメントがなければ私は自分自身の方法論に対する関心を圧殺していたことであろう．また当時，一橋大学大学院社会学研究科に非常勤で教えにきて下さっていた法政大学の水野節夫先生は，質的データに基づいた研究方法に関する自主ゼミナールを開いて下さり，門外漢の私にもわかりやすい言葉で方法に関する議論のエッセンスを教えて下さった．グレイザー＆ストラウスの議論や佐藤郁哉先生のエスノグラフィーに接したのは水野ゼミにおいてであった．

　成城大学勤務中には，哲学的な方法論にも詳しい小林秀徳先生（現在中央大学）からさまざまなアドバイスをいただいた．本書の議論がシステム・ダイナミクスに近い部分をもっているとすれば，それは小林先生の影響であろ

う．また当時，電卓産業などを対象として共同研究プロジェクトを遂行していた新宅純二郎先生（東京大学）と浅羽茂先生（学習院大学），網倉久永先生（上智大学）は，事例研究法に関する悩みを共有した上で私の研究成果に対して適切なコメントを与えて下さった．本書の核になる不変法則確立可能性に関する議論は，まずはじめにこの共同研究仲間の前で発表したものである．

　私が方法論の議論を発展させていく上では大学という枠を越えた多数の先生方の暖かいご支援も非常に重要であった．神戸大学の吉原英樹先生は私がまだ大学院生であった頃から常に暖かい励ましの言葉を下さり，事例研究法の方法論的な議論の展開を好意的に見守って下さった．また同じく神戸大学の金井壽宏先生は，質的方法に関する基本文献や最新の文献などを多数コピーして留学先のアメリカから郵送して下さった．東北大学の大滝精一先生と河野昭三先生，権奇哲先生，若林直樹先生，同志社大学の島弘先生と岡本博公先生，高井紳二先生，明治大学の高橋俊夫先生，法政大学の一寸木俊昭先生，東洋大学の松行康夫先生，専修大学の丹沢安治先生は，方法論に関する議論を闘わせる場を創って下さり，貴重なコメントを下さった．本書の題名を『行為の経営学』としたのも，東北大学で発表した際に，当時同大学の鈴木良隆先生（現在一橋大学）が「あなたの議論は，『行為の理論』ですね」と仰ったことと，東京都立大学の桑田耕太郎先生から「本の題名は短くしなければダメだ」とアドバイスを頂いたことによる．それまでは『経営学における意図せざる結果の探究』とする予定だったのである．

　神戸大学の加護野忠男先生と一橋大学の伊丹敬之先生や宮原諄二先生，富士写真フイルムの神谷隆史さん，同佐藤英明さんは，必ずしも方法論に直接関わる指導を私に授けて下さったわけではないが，実はこの方々の思考法そのものから非常に重要な示唆を受けている．間接経営戦略の思考法は，彼らの頭の中を私がのぞき見した結果として得られたという側面が多々あるからである．

　一橋大学に教官として赴任してからも，先輩あるいは同僚の方々から多大な影響を受けてきている．とりわけ片岡寛先生，佐久間昭光先生，新田忠誓先生，村田和彦先生，米倉誠一郎先生，佐藤郁哉先生，小川英治先生，尾畑

裕先生，徐正解先生，村松裕子先生，三隅隆司先生，楠木建先生，青島矢一先生からさまざまなアドバイスやアイデアをいただいている．また助手の中本裕子さんと岡安史恵さんにはさまざまな作業に関してご支援頂いている．彼女らのサポートがなければ怠惰な私が書物をまとめ上げる作業は大幅に遅れてしまうに違いない．

　本書の出版に関して，白桃書房の照井規夫さんと同社の方々からは辛抱強いご支援をいただいている．方法論に関する，やや難解な本書の出版を快く引き受けてくださったこと，また丁寧な本づくりの仕事に深く感謝したい．

　なお，本書には，これまで著者が公表してきた論文に加筆修正を加えたものが含まれている．それぞれ対応する部分は以下の通りである．

第2章「2つの環境観」：
　『一橋論叢』第117巻第8号「行為のシステムとしての環境と変数のシステムとしての環境」（1997年）
第4章「経営学における不変法則確立の可能性」：
　『組織科学』第28巻第3号「経営学におけるマクロ現象法則確立の可能性」（1995年）
第6章「説明法の事例研究」：
　企業行動研究グループ編『日本企業の適応力』「第8章　固定的な産業システムのもつ技術転換への適応力」（日本経済新聞社，1995年）
第7章「間接経営戦略」：
　『ビジネス・インサイト』第11巻「間接経営戦略への招待」（1995年）
第8章「行為の経営学」第4節：
　金井壽宏他編著『創造するミドル』「第2部第4章　卒業式を『自由な人生』の葬式だと思っている学生諸君へ」（有斐閣，1994年）

　本書をまとめ上げるにあたって上記論文の加筆修正版の掲載を認めてくださった出版社の方々に感謝したい．

　最後に，土曜日も日曜日も研究室へ通って父親としての役割を果たしていない私に代わって，3歳の耀一郎と生後3カ月の理顯と凱顯の3人の男の子

たちの面倒をみてくれている妻，志保に心から感謝していることをここに記しておきたい．

1999年8月18日

沼 上　　幹

# 目　次

まえがき
謝　辞

## 第1章　問題意識 ─────────────────── 1

1．経営学における対話不可能状態 ……………………… 1
　(1)　変数システムという立場　3
　(2)　変数システムという立場の具体例　7
　(3)　主観主義的立場──意味・解釈の重視──　12
　(4)　対話不可能状態　19
2．経営学における〈意図せざる結果〉の探究 …………… 20
　(1)　〈意図せざる結果〉　20
　(2)　組織環境の定義　22
3．本書の構成 ……………………………………………… 24

## 第2章　2つの環境観
　　　　──〈行為のシステム〉と〈変数のシステム〉────── 27

1．はじめに──2つの理念型── ……………………… 27
2．〈行為のシステム〉としての環境記述 ………………… 30
3．〈変数のシステム〉としての環境記述 ………………… 38
　(1)　ダンカン──知覚された不確実性──　39
　(2)　アストン研究　43
4．経営戦略論における行為システム記述と変数システム記述 …… 46
　(1)　変数システム記述──ポーターの業界の構造分析──　47
　(2)　行為システム記述──シナリオ分析──　49

5．行為システム記述から変数システム記述へ ……………… 51
　(1)　支配的な環境記述様式の変遷　51
　(2)　正統派に見られる行為システム記述　52
　(3)　変数システム記述の進展　54
　(4)　反正統派としての行為システム記述　56
6．要約 ………………………………………………………… 61

## 第3章　法則定立的アプローチの進展
### ——メカニズム解明モデルとカヴァー法則モデル—— 63

1．事例研究法批判——表層的な変化の動因—— ……………… 63
2．システム観の単純化——存在論的仮定の変化—— ………… 66
3．法則定立的アプローチ
　　——カヴァー法則モデルとメカニズム解明モデル—— …… 78
4．行為システム記述の失脚 ……………………………………… 83
5．不変のカヴァー法則という信念 ……………………………… 86
6．要約 …………………………………………………………… 94

## 第4章　経営学における不変法則確立の可能性 ————— 97

1．はじめに ……………………………………………………… 97
2．行為によって生成されるマクロ現象の規則性 …………… 102
3．意図の上では合理的な行為と法則に支配された行動 …… 104
　(1)　法則に支配された行動　105
　(2)　合理的な行為による再生産　108
4．「不変の法則」の確立可能性
　　——ゲームの構造が既知の場合—— ……………………… 110
　(1)　二重の解釈学　110
　(2)　支配均衡が存在する場合——囚人のジレンマ・ゲーム——　112
　(3)　支配均衡の存在しない場合①——チキン・ゲーム——　114
　(4)　支配均衡の存在しない場合②——調整ゲーム——　118

5．経営学の実証研究が抱える問題
　　——ゲームの構造が分らない場合—— ………………… 121
6．社会現象における規則性 ………………………………… 124
7．要約 ………………………………………………………… 129

## 第5章　行為システム記述の復権に向かって
　　——〈読み〉の解釈と時間展開を伴う合成—————131

1．行為システム記述の復権 ………………………………… 131
2．行為システム記述の研究指針 …………………………… 137
　(1)　超合理的な行為者による説明法——陰謀説——　138
　(2)　〈意図せざる結果〉の探究①——共感と集計——　140
　(3)　〈意図せざる結果〉の探究②——解釈-合成による説明——　142
3．要約と結論 ………………………………………………… 146

## 第6章　説明法の事例研究
　　——〈柔軟性の罠〉の説明原理—————149

1．取引システムの柔軟性と技術転換への適応力 ………… 150
2．経験的研究の2つのアジェンダ ………………………… 153
3．記述——反証事例の確認—— …………………………… 156
　(1)　事例の概要　156
　(2)　技術転換のタイミング　157
　(3)　取引システムの柔軟性　158
　(4)　要約　161
4．解釈と合成 ………………………………………………… 162
　(1)　当事者たちの直面した技術の選択肢　162
　(2)　技術進化シナリオ　165
　(3)　ウオッチ・メーカーの戦略　168
　(4)　生成される技術進化経路　170
　(5)　超合理的な企業　175

5．基本論理構造の整理 …………………………………………… 179
　(1) 柔軟性の罠の直接的な含意　180
　(2) 基本的な論理の構造　181
　(3) 変数システム記述と行為システム記述　184

# 第7章　間接経営戦略
　　　――行為システム記述の
　　　　　戦略論に対するインプリケーション―― 187

1．事業成功の論理 ………………………………………………… 187
2．間接的アプローチ ……………………………………………… 189
3．経営戦略における間接性 ……………………………………… 195
4．間接性の事例研究――モスフードサービスの企業成長―― 199
　(1) 教科書的解釈　201
　(2) 残された疑問　202
　(3) 解釈と合成による説明――間接性への注目――　203
5．間接性の基本論理 ……………………………………………… 207
　(1) 経営資源の論理　209
　(2) 知識生成環境の論理　209
　(3) 組織慣性の論理　210
　(4) 環境メカニズムの論理　211
6．間接思考へ向かって …………………………………………… 214

# 第8章　行為の経営学
　　　――反省的対話の促進に向かって―― 217

1．行為システム観と変数システム観 …………………………… 217
　(1) 議論の整理　217
　(2) 残された課題　225
2．反省的対話 ……………………………………………………… 227
　(1) 反省的実践家　227
　(2) 〈意図せざる結果〉を探究する意義　233

3．変数システム観の罠 ………………………………………… 237
　⑴　決定論的社会観　239
　⑵　時間圧縮　241
4．結びに代えて
　　――経営学教育に対するインプリケーション―― ………… 248

参考文献　255
索　　引　271

# 第1章

# 問題意識

## 1．経営学における対話不可能状態

　近年の経営学では表明してはならない，あるいは表明しても無視される問いがある．たとえば次のような問いである．経営学の研究とはいったいどのようなものであるのだろうか．経営学の研究者は，どのようなタイプの知見をどのようなやり方で獲得しようと努力しているのだろうか．またそこで得られた知見はどのような意味で有益なのであろうか．これらの所謂方法論的な問いを巡って既存研究の整理を行ない，それを基礎にして論理的な思考を展開し，その後の研究方向について何らかの手がかりらしきものを提供しようとしている経営学研究者は，現代の日本では数少ない．方法論に関する根本的な問題は既に解決済みの過去のものであり，そのような問題に関わり合っていてはいけない，という考え方が日本の経営学者たちの間で支配的になってきているからであろうか．また，方法論のみの研究に没頭して，純粋に方法論研究者となってしまい，経営学という「本業」を忘れてしまうことを嫌うからかもしれない．あるいは，極度に間主観性を強調しすぎて相対主義に陥ってしまい，「真理など存在しない」という消極的なテーゼ以外には何も書けない精神状態に追い込まれる可能性を恐れているからであろうか．

　いずれの理由が背後に存在しているにせよ，まず若い時期に日本企業や日本の産業を対象とした経験的研究あるいは実証研究において業績をあげるべ

きであり，自分が行なっている活動の意味とか意義といったものについては深く考え込む必要はない，という知的状況に日本の若手経営学研究者は置かれているように思われる．方法論に関する議論は若い研究者の間ではある種の「御法度」であり，英米系の経営学においても，その影響を強く受けた日本の経営学においても，「方法論」はもはや「論」ではなく，調査技法そのものの開発を意味し，存在論・認識論に深く関わった問題に対する思考を意味しなくなっているように思われる．

しかし方法論の問題は解決したと当初考えていた人々は実は方法論を学んだことのある人々であったのに対し，現時点で「方法論上の問題は解決済みである」というテーゼを信奉している人々は必ずしも自ら方法論を学んだことはない．それ故に，いったん同じ研究者コミュニティの中で方法論的に異なる立場が出現し始めると，無意味な感情的批判が妥当な批判であるかのように思われる状況が出現したり，まったくの無視あるいは没交渉という事態が出現したりする．実際，学会やコンファレンス等での議論では，方法論的多様性を認めるというタテマエの理論を口にしながら，その実，完全な無視をしている場合が多々見られる．方法論的寛容とは，相手の方法論を理解した上で初めて可能になるのであり，自分と異なる方法論的立場を無視することで共存している状態は知的荒廃と形容されるべきであろう．方法論の問いを「御法度」とした帰結は，当初の予期とは異なり，経営学コミュニティ内に対話不可能なサブ・コミュニティが形成されたことであるように著者には思われてならない．この対話不可能状態から脱出するための方法論的な議論を活性化することが本書の目指しているところである．

日本における経営学研究の領域では，このような対話不可能状態が比較的長い期間（たとえば10年以上）にわたって見られてきたように思われる．しかも経営学者が自らの方法論的立場に関して自省のまなざしを向け，その立場について思考を重ねた論文を書かなくなってしまっているが故に，この対話不可能状態が問題であると認識されることも少なく，それを解決するための努力を展開する研究者もほとんど存在していない．本書ではまずこの日本の経営学に見られる対話不可能状態から議論を始めることにしたい．

現代日本の経営学者が遂行している研究が方法論に関する言明を直接的に

表出していなくても，注意深くその研究報告を読み解くことで，彼らの意図している経営学の方法論を了解することは可能である．そのような作業を展開していけば，現代の経営学研究において，2つの異質な見解が存在し，両者が対話不可能な状態に陥っていることが明らかになるはずである．

　結論を先取りしていえば，現代の英米系の経営学およびその影響を強く受けている日本の経営学には，変数のシステムとして企業や企業環境を概念化するという観点と，逆にこのような観点が人々の精神と行為によって構成されたもの（construct）であり，「神話」であるとする観点が存在し，両者が対話不可能な状態に陥っている．私見では，前者が現時点においては正統派として支配的な地位を占めており，後者はその強力なアンチテーゼとして少数派ながら確固とした集団として存在している．まず前者の特徴を理念型として提示することから本章の議論を開始しよう．

(1) 変数のシステムという立場

　企業や企業環境などの社会システムは，因果関係に支配された変数間のシステムとして捉えることができる，という見解が現代の英米系経営学のみならず，日本の経営学においても正統派（orthodoxy）の地位を占めているように思われる．この見解がどのようなものであるのかを理解するためには，重回帰分析を思い浮かべるのが良い．変数のシステムとして企業や企業環境を把握するという立場は，たとえば再帰方程式の体系として変数のシステムを記述する，といったように，より複雑な変数間関係を想定することもあるだろう．しかし，このような複雑化はもとをたどせば1本の重回帰方程式の単純な組み合わせであるから，より単純なものを検討することでその基本的な特徴を明らかにできる．しかも統計的手法の多くが，最終的に1本の線形回帰モデルへデータ解析作業を持ち込むために開発されてきたことを考えれば，他の統計手法ではなく，重回帰分析の検討がますます適切であるように思われる．後に確認するように，現代の経営学が遂行している研究は，たとえもし言語的に展開されていたとしても，論理の型としてはこの重回帰分析と同型である．それ故，量的なデータを用いていようと，質的なインタビュー・データのみを用いていようと，その研究の背後に存在する正統派の

基本的な思考様式を把握するためには 1 本の重回帰方程式の検討が有用なのである．

手法そのものについて詳しく説明するつもりはないが，ここではイメージを共有して以下の議論が明確に伝わることを目的として，重回帰分析で用いられる数式を簡単に記しておこう．$y$ を結果変数（被説明変数・従属変数），$x_i$ ($i=1, 2, …, n$) を原因変数（説明変数・独立変数），$\beta_i$ ($i=1, 2, …, n$) をその係数，$\beta_0$ を定数項とすれば，1 本の回帰モデルは次のように表わせる．ここで $\varepsilon$ は，この重回帰モデルでは説明することのできない誤差である．

$$y = \beta_0 + \beta_1 x_1 + \beta_2 x_2 + … + \beta_n x_n + \varepsilon \tag{1-1}$$

この回帰モデルのパラメータ推定は，次のような $m$ セットの標本観測値を基にして，たとえば最小二乗法などによって行なわれる．

$$\begin{aligned}
y_1 &= b_0 + b_1 x_{11} + b_2 x_{12} + … + b_n x_{1n} + e_1 \\
y_2 &= b_0 + b_1 x_{21} + b_2 x_{22} + … + b_n x_{2n} + e_2 \\
&\quad……………………………… \\
y_m &= b_0 + b_1 x_{m1} + b_2 x_{m2} + … + b_n x_{mn} + e_m
\end{aligned} \tag{1-2}$$

ここで式 (1-2) に記されている個々の式は経験的なケースを指し，式 (1-1) に示されている回帰モデルが理論である．この理論を経験的ケースの集積から導き出すか，もしくは理論を経験的ケースでテストする，というのが現代の正統派実証研究の基本的なスタイルである．現代の英米系経営学あるいはそれに影響を受けた日本の経営学の研究が展開する議論は，内容こそバリエーションがあるものの，その基本論理の構造は回帰分析のそれと同型である．ここではその中でもとりわけ本書が重視している 3 点を中心にして基本論理構造が同型であることを確認しておくことにしよう．

①標本数：
　個々の標本観測値には誤差項 $e_j$ が存在するが，これらの誤差項の間

に相関がないという条件の下で，観測標本数（$m$）を十分に多くとれば，この誤差項部分は相殺される．つまり1つひとつのケース（式(1-2)の1本ずつ）を見ると偶然の要素が大きく結果変数に影響を与えていたとしても，標本数を増やすことで偶然の部分を相殺し，必然の部分を明らかにすることができる，と考えているのである．ここで偶然とは，測定誤差と偶然誤差から構成されている．この偶然誤差は，「再生できないという性質に基づいて生ずる[1]」ものだと考えられるか，もしくは「個別には小さな効果しかもたず，それ故考慮に入れなかった多くの変数[2]」が結果変数に対してもつ影響であると見なされる．ここでは，標本数を多くとることによって，再現できない要因や非常に効果の小さな多数の要因がもたらす効果を視野の背景に押しやり，効果が大きくかつ再生できる要因を前面に引き出してくるということが目指されているのである．

②予測確率：

$x_i$ のうちの幾つかはコントロール変数であり，残りが本来的に研究者がその因果の力を確かめたいと思って採り上げた変数である．コントロール変数を無限に多く採用していけば，理論モデルにおける右辺最後の誤差項（$\varepsilon$）は原理的には消えるはずである．しかし実際には無数のコントロール変数を導入することは，たとえ独立変数間の相関がない場合でも，非経済的である．

この立場に立つ研究者たちは，社会システムには因果法則が作用しているけれども，それほど簡単に因果法則のすべてを明らかにすることはできない，と考えている．なぜなら，われわれが経験している実際の社会システムには非常に多くの変数が作用しており，それらすべてを考慮に入れることはできないか，できたとしても経済的ではないからである．社会科学の場合，完全な無作為化を行なって統制実験を遂行できるケースは限られている．それ故，この考え方の下では，結果変数の変動を説

---

(1) Wonnacott and Wonnacott (1970), 邦訳，p. 17.
(2) Ibid.

明・予測する上でより重要な変数から順番に選択していき，それによって十分に満足のいく水準まで結果変数の変動を説明・予測することができれば良い，と考えることになる．いわば，モデルを持っている人の方が，モデルを持っていない人よりも，結果変数 $y$ の変動を説明・予測できる確率が高まれば良いのである．

結果変数の変動を説明する上で貢献する独立変数 $x_i$ は，たとえそれがどのような経路を経てその貢献をもたらしているのかが明確ではないとしても，この回帰式を予測に用いようと考えている人間からすれば重要な予測因子（predictor）として扱われる．独立変数のセットによって従属変数の変動が何パーセント説明できるかという点の方が，独立変数のセットが実際にどのような経路をたどって結果変数と関連しており，それ故に説明力をもつのだという点よりも，相対的に重要視されるのである．

もちろん予測確率を高めるべく無限に変数が増えていくというわけではない．ケチの原理（あるいはオッカムの剃刀）に基づいて，より簡単なモデル（より少ない変数を含むモデル）によってより高い予測確率を達成することが，この立場では選好されるからである．このケチの原理が拡大解釈されると，複雑な議論はただ複雑であるという理由だけで嫌悪され，単純な議論は単に単純であるというだけの理由で良しとされる．極端な場合，背後のメカニズムについては誤謬に充ちている仮定を置いたとしても，単純かつある程度の予測確率をもつモデルには価値がある，という判断が下されることさえある．

③因果の矢印：

この回帰モデルには因果の矢印は描かれていない．回帰モデルを使用する研究の多くが，数式と同時に四角い箱と矢印を描いた図を提示し，因果の矢印を明示的に考慮に入れているように見せながら，実はこの手法による分析では矢印そのものはどこにも登場しないのである．何を説明変数側に置き，何を被説明変数側に置くのかは，研究者が設定する．因果の方向性は納得性が高いと思われる諸仮定に基づいて，研究者が事

前に決めているのである．しかし，とりわけ質問票調査など，同一時点ですべての変数の値を回答してもらっている場合には，一部の例外を除いて因果の矢印は原理的には特定化できるはずがない[3]．複数の変数間の相関関係を丹念に調べながら，因果の矢印の方向として不適切なものを排除していく作業手順なども提案はされているけれども，われわれが収集したデータ・セットの中から，客観的に因果の方向を確定できる手順が存在するわけではない（安田・海野，1977）．変数のシステムという考え方に基づいているかぎり，矢印そのものは観察できないのであり，観察可能なものは多様な変数の変動だけなのである．

　現代の経営学研究の正統派が目指しているのは，経営現象に関して上で示されたような回帰モデル，あるいはそれと論理的には同型の言語モデルを見つけだすことである，と言っても過言ではない．たとえば従属変数を新製品のもたらす利潤額とし，独立変数側に研究開発組織の諸特性やマーケティング活動の諸特性をとり，後者が前者の変動を説明・予測できる，といった作業が行なわれるのである．このような作業の結果，満足のいく結果が得られれば，新製品開発を通じて利潤を追求しようとしている企業は，その原因変数側の特性を変化させることでその目的を達成することが可能になる．もちろんあらゆる重要そうな特性を独立変数側に置くことは実現可能ではない．それ故，常に誤差は存在し，このモデルを用いた企業も100パーセントの確率で利潤を確保できるわけではない．しかし，それでも，このモデルを保有していない企業より，保有している企業の方が，十分な標本数を比較してみると，平均的に高い利潤を獲得できていれば良い．これが現在の経営学における正統派の考え方であろう．

(2) **変数システムという立場の具体例**

　より具体的に，上のような見解が実際に存在していることを，現代日本の実証主義的経営学を代表する藤本（1995）の論文を紹介することで示すこと

---

(3) たとえば性別や父親の階級のように原理的に結果変数に先行すると判断できる変数も存在する．

にしよう．通常の重回帰モデルに見られた論理が，言語的な記述においてもほぼ同じ形のまま確認できることが明らかになる．

　藤本は「自動車産業における効果的製品開発の論理：他産業への一般化は可能か」と題する論文の中で，自らが直接関与した自動車産業における実証研究を通じて，高い成功率を達成する開発組織の論理を明らかにし，その知見を他の産業に一般化する可能性について論じている．彼はこの論文の中で必ずしも方法論的な議論を展開しようとしたわけではないが，それ故にかえってその方法論的な信念を直截的に表出しているように思われる．

　藤本は，まず，「ヒット商品」の開発に論理があるのか，という問いに対して，野球の打者をメタファーに用いて，2つのタイプの「論理」があり得ると整理する．ひとつめは，ある打者が特定の打席において，ヒットを打ったか，凡打に終わったか，ということを個々別々に説明する「論理」であり，もうひとつは1シーズンを通じて高打率の記録を残したことを説明する「論理」である．この2つの「論理」が新製品開発についても分けることができ，後者すなわち新商品のヒット率の高さを実証経営学者は説明対象とする方が望ましいというのが藤本の見解である．ついでながら，ここで括弧付きの「論理」は変数のことを意味している．本来的には論理という言葉は，この変数間の関係，すなわち矢印のメカニズムを指して使われるものだが，変数のシステムを研究する立場ではもはや変数そのものが論理として扱われる．

　この2つの「論理」は藤本によれば，異質なものである．個別のヒットの「論理」は，ある時点で「1回だけ起こった歴史的な出来事[4]」であり，1シーズンを通じて高打率を残した打者の能力を説明する「論理」とは異なる，というのである．

　ここで2つの「論理」が異質だという見解に到達する上で，藤本が意識しているか否かは別として，2つの理由が絡んでいる．まず第1のものは，1本のヒットと凡退という結果変数を説明する上で必要な独立変数と，1シーズンの通算打率という結果変数を説明する独立変数が異なるという主張である．結果変数が異なるのだから，独立変数として異なるものが必要にな

---

(4) 藤本（1995），p.8.

ることは明らかであろう．1本のヒットを説明するには，バットの軌跡を追い，スイングのスピードを測定し，といった独立変数の把握が必要なはずである．これに対して1シーズンの通算打率の高さを説明するモデルを組むときには，少なくとも1本ずつのヒットを説明する要因以外に，明らかにそのヒットを打ち続ける何らかの安定した「能力」の高さを説明できるような独立変数を組み込まなければならないからである．人間は1シーズンの時間の流れの中で徐々に学んでいるのだから，1本のヒットとその集計とが異なることは当然であろう．たとえば失敗から学び，成功から学び，その学び方自体も変更する，といったような，学習能力とか軌道修正能力といった要因を考えなければ，通算打率という事象を説明できないのは明らかである．この2つの結果変数は，異なるシステムのアウトプットであるのだから，説明力をもつ変数の選択が異なることは当然である．この側面に関しては，2つの「論理」が異なる，という藤本の主張は当然のものであろう．

しかし藤本の議論では，一本のヒットと通算打率の論理が異なる理由として，もうひとつ偶然性が挙げられている．この偶然性に関する議論は，先に回帰モデルの箇所で紹介した標本数の議論と同型である．そのことを，1つのヒット商品を説明することと，新商品ヒット率の高い企業を研究することは異なる「論理」が必要である，という主張が行なわれている部分を引用して確認しよう．

　1つの新製品のヒットは，1回限りの歴史的偶然に少なからず左右される．だから，ヒット製品の開発ストーリーを読むのは面白い．特に碇義朗，内橋克人，柳田邦男など，一流の書き手のものは資料価値も高く読み応えがある．また，実際に新商品開発に携わった関係者の話を聞くのはもっと面白い．いずれにしてもそこには，歴史のいたずらや偶然の出会い，不思議な縁，開発者の人間模様などが絡み合っていることが見えるからである．
　　　　　…（中略）…
　結局，実証経営学者として筆者が説明すべきことは，やはり「長期的に見て打率の高い開発組織のあり方」…であろう．…このような作業を

繰り返しても「絶対にヒット製品が作れるやり方」がわかる訳ではない．せいぜい，相対的にヒット商品率の高い開発組織の特徴を示すことができるかどうかである．しかし，学問の対象としての製品開発活動は，結局のところ「打率の問題」に帰着せざるをえないのではなかろうか[5]．

個々の事例は偶然に満ちているが，それを集計したものについては，ある程度の確率で成果を高める原因変数を見いだすことが可能である，という主張が述べられているのである．

　本書がここでとりわけ注目したい問題は，この「歴史的偶然」というものの本質が，いったい何であるか，という点である．まず第 1 に，ここで言及されている「歴史のいたずらや偶然の出会い，不思議な縁，開発者の人間模様など」は，その新製品開発の成功に対して何ら影響を及ぼさなかったからモデルに組み込まない，という主張がされているのではない．これらの「歴史的偶然」はそれが生じるか否かに関して，事前に誰にも予想できず，また誰にも再現できないという意味で，「偶然」であったとしても，一旦その「偶然」が生じてしまえば，その要因は確実性をもって商品開発の成否に効果をもったのではないだろうか．これらの「歴史的偶然」は，一旦それが生じた後は，「必然的」に新製品開発の成否に効果をもたらしたはずである．

　それにもかかわらず，個々の事例に関して説明力をもつ「論理」を「面白い」けれども「学問の対象」からは外すべきだという判断は，どのような根拠に基づいて行なわれているのだろうか．この点について藤本論文は明示的には言及していないけれども，この判断の根拠は，次回から生じうる類似の出来事に同じものを再現できない可能性が高いということであろう．しかし追試（replication）がほとんど行なわれない経営学の領域[6]では，多くの研究者は再現可能性を学問的な意味で心底重要であると認識しているようには思われない．そのように考えているのであれば，経営学者のコミュニティではもっと多くの追試が行なわれているはずである．それ故，学問的な再現性の問題というよりも，むしろ，この「歴史的偶然」という「論理」は，過去

---

(5)　同前，p. 9.
(6)　たとえば Hubbard and Armstrong (1994) を参照せよ．

に生じた出来事の説明には貢献するが，未来の予測には貢献しないので，次の実践を方向づける上で役に立たない，という側面の方が強く認識されているように思われるのである．次の実践を方向付ける上で有用な知見であること，という基準は必ずしも「学問的」な基準ではないはずだが，これが「学問的」基準であると自然に判断されるところが，いかにも英米系経営学らしい．

「偶然性」に関する第2の問題は，個別の成功事例ではこの「偶然性」が大きく左右するが，それをある程度の多数にわたって検討すれば，「偶然性」の部分が相殺され，「必然的」な共通因子が明らかになる，という判断が背後に存在しうるという点である[7]．果たして社会システムに関する議論において，ひとつひとつの効果が小さな無数の要因とか，再現の困難な要因というのは，実体的には何を指しているのだろうか．その実体的なるものは，本当の意味で相互に無関連だと言えるものなのか，それとも認識の簡便化をはかるために相互に独立であると仮定した方がモデル化しやすいということなのだろうか．

実は社会システムに関しては，この予測することが面倒なものの中には，現時点でわれわれの視野に入っていない行為者たちの意図や意識，彼らの間の相互作用，あるいは自分でも気づいていなかった自分自身の選好，行為者たちの選択など，人間の主体性の要素が含まれている[8]．標本の数を増やすことでこれらの「誤差項」を相殺するという考え方は，われわれの視野の外にあるか，もしくは視野の中にあったとしても，意図通りに操作することができない他者たちの主体性を変数のシステムから排除するということである．社会的行為者たちの主体的な選択とか，決意，逡巡，相互作用といった要素は，変数のシステムの中に組み込まれず，ひとつひとつの誤差項の中に含められ，その誤差項を集計すれば相殺される，という位置づけがこの変数のシ

---

(7) このような判断が成立するためには，この「偶然性」の部分が新製品開発成果に対してもつ効果が各事例毎にランダムである必要がある．本書は，社会システムに関する現象を確率事象としてモデル化するとモデル自体を単純化できる場合がある，という点について反対する意見はないが，それが確率事象そのものだという主張には明らかに反対の立場に立っている．

(8) この種の指摘に関しては，Boudon (1981), Chapter 8 を参照せよ．

ステムという見解においては「自然」なこととして受け容れられているのである．

　人々がどのような論理経路をたどって，どのような結論に到達し，その結果としてどのように行為したのかという側面を誤差項へと押しやる研究スタンスは，回帰モデルの議論と同様に，因果の矢印を注意の焦点から外すという特徴をもっている．社会的行為者の意図や行為，相互行為こそが，社会現象を創発し，動かしている因果の矢印そのものだからである．ある社会的な条件の下で，行為者たちがその社会的条件をどのように認識し，その下で何を意図し，どのように行為したのか．またさらにその行為を遂行する過程で，新たな情報を獲得し，どのように意図を変更していったのか．これらのことが，ある変数と他の変数を連結している「因果の諸力」なのである．

　われわれは，経営現象のような社会現象を変数のシステムによって記述し，当てはまりの良い回帰モデルを創っていく作業に意味がないと主張する意図はない．しかし，因果関係の変数システムとして経営現象を捉えていく以外に「学問的」に意味のある「実証経営学」の採りうる手がないのではないか，という素朴な主張には同意できない．実際，この論文では上で検討してきたような「学問観」を述べている藤本自身が，その著書『生産システムの進化論』においては，人々の意図と行為，相互行為，さらにその成果を認識した上で行為主体が行なうシステムの綜合，といった意図と行為の連鎖に注目した優れた分析を行なっていることは興味深い．言説の世界で表明されている「タテマエの理論」(espoused theory)と，実際に用いられている理論(theory-in-use)とは一致していないのである．真摯な研究者が自ら「なぜ」という問いを立てて考察を進めるならば，やはり矢印の部分の解明に努力を傾け，社会的行為者の意図や行為，相互行為に注目した研究作業を展開せざるを得なくなることを，この例は示唆しているように思われる．

(3)　主観主義的立場——意味・解釈の重視——

　藤本の著書・論文で見られたような行為者たちの意図・意識・行為などの軽視に対して，反対の立場をとる経営学的研究も存在する．さまざまな論者を想定することができるだろう．たとえば同じく日本を代表する経営学者の

ひとりである加護野は,『組織認識論』の序文で次のように述べている.

> 　現実の組織を経営する［際］に行なわれる決定や判断,現実の経営制度の背後には,常にとはいわないが,多くの場合,経営者のある「考え」が存在している.このような「考え」は,いくつかの明示的なあるいは暗黙的な前提をもとに論理的に組み立てられている.…（中略）…われわれは,経営の実践を支えている知識の体系を,学者の理論と区別するために,「日常の理論」と呼ぶことにしよう.実務家の決定は,「日常の理論」に従って行なわれているのである.
> 　　　　　　　　…（中略）…
> 「日常の理論」は,たとえその一般化に限界があるとしても,経営の現実を理解するうえで,きわめて重要な役割をはたしている.経営の現実は,「日常の理論」と緊密な関係をもっているからである.しかし,これまでの経営学者は,「日常の理論」にたいして冷淡であった[9].

少なくとも加護野が『組織認識論』において展開した作業の中心は,通算打率の高低を説明する変数の探索ではなく,実践家たちの「日常の理論」,あるいは意図・意識を了解するという作業であったことは上の引用から明らかであろう.

　しかしこのような方向へ向けた作業を原理的に徹底した研究としては,日本を代表するマーケティング学者の石井淳蔵による『マーケティングの神話』の方が典型であろう.石井は,社会システムを因果関係の変数システムとして扱う立場は,社会的な事実が「客観的な現実」であるかのように考えてしまい,それが人々の解釈枠組みによって社会現象の理解に押しつけられたものであること,つまり「物語」や「神話」として創られた理解に過ぎないことをおおい隠してしまうと主張している.石井は次のように述べている.

> 　…従来の一方的な「適応」の論理あるいは原因・結果の論理でマーケ

---

[9] 加護野（1988）, p.3.

ティング・プロセスを理解しようとするのは一面的な理解にとどまるものだと言える．そういった因果的な理解は，客観的な現実を反映したもののように思われるかもしれないが，決してそうではない．それは，1つの創られた（構成された）物語，あるいは「神話」でしかないことが改めて強調されなければならない[10]．

すなわち，一見「外界」で「客観的」に生じているように見える社会現象は，それを経験したり観察したりしている人々が，その現象を理解しようという試みの中で「因果論的な物語」を作成したが故に因果関係に見えるのであって，社会システムそのものに因果関係が作用しているわけではない，という立場である．また同時に，このような研究スタンスでは，「外界」で「客観的」に生じていることではなく，むしろ行為主体たちの認識の内側に入り込み，彼らの意識を解釈し，了解するという作業が前面に出てくることは明らかであろう．

自ら言及しているわけではないが，石井のこの見解をそのまま発展させていけば，社会システムを因果の変数システムとして認識する作業は，ひとつの「神話」を統計的に洗練していっているだけであって，事実とか真理とかにわれわれを近づけてくれるわけではないということになる．因果関係は社会現象に後から押しつけられたひとつの「物語」あるいは「神話」なのであって，実在そのものではないのである．

石井は因果論的な社会システムの把握がまったく無意味だと主張しているわけではない．彼が主張しているのは，因果関係が社会システムに作用していて，それを客観的に把握することができるという立場が成立しない，ということであって，因果論的な分析がそれ以外の目的に役立っているということを排除してはいない．しかし，実際に石井が次のように述べるとき，因果論的な分析が果たしてどのような意義を持ちうるのかは曖昧なまま残されているようにも思われる．

---

[10] 石井（1993），p. 45, p. 379.

…現象を因果的に分析する試みが無用というわけではない．より深い理解，つまり…相手の身になって考える「共感的理解」やあるいは自らの反省を含んだ「対話的理解」に進むために，それは，うち破らなければならない「常識の構造」を明らかにするという意味でも，1つの踏んでおかなければならないステップでもある．しかしそれが一般化された命題に落とされ，その後の指針や規範として用いられることになると，かなり用心しなければならないものとなる．

　　　　　　　…（中略）…

　しかも悪いことにそういった命題は多数データを集めれば見事に「検証されてしまう」のである．「そういうふうに見れば，まさにそのように見えてしまう」ということが，一見，客観的に見える科学的検証においても起こりうる…[10]．

　石井は，「現象を因果的に分析する試み」は「常識の構造」を明らかにするという意味で必要だと主張しているのである．われわれも，「それが一般化された命題に落とされ，その後の指針や規範として用いられること」に対して批判的な立場に立つ．しかしここで石井が言う「常識の構造」を明らかにするという位置づけを因果論的な分析に対して与えていることには2つの意味でわれわれは同意できない．

　まず第1に社会研究（social studies）においては，因果論的な分析を意図した結果として得られた知見が，必ずしも単なる常識の構造の表われであるとは片づけられない場合があるということである．社会現象に見られるマクロなパターンが，たしかにその根本のところで人々の信念（常識）とそれに基づいた行為によって生み出されたものであるとしても，必ずしも人々の信念（常識）とそのパターンとの間の関係は自明ではなく，そのパターンを生み出した人々にとって「まさか自分の信念がそのようなマクロなパターンを生成しているとは思わなかった」といった場合が存在する．したがって因果論的な分析で得られる変数間の関係あるいはマクロ・パターンは，たしかに研究者の意図したような因果関係を表わしているわけではないとしても，「『常識の構造』を明らかにしている」というもの以上の意義深い知見をその

意図せざる結果として生み出している可能性がある．このマクロ・パターンには，もう少し積極的な位置づけを与える必要がある，というのが本書の立場である．

　より本質的な問題としてわれわれが指摘するべき第2の点は，このパラグラフは，あたかも社会的な事実が存在しないと主張しているかのように解釈可能であるという点である．モノグラフの解釈については判断が微妙になるけれども，『マーケティングの神話』において石井が提示した立場は，社会的事実として語られていることは「神話」であり，その「神話」にはどのようなストーリーを押しつけることも可能である，というものだと解釈できないわけではない．このような解釈の下では，石井のモノグラフはいわば際だって主観主義的な観点を提示しており，経営学の正統派から見ると受け容れがたいものに見えてしまうのであろう．やや戯画的ではあるが，極端な場合，「どんなものでも，解釈の仕方次第で見え方が変わってしまうというのであれば，所得分布の下から10パーセント未満に属する人も，『豊か』だと思わせれば本当に豊かになる，ということを言っているのと同じではないか」といった類の，極論的な解釈が批判的に向けられてしまう可能性がある．この種の極論的な解釈は，ひとたび誰かが主張し始めると，それによって他の多くの正統派実証主義者たちが自らはそのモノグラフを読まない，という事態を発生させてしまう．読まない人が増えれば，その極論的な解釈が妥当なものか否か判断できる人の数が減少する．このプロセスは自己強化的に働き，経営学の領域における対話の可能性を著しく損なってしまう．本来的に，異質な立場を了解し，対話しなければならないはずの集団が，互いに孤立化してしまう，という事態が成立しうるのである[11]．

---

(11)　あるいはこのような立場について十分な共感を示しながらも，「それなら具体的にどういう研究をすれば良いのか」と問い，それに対する具体的な答えがないことを以て，「それがまだ分かっていないのであれば，やはり自分は昔ながらの研究スタイルを採用し続ける」という見解を提示する者も存在する．これも経営学者たちの反省的な対話を著しく阻害している．なぜなら，本来，ここで提示された石井の問題を理解し，共感したというのであれば，その問題は既に石井のみの問題ではなく，経営学者たちが自らの問題として，次の「どうすれば良いのか」を自分の頭で考えなければならないはずであるのだから．それにもかかわらず，「どうすれば良いのか」が分からないかぎり，自分の現在採用しているスタンスが間違っていると自分で理解してい

このような極論的な解釈は，もちろん一方では解釈の側の読解能力に問題があるものの，モノグラフ自体にもそのような極論を引き出させる理由があるように思われる．というのも，石井のこのモノグラフでは，まず第1に過去に生じた社会的事実の確定性と未来に生じうる社会的事実の不確定性とが明確に区分されておらず，第2に社会的相互作用に言及している部分が少ない，といった問題が存在するからである．

まず第1の問題に注目しよう．社会システムに関する議論においては，過去に生じてしまった事態と将来に生じうる事態との間に不連続性がある，というのが本書の基本的な立場である．しかし未来に向かうものと過去に向かうものとが同じ論理をもつという見解は，解釈を重視する経営学者にとってなじみ深いものであり，ことさらに未来と過去とを区別する必要がないと考えられているのかもしれない．たとえばワイック（1969；1979）のような現象学的社会学の影響を受けた組織論者の見解では，過去の出来事をレトロスペクティブ（retrospective）に解釈することと，未来に向けた計画は同じ構造をもっている．未来に向けた計画は，未来のある時点に自らを投企（project）し，その投企された時点から現在までを振り返ってレトロスペクティブに解釈することなのである．永遠に続いている「現在」は意識的な反省の対象となることはなく，合理的な思考や反省は常にレトロスペクティブに行なわれるという議論には説得力があるように思われるかもしれない．しかし，実はワイックの主張するような，未来のある時点に立って振り返る作業を行なうためには，その前に「未来のある時点」へと自らを投企するという活動が存在する．「現在」から過去についてレトロスペクティブな解釈を行なう場合に，「現在」の時点が比較的不確定的ではないのに対して，「未来のある時点」への投企がどこに向けられて行なわれるのかは，極めて不確定である．やはり常識通り，社会システムに関しては，未来の不確定性と過去の相対的確定性を区別しておく方が適切であると本書では考えている．

過去に生じてしまった事態に関して，たしかに解釈次第でわれわれの事実認識が変わる可能性も残されてはいるけれども，それでもやはり同時にその

---

ながらも，既存のスタイルを堅持するというのは，レディ・メードの答えを期待して待っている態度であり，学者としての根本的な資質と生き方の正当性が疑われる．

事実認識を自分一人の力では変えようがなく，また変える必要性もない，というものが存在すると本書は考えている．たとえば，第2次世界大戦で何人以上の人間が命を落としたかとか，それが終結したのが何年であるか，といった事象については，もちろん解釈の余地は残されているが，未来に実現しうる社会システムのあるべき姿を論ずる際に較べれば，遙かに微細な解釈の余地しか残っていないように思われる．あるいは，ある企業が非常に早いテンポで新製品を開発・導入し，その企業が高い利潤率を維持し続けてきている，といった社会的な事実自体は，そこに因果的な関係を読みとるか否かは別にして，社会的に合意が成立しやすいものであろう．

社会システムに関しては，それを構成する行為者たちが行なってしまったことと，これから行なおうとすることの間には大きな不連続性がある．既に人々が何らかの行為をしてしまい，その行為によって何らかの社会的事実が生起した事象を解釈する余地と，まだ何ら行為がなされていない未来の事象を解釈する余地の間に大きなギャップがあるのは当然である．既に行為者たちが行なってしまったことに関しては，所与のデータ（与えられたもの）としての性質が強くなり，解釈の余地は最後まで残るけれども，その余地は非常に小さい，という場合が多々存在するのである．その意味で社会システムを考察する場合には，絶対的な事実の確定が困難だとしても，それに関してある程度の合意が形成できる場合がある．それがまさに合意できるという点にこそ，社会研究が多様な言説のやりとりとして成立する根拠のひとつがある．ある社会現象に関してすべての点で合意が形成できないのであれば，その現象に関して言説のやりとりは不可能であり，すべての点で合意が成立しているのであれば言説のやりとりは不必要であろう[12]．当たり前のことだが，社会研究が言説のやりとりとして成立しているのは，この中間が実態だからであろう．社会システムをあたかも変数のシステムとして捉える法則定立的なアプローチがある程度の成果をおさめ，まったく無用の長物だったの

---

(12) 言説のやりとり自体もまたひとつの社会現象であることを考えれば，この点はなお一層重要であることがわかるはずである．自ら議論しているプロセスについて，「議論している」ということ自体に合意が形成できないのであるとすれば，われわれ研究者は自らの行為をどのように位置づければ良いのかを考えてみれば良い．

ではないという理由も，また逆にどれほど法則定立的アプローチが技法的に洗練されていっても解釈学的アプローチが説得力をもって存続し続けてきた理由も，この「ある程度の合意とある程度の不合意の共存」が社会の常態であるからだと思われるのである．

　第2に，主観的に構成された「物語」や「神話」が存在し，それが事実というよりも「神話」であることを暴くことには意味があるけれども，そのような「神話」に基づいて人々が行為することによって，いったいどのような現象が実際に生じてしまうのかという問題は，社会的相互作用を観察したり，考察したりといった作業抜きには明らかにすることができないはずである．石井はこの点を無視しているわけではないのだが，必ずしも『マーケティングの神話』の中で深く追究しなかったように思われる．人々が何らかの「神話」をもって相互作用し，その結果としてまた新たな「神話」の素材になるような社会的事実が生成されていく，というプロセスを豊富に論ずる部分がなければ，一部の読者が極論的な解釈を加えてしまうのを避けることは難しいように思われる．

### (4) 対話不可能状態

　ここで紹介してきた2つの経営学的研究は，既存の学説研究においては，それぞれ法則定立的研究（実証主義的研究）と解釈学的研究であるとか，あるいは構造機能主義的研究と解釈社会学的研究などと分類可能かもしれない (Burrell and Morgan, 1979 ; Delanty, 1997)．本書の議論は，このような既存の分類図式に引きずられて，「藤本的」な研究と「石井的」な研究を，やや誇張して対立的に描きすぎたきらいがある．実際には，少なくとも日本の学会においては，必ずしも両者の間に論争が起こっているわけではない．同様に英米系の経営学においても，この2つの見解の存在を確認することはでき，また方法論的な対話一般についても，かえって日本よりも行なわれているが (DiMaggio, 1995 ; Sutton and Staw, 1995 ; Weick, 1995 ; Zucker, 1988)，両者の間に生じている論争は必ずしも衆目を集めているとは言い難い (Astley and Zammuto, 1992 ; Cannella and Paetzold, 1994 ; Donaldson, 1992 ; Numagami, 1998 ; Pfeffer, 1993 ; Van Maanen, 1995)．

日本においては，この傾向はさらに著しく，自分自身の研究方法論の前提に立ち戻るような反省的な対話が経営学者の間でまったく行なわれていないという状況に近い．その理由のひとつは，おそらく，どちらの立場に立っても，相手の主張の本質を見損なってしまい，論争そのものすら生じないという現段階の日本の経営学研究者コミュニティの貧弱さにあるようにも思われる．

　しかし同時に，両者の対話不可能状態は，この2つの経営学の立場を共通に論じるための方法論的な議論の基盤が存在しないことによって生じている，という側面もあるのではなかろうか．経営組織論や経営戦略論などの領域に関して言えば，1970年代末から現在に至るまで，日本の経営学者たちのコミュニティでは，英米系の法則定立的実証研究の正統派的見解が，学問とジャーナリズムとの境界設定の基礎として広く普及し，「認識論や存在論など，かつて経営学研究が『哲学』だったころに重要だった問題は，実は疑似問題であり，経営学が『科学』として遂行されている現代においては既に解決済みのものである．これからの若手研究者は，方法論的な議論に終始することなく，むしろ実証研究を強力に推し進めるべきである」という考え方が一般的になったように思われる．ひとたびこのような事態が成立すれば，上の2つの経営学の間で対話を遂行することは非常に困難になるであろう．それ故，両陣営の経営学者が共にどの点で認識が異なっているのかを明らかにし，また，それらの認識が分岐していった学説の歴史を明らかにすることで，両者の対話可能性を確保することが可能になるのではないだろうか．このような対話可能性の確保が本書のネライのひとつである．

## 2．経営学における〈意図せざる結果〉の探究

### (1)　〈意図せざる結果〉

　本書は法則定立的な実証研究を是とする経営学観と，解釈学的な研究を是とする経営学観の対話可能性を確保するというネライを達成するために，社会システムの存在論と認識論に踏み込んだ議論を展開する．しかし，本書は存在論と認識論といった抽象度の高い議論に終始するものではない．そのよ

うな根本に遡った議論が，経営学研究者の日々直面する事態に対してどのようなインプリケーションをもつのかという，より具体的な点についても十分な示唆が得られるような議論を展開する予定である．結論を先取りするならば，われわれはまず存在論や認識論に関わる議論を，企業の環境に関する既存研究の流れを題材として展開し，その上で〈意図せざる結果〉を探究するという研究スタンスが経営学研究を実際に遂行する上で非常に魅力的である，と主張する．この〈意図せざる結果〉の探究こそ，これまでの法則定立的な研究の生み出した知見を十分に生かしながら，同時に解釈学的な研究様式を取り込むことを可能とし，両者の対話可能性を取り戻すための共通の土俵を提供するものだと著者は考えている．

　もちろん経営学的な研究において〈意図せざる結果〉の探究という研究スタンスは，新しいものではない．かつてアメリカにおいて組織論がひとつの分野として形成された時期に，マートンとその3弟子（セルズニック，ブラウ，グールドナー）を中心として行なわれた研究は，すべて〈意図せざる結果〉の探究であったと位置づけることができるであろう（Gouldner, 1954; Merton, 1949; Selznick, 1949）．また近年では三戸が『随伴的結果』の中で取り組んだ研究もまた，〈意図せざる結果〉の探究であった（三戸，1995）．しかし，本書が基本的に注目している点は，必ずしもこれらの先行研究と同じものではない．

　まず第1にマートンらの〈意図せざる結果〉の探究は，組織の内的なメカニズムに注目したものが中心であったが，本書がとりわけ強調しようとしているのは，企業環境に見られる〈意図せざる結果〉である．また第2に，三戸が主として強調した随伴的結果は，たとえば公害のように，企業の行為によって環境に引き起こされた負の価値をもつ〈意図せざる結果〉である．本書では，むしろ環境を構成する行為主体たちが彼らの目的を追求する過程で〈意図せざる結果〉を生み出し，それが企業の直面する不確実性になったり，企業が活用するべき経営資源の一部になったりする，という側面を強調している．われわれは，これらの先行研究とまったく異なると主張しているわけではなく，むしろこれらの先行研究の土台の上に立って，異なる研究対象の宝庫を提示したいと考えているのである．

他方，視野を広く社会研究一般に広げてみると，〈意図せざる結果〉の探究に関してわれわれ経営学者が参考にできる業績が多数存在する．たとえば社会学や社会哲学の領域において，ブードンやギデンズ，エルスターといった学者が〈意図せざる結果〉の探究に関連して多数の業績を生み出している（Boudon, 1981；1982；1986；Elster, 1983；1989；Giddens, 1984；1993）．これらの異分野における研究成果を十分に摂取しながら，企業環境にみられる〈意図せざる結果〉の探究を遂行していくことが可能なのである．

### (2) 組織環境の定義

本書では，方法論的な議論を行なう研究領域としても，また〈意図せざる結果〉を探索する領域としても，企業が直面する環境に焦点を当てている．

組織の環境は組織論における中心概念でありながらも，それを定義する作業は困難に満ちている．たとえばオールドリッジ&マースデンは『社会学ハンドブック』（Handbook of Sociology）に寄稿した論文の中で，これまでの組織論が残余のカテゴリーとして「環境」を定義してきた，と言う（Aldrich and Marsden, 1988）．「『環境』はほとんどすべての現代組織理論に登場するけれども，残余であるという方法以外で定義されることは滅多にない．つまり，『組織』の境界の外側に在るすべて，として定義される以外には[13]」と．

「組織」の境界の外側に在るすべてという定義には明らかに重要な問題が未解決なままに放置されている．「組織の境界」というものを見極めることが非常に困難だからである．たとえばスターバックは「組織の境界」を定義することが困難であることを示すために，ある組織に関連する人々が組織の中心からどれほど「離れて」いるかに基づいて分類する思考実験によって，視点の置き方次第で組織の境界が大幅に変わってしまうことを示している（Starbuck, 1976）[14]．たとえば，資源配分への影響力に基づいて考えてみれ

---

(13) Aldrich and Marsden (1988), p. 369.
(14) もちろんスターバックを持ち出すまでもなく，バーナード（1938）の協働システムの議論を想起してみれば，誘因と貢献のバランスに関与する主体がすべて組織に参画するものであるのだから，組織の境界を確定して，その外部に在るものをすべて環境と定義することが難しいことは組織論の研究者にとって至極当然のことであろう．

ば，社長が一番中心に近いであろうし，社会的な可視性と反応スピードという視点をとれば電話の交換手が一番中心に居ることになってしまうのである．

しかしながら，いかに組織の境界を確定する作業が概念的に困難な問題に直面するにせよ，ある程度あいまい性をもったまま組織の境界を措定し，そうすることでまた環境を措定することで，組織理論の研究が一定の成果をあげてきたことも否定できない．その方法論や発見事実や背後の思想に対して賛成と反対の立場は多様に分かれるにしても，オープン・システム・モデルやコンティンジェンシー理論，組織の個体群モデル，新制度主義（New Institutionalism）等々，環境という概念をカギ概念のひとつとして理論を展開する見解が多様に提出され，組織を巡る多様な言説のやりとりが活発に行なわれ，組織論と呼ばれる領域が成立・維持されてきたこともたしかであろう（DiMaggio, 1982a；1982b；1986；1988；DiMaggio and Powell, 1983；Hannan and Freeman, 1977；1984）．

どこに境界を引くかという問題が理論上も経験上も非常に困難だとしても，それは境界の周辺がファジーであることを意味してはいても，環境が存在しないことを意味しているわけではない．何らかの視点を措定しさえすれば，明らかに組織の「外部」にある環境が存在し，その環境が組織にとって重要な意味をもち，その環境そのものの特性や環境と組織との相互作用の特徴が多様な角度から光を当てられてきており，それによって人々の組織に対する理解が形作られてきたのである．組織とその「外部」の間のどこに「境界」を設定し，環境をどのように概念化するかということ自体が，むしろ組織の理解あるいは組織観と表裏一体となっているのである．先に列挙したような多様な組織モデルあるいは組織観は，それと同時に多様な環境観を描くことによって組織に関する理解構築に貢献してきたのだと評価することが可能なのである．それ故，本書では組織の「境界」がどこに引かれるのかを厳密に議論することを中心的なテーマとはせずに，むしろ組織の「境界」の外側に環境が存在することを一旦措定した上で，その先に何を見定めることが可能なのかを明らかにしていく作業を展開することにしたい．

## 3．本書の構成

　本書の中で展開される議論を簡単にまとめることは困難であるとともに，誤解を招く可能性がある．しかし，以下で展開される議論の一端を先取りして，流れについて若干の注意を促すことで，おそらくまだ未熟で荒削りな本書の議論を追いかけやすくなることもまた事実であろう．次章から始める議論を簡単に要約すれば次のようになる．

①1960年代，あるいは70年代の初頭までは，環境とは〈意図をもった主体〉が構成する〈相互依存したシステム〉である，と理解する見解が多く見られた．このような環境観の下では，焦点組織の活動や他の組織の活動が生み出す〈意図せざる結果〉が指摘されていた．

②しかしながら，このような行為システムのメカニズムをもつ環境という視点は，その後，組織論の正統派の研究では採られなくなっていった．1970年代から本格化する英米圏でのコンティンジェンシー理論は，(イ)組織構造を環境の従属変数として捉える理論的な志向性と (ロ)多数の組織をサンプルとして比較研究するという方法論，(ハ)最終的には得られた知見を基に組織を工学的システムのように設計するという設計志向性をもっており，環境というシステムがもつ内的なメカニズムを解明するよりも，むしろそのアウトプットとしての不確実性などに注意を集中した．環境そのものがそれ自体何かメカニズムをもつものだとか，意図をもった主体が相互作用しているという視点は，コンティンジェンシー理論の中にはほとんど現われなくなったのである．すなわち，かつては環境を行為のシステムとして記述していたのに対し，1970年代からは環境を変数のシステムとして記述する様式が支配的になっていったのである．

③このような環境記述様式の変化は，その背後に存在論と認識論の変化を伴っていた．かつて社会システムは反省能力をもつ行為者の行為や相互行為から成り立っていると思われていたのに対し，その後の組織論では組織は外部からコントロール可能なシステムであると考えられるようになった．

認識論においても，同じ法則定立を追求していた英米系組織論において，行為システムに注目して現象の背後に存在するメカニズムを解明しようとするメカニズム解明モデルに代わって，現象の規則性を基礎においたカヴァー法則（個別具体的な事象を包含するような法則）の追究が正当な法則定立の方法であると認識されるようになっていった．このようなカヴァー法則を追究するだけで法則が定立できるという見解をカヴァー法則モデルと呼ぶ．

④このカヴァー法則モデルのみで法則定立が可能であるという見解は，社会システムに関して不変の法則が支配的である，という仮定が成立する場合には妥当である．ところが，この不変法則の確立可能性は極めて低いと言わざるを得ないことが理論的な検討の結果として明らかになる．

⑤不変法則が確立困難であるとすれば，法則定立的アプローチの下で生み出されてきた多様な知見を新たな枠組みの下で再解釈する必要が出てくる．その再解釈を行なうと，既存のカヴァー法則モデルが明らかにしてきた「カヴァー法則」は，社会システムの簡略化された記述という位置づけを与えられ，またメカニズム解明モデルの知見は，法則ではないと位置づけた上で，その改良版である，解釈・合成による〈意図せざる結果〉の探究，という新たな研究指針を提供するものと読み直すことが可能となる．

⑥以上のような新たな研究指針のもとで，どのような経営学的研究が具体的に可能になり，どのような知見を実践家たちと対話していけるのかについて，著者が行なった研究から具体例が示される．まず日米デジタル・ウォッチ産業の技術選択の事例研究を，さらにひとつの研究事例として採り上げ，解釈・合成という研究指針がカヴァー法則モデルの研究指針と対比されながら具体的に示される．

⑦次いで環境を構成する行為主体たちが生み出す〈意図せざる結果〉を，解釈・合成という指針に基づいて解明することによって，企業の経営者たちにとっても現状を反省的に考察するきっかけとなるような間接経営戦略が明らかになることが示される．

⑧最後に，本書全体の締めくくりとして，本書で検討された方法論に関連する多様な側面を整理・統合し，行為システム観に基づいた経営学，すなわ

ち行為の経営学を提示した上で，残された課題の検討が行なわれる．結論に代えて，学部学生や大学院生に経営学を教育することの意義が本書の見解に基づいて試論的に記述される．

　本書の各章は，著者がこれまでに公表してきた論文をベースにしているものが多い．しかし本書は論文集ではない．本書の基礎になるの論文を書く際に，既にひとつの体系に基づいて，多様な側面について議論を展開する意図を著者は保有していた．記述・解釈・合成というステップを踏んで〈意図せざる結果〉を明らかにしていくという研究様式は，英米系の法則定立的実証研究と解釈学的な研究の対話を可能とする共通の土俵を創る上で重要であるばかりでなく，既存の事例研究法批判に対する反論を提供する上でも，経営の実践家に提供するべき知見の性質について考察する上でも，また学生たちに経営学を教育する上でも，特定の貢献がそれぞれ可能である．この学者間，学者－実践家，学者－学生という３つの関係性の中で，統一された考え方を，できるだけ体系的に展開しようという努力が本書の中で展開されている．細目にわたって水も漏らさぬ論理的一貫性を達成できたとは言えないけれども，経営学者がその実生活において統一的に考えなければならない領域の全面にわたって，一応の見取り図を描いた，というのが実状に近いであろう．この見取り図がどの程度魅力的なものに仕上げられるかという点が，本書の価値を決めるに違いない．そのためにはおそらく著者自身が読者との反省的対話を今後もねばり強く継続し，この見取り図を彫琢していかなければならないであろう．

# 第2章

## 2つの環境観
── 〈行為のシステム〉と〈変数のシステム〉──

### 1．はじめに ── 2つの理念型 ──

　本章では，主として経営組織論を中心に英米系の経営学の領域で採用されてきた環境記述様式を大まかに2つに分類する．ひとつは〈行為のシステム〉としての環境記述であり，もうひとつは〈変数のシステム〉としての環境記述である．環境を〈行為のシステム〉として記述するということは，意図をもった行為主体間の相互作用に注目して環境のメカニズムやダイナミクスを記述することである．これに対して，環境を〈変数のシステム〉として記述するということは，意図をもった行為主体の行為と相互行為に則した環境記述を行なうのではなく，環境というひとつのシステムを諸々の変数とその変数間の関係として記述することである．

　もちろんこの2つの記述様式はそれぞれ理念型である．現実に組織論と戦略論の研究者が採用してきた環境記述は，この2つの理念型とさまざまな点で異なっており，またこの両者の中間のような環境記述も現実に存在する．しかし，これまでの組織論者たちが考察を加えてきた環境という概念をこのような極端な2つの理念型に集約し，確固とした思考の準拠点を措定しておくことが更なる理論展開を行なう上では有効であろう．なお，ここでは環境記述という言葉と環境観という言葉をほぼ同義語として使用している．記述はそれに対応する視点を陰伏的に含んでいる，とわれわれは考えているから

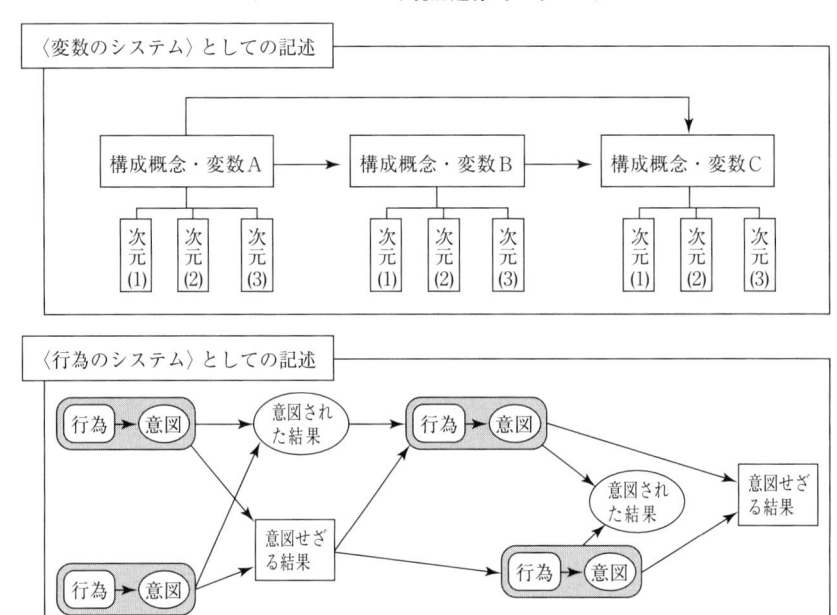

図 2-1　2つの環境記述様式のイメージ

〈変数のシステム〉としての記述

構成概念・変数 A　→　構成概念・変数 B　→　構成概念・変数 C
　次元(1) 次元(2) 次元(3)　　次元(1) 次元(2) 次元(3)　　次元(1) 次元(2) 次元(3)

〈行為のシステム〉としての記述

行為—意図 → 意図された結果 → 行為—意図 → 意図された結果 → 意図せざる結果
行為—意図 → 意図せざる結果 → 行為—意図

である．
　より具体的に2つの環境記述もしくは環境観をまとめておこう．図2-1に2つの環境記述様式のイメージが示されている．図の上段に描かれている〈変数のシステム〉としての環境記述とは，たとえば環境の不確実性など，組織体の目標追求にとって重要な影響を及ぼす環境要因に注目し，それを構成概念として捉え，多様な次元を用いて測定したり，他の要因と関係づけていくような記述様式を指している．環境不確実性という概念は明らかに言葉の真の意味での構成概念である．「環境に競争相手が存在する」と言うのと同じ意味で「環境に不確実性が存在する」とは言えない．不確実性はまさに構成された概念（construct）なのである．このような構成概念を措定して，それを中心として環境を複数の変数，あるいはより下位の次元に分解して記述していく様式を〈変数のシステム〉としての環境記述もしくは変数システム記述と呼ぶことにする．典型的には，不確実性（uncertainty）に注目し，

それを多様性（diversity）と不安定性（instability）に分解し，多様性と不安定性をさらに下位の諸項目に分解して測定していくことで，環境の理解あるいは環境不確実性の理解を獲得しようとする一連の研究が，この環境記述様式を採用していると考えればよい．

これに対して，図 2-1 の下段に描かれている〈行為のシステム〉としての環境記述とは次のような環境観をもって，その環境観を反映する記述を行なっていくものである．ここではこのような観点に立った環境記述を〈行為のシステム〉としての環境記述もしくは行為システム記述と呼ぶことにする．

(1) 意図をもった行為主体

個人や組織など，何らかの意図をもち，あるいは目標を共有し，ある程度一貫した行為を組み立て，遂行することのできる行為主体が環境には存在し，これらの行為主体の行為が環境というシステムの生成・維持・変化の主要な原動力である．

(2) 相互依存関係

環境を構成する多様な行為主体が行なう行為は，相互に依存しあっている．行為主体自身の行為も，前の行為が後の行為に影響を及ぼすとか，ある局面で行なっていることと他の局面で行なっていることが連関している，という意味で相互依存している場合もある．例えば昨日約束したことが，本日の行為を拘束していたり，消費者として考えたことが自分の会社の経営を考える上での手がかりになる，といったように，である．同様に，ある行為主体の行為が他の行為主体の行為と相互補完的であったり，競合的であったり，といった主体間の相互依存性も存在する．

(3) 意図せざる結果

上の 2 つの条件を備えている〈行為のシステム〉としての環境は，なかなか思い通りにコントロールできない他者の意図が存在するとともに，すべてを理解するにはあまりにも複雑な相互依存関係が存在する複雑なシステムであるが故に，自分を含めたすべての行為主体たちが意図しなかった結果ある

いは予期しなかった結果を生成する．

　環境を〈行為のシステム〉として記述するか〈変数のシステム〉として記述するかという記述様式の相違は，研究者がどのような環境観を抱いているかということばかりでなく，その人が何を分析単位とし，どのようなインプリケーションを引き出そうとして研究をしているのかという問題関心によっても異なってくる．たとえば組織間関係そのものを分析単位として考え，組織間関係によって成立している地場産業の育成を考察している研究者や実務家であれば，組織間関係システムを，他の組織の意図や組織間連結のタイプ（相互依存関係）などに注目して記述することもあるであろう．また特定の組織の環境適応を考えている研究者が，その組織の直面する環境を〈変数のシステム〉として記述する一方で，その組織の構造を〈(相互) 行為のシステム〉として記述することもあり得る．本章の議論を展開していく上では，議論の本筋を単純化するべく，あくまでも個々の組織と環境との関係に注目して環境を記述する場合に，この２つの理念型的な把握を限定しておくことにする．焦点組織（focal organization）の視点から見た環境を〈変数のシステム〉として記述するのか，〈行為のシステム〉として記述するのかという区別が，本書で考えられている基本的な区別である．

　このような分析単位の問題に若干の注意を促した上で，まず行為システム記述と変数システム記述の典型例と思われる組織論の代表的な業績を検討しておこう．

## 2．〈行為のシステム〉としての環境記述

　必ずしも〈行為のシステム〉としての環境記述の理念型とその細部に至るまで一致するとは言えないものの，際だってそれに近い環境記述を行なっていた具体例としてエメリー＆トリストに注目しておきたい（Emery and Trist, 1965）．「組織環境の因果テクスチャー」("Causal Texture of Organizational Environment") と題されたこの論文は，環境そのものにおける多様な交換関係を視野に収め，環境そのもののもつメカニズムとダイナミク

スを論じている．彼らが考察対象としていた環境には，〈意図をもった主体〉が存在し，それらの主体間の相互行為が複雑に〈相互依存〉しあっており，その結果として組織の存続にとって非常に重要な〈予期せざる結果〉が生成するといった特徴が見られるのである．

エメリー＆トリストは開放システム・モデルを用いて組織行動を包括的に理解するためには，表2-1に見られるような4つの関係（彼らの言葉で言えば，潜在的に法則的な連関）に関する知識を蓄積することが必要だと主張する．すなわち，$L_{11}$の組織内プロセスあるいは組織内の相互依存関係，$L_{12}$および$L_{21}$の組織と環境との交換あるいは取引を伴う相互依存関係，$L_{22}$の環境内の多様な諸部分の相互依存関係である．エメリー＆トリストによれば，このうち$L_{12}$と$L_{21}$の組織－環境間の交換関係については既にベルタランフィによる基本的な定式化が行なわれているけれども[15]，$L_{22}$の環境諸部分間の相互依存関係についてはまだほとんど知識が得られていない．彼らはこの環境における相互依存関係を把握することを目指し，これを組織環境の「因果テクスチャー」と呼んだのである．

エメリー＆トリストは環境を構成する諸部分の間の交換関係について議論を展開するのだけれども，彼らの最終的な問題関心は，あくまでも個々の組織体の行動（あるいは行為）にあった．産業政策の立案者の立場で環境を考察していたのではなく，あくまでも個々の組織体を研究したり管理する者の視点から環境のメカニズムを探究しているのである．このことは後に紹介する彼らの事例から明白である．また彼らは，意図をもった主体を環境の主要な構成要素だと必ずしも陽表的な形で主張しているわけではない．因果テク

表2-1　エメリー＆トリストの4つの関係性

| 受け手/送り手 | 焦点組織 | 環　境 |
| --- | --- | --- |
| 焦点組織 | $L_{11}$ 組織内の諸関係 | $L_{12}$ 組織－環境交換関係 |
| 環　境 | $L_{21}$ 組織－環境交換関係 | $L_{22}$ 環境の因果テクスチャー |

[出所]　Emery and Trist（1965）を基にして作成．

---

(15)　ベルタランフィーの業績として Bertalanffy（1950）が引用されている．

32

図2-2 因果テクスチャーの例

[出所] Emery and Trist (1965) の内容に基づいて著者が作成.

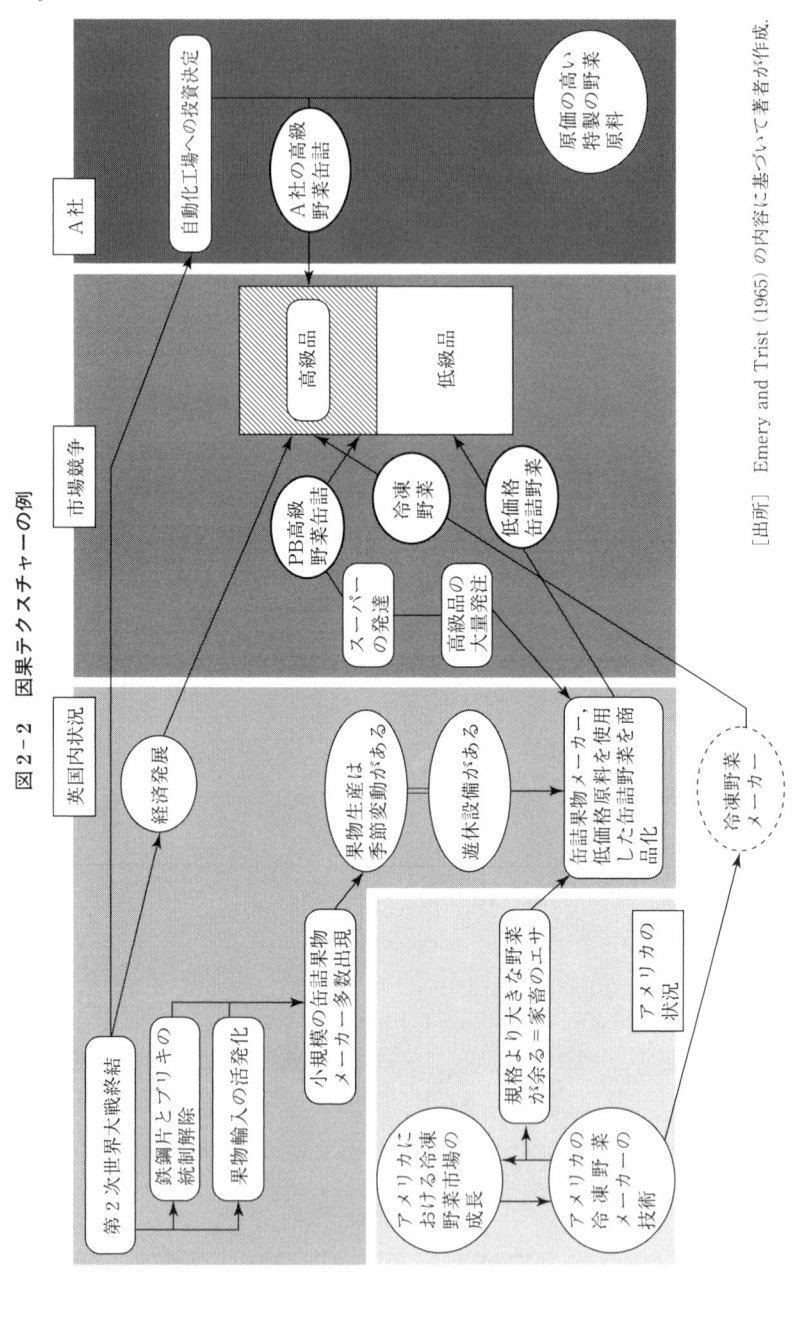

スチャーという言葉自体や，彼らが使用している潜在的に法則的な連関（potentially lawful connection）という用語が示しているように，彼らが環境のメカニズムを因果法則的に解明しようとしていた側面も否定はできない．しかしながら同時に，彼らは，自ら陽表的に意識したか否かは別にして，物理的世界における因果論のような，まさに機械的なメカニズムを想定して環境を記述するのではなく，意図を持った主体の行為と相互行為という側面を多分に含んだメカニズムあるいはダイナミクスに注目して環境を読み解く作業を展開していた．この点もまた，因果テクスチャーと彼らが呼ぶものの理解を促進するために論文の中で彼らが紹介している事例から明確に読みとることができる．

彼らが提示している事例は，英国における食品缶詰産業のトップ企業に関するものである．原典のメッセージの本質を損なうことなく，簡略化するため，ここではこの会社をA社と呼んでおこう．以下で紹介するA社の環境の変化は，図2-2にまとめられている．

A社は缶詰野菜を主力商品とするメーカーであり，その市場セグメントにおいて第2次世界大戦前から約65パーセントの市場シェアを保有していた．同社のトップは，この強力な市場地位が今後も永続するだろうと信じていたので，自動化工場を設立するべく数百万ポンドの投資を行うことに決定した．しかし，この工場を建設中に環境の特徴が変化し始めた．

まず第1に英国内に輸入果物の缶詰を扱う小規模企業が多数出現してきた．A社の主要な商品は缶詰野菜であり，明らかに缶詰果物の小規模企業とは直接競合することはない．したがって，この変化はそれ自体ではA社に直接・即時に影響を及ぼすようなものではない．しかし，一見無関係に見える諸変化がひとつずつ積み重なることによって，その後，A社の業績を左右するような方向に環境が変化していく．その第1歩が既にこの時点で踏み出されたのである．

これらの小規模な缶詰果物メーカーは，大戦後鉄鋼片とブリキの統制が取り除かれ，安価な缶を豊富に入手できるようになったこと，また同様にして輸入果物の市場が拡大したことなどの影響によって，多数出現し始めたのであった．

輸入果物の缶詰は季節変動のある商品であった．それ故，これらの小規模企業は，冬にも機械設備を使用し，従業員を維持していきたいと考えていた．A社の意図とは独立で，A社の視野に入らず，そのコントロールも受け付けない〈意図〉が生まれていたのである．

第2に，英国から離れたアメリカでは，ちょうどその頃，急速冷凍食品が発達していた．缶詰野菜と競合する商品が急速冷凍されるようになったのである．このアメリカにおける急速冷凍技術をもった冷凍野菜メーカーも，A社とは直接競合するわけではない．アメリカにおける冷凍野菜市場の発達は，やや迂遠な経路を経て英国のA社に深刻な影響を及ぼすのである．

急速冷凍技術は農作物が高度に均質でなければ使用できない．アメリカで冷凍食品の大規模市場が確立されると，急速冷凍には適さない，規格外の大きさに育ってしまった野菜が余るようになってきた．これらの余った野菜は動物用飼料として安価に販売されていた．

ここで英国の缶詰果物メーカーの〈意図〉とアメリカの動物用飼料とが結びつく．缶詰果物の季節変動を埋め合わせたいと考えていた英国の小規模な缶詰果物業者が，この動物用飼料に注目したのである．急速冷凍には適さないほど大きく育ってしまった野菜でも，缶詰加工するには支障がないからである．動物用飼料になっていた大型の野菜を，やや高めの価格で，それでもA社の材料よりは非常に安価に，これらの小規模な缶詰業者が輸入するようになった．

A社の缶詰は，特別に育成された高コストの野菜を使用しており，急速冷凍野菜が導入されるまでは高価格の高級品であった．しかし社会がより豊かになっていくと，より多くの人々が高級缶詰よりも更に高価な冷凍野菜を購買できるようになってきた．このような消費者側の変化も手伝って，A社は低価格の缶詰野菜のセグメントではアメリカの余剰生産物という安価な原料を用いた小規模な缶詰メーカーとの競争にさらされ，高価格の保存野菜の市場セグメントでは冷凍食品との競争にさらされるようになったのである．

このような競争状況の変化と時を同じくして，英国の小売業にも変化が生じていた．当時英国ではスーパーマーケットが発達しつつあり，多数の食料雑貨チェーンが登場してきた．A社やその競争相手にとって〈相互依存関

係〉にあるスーパーやチェーンも，新たな〈意図〉を抱き始めた．これらの企業は，自社ブランド（Private Brand：PB）で特定のタイプの商品を売り始めていた．これらのスーパーやチェーンは，このPB政策の一貫として，A社の高級缶詰野菜と同じ品質水準の商品を小規模な缶詰業者に大量注文することになった．小規模な缶詰業者は，自らはマーケティング費用を負担しなくて済み，しかも原材料がより安価だったため，この業界のトップ企業であるA社のブランド商品よりも低い価格設定が可能であり，3年で50パーセントの市場シェアを獲得するに至った．

　図2-2には，上で紹介したエメリー＆トリストの因果テクスチャーの例が若干整理されて描かれている．図中には濃度の異なる網掛けが施されており，A社から「離れていく」のに従って網掛けを薄くしてある．一番右端とそのすぐ左隣の比較的濃い網掛けの部分には，企業の意思決定と材料調達，市場セグメント，競争などといった，企業戦略およびタスク環境に関連する項目が並んでいる．経営学で通常見られる議論は，この組織内の意思決定プロセスや，組織とタスク環境との相互作用に集中するのが通常であろう．ところがエメリー＆トリストが因果テクスチャーという言葉で強調しようとしたのは，むしろこの直接的な相互作用を行なう環境部分は，実はより「遠い」環境部分と因果的に連結しており，一見「遠い」所で生じているような事態が，意図をもった行為主体間の相互作用・相互依存関係を経て，回り回って〈意図せざる結果〉あるいは〈予期せざる結果〉として企業のタスク環境の激変を生み出す，ということであったように思われる．

　このような〈意図をもった主体〉と〈相互依存関係〉という2つの特徴は，彼らの環境分類にも陰伏的に存在しているように思われる．このことは，彼らの行なった因果テクスチャーの4分類を検討することで確認できる．

(1)　穏やかでランダムな環境（placid, randamized environment）

　　組織体の目標物（goals, goods）と回避したい物（noxiants, bads）とがランダムに分布している．目標物も回避したい物も，どちらも〈意図をもった主体〉ではない．それらが特定の〈相互依存関係〉を形成しているのではなく，ランダムに分布しているのである．

表 2-2　エメリー&トリストの環境 4 分類の再解釈

|  |  | 要素間の関係 ||
|---|---|---|---|
|  |  | 要素間に相互依存関係がない（ランダムである） | 要素間の相互依存関係がある（構造化されている） |
| 構成要素 | 意図のないモノ | (1)穏やかでランダム化された環境（placid, randomized environment） | (2)穏やかだがクラスター化された環境（placid, clustered environment） |
| | 意図のある主体 | (3)不安定な反応的環境（disturbed-reactive environment） | (4)荒れ狂う場（turbulent field） |

(2) 穏やかだがクラスター化された環境（placid, clustered environment）

　　組織体の目標物と回避したい物とが特定の結びつき方で分布している．〈意図をもった主体〉ではないモノが，何らかの〈相互依存関係〉を形成している，ということである．

(3) 不安定な反応的環境（disturbed-reactive environment）

　　同じ種類の組織体が他にも複数存在している．①と②には登場していなかった〈意図をもった主体〉としての組織体が自組織以外にも存在している．だが，これらの組織体の間に必ずしも何らかの〈相互依存関係〉が発達しているわけではない．

(4) 荒れ狂う場（turbulent field）

　　荒れ狂う場では，③の不安定な反応的環境の条件にプラスして組織体の属している場そのものが変動を生み出すようになっている．エメリー&トリストはこの原因を，(a)組織体の大規模化と組織間関係の形成，(b)経済組織と社会の他の側面（立法などの公的規制）の相互依存関係の高まり，(c)企業の研究開発依存傾向の増加などである，と述べている．本書の文脈にそって解説するならば，これらの要因は③の状況に高度の〈相互依存関係〉を発達させる，という条件であろう．このような高度な相互依存関係の発達によって，組織体のひとつの行為が多様な組織間・制度間の依存関係によって増幅され，場そのものが変動するようになると彼らは主張するのである．

このように解釈するならば，彼らが環境分類に用いた次元もまた必ずしも彼ら自身が陽表的に述べているわけではないけれども，表2-2のように解釈しても差し支えはないだろう．すなわち，まず環境を構成する要素に関して自分と同じように意図をもって行為する主体が存在するのか否か，あるいは自分の行為を受動的に受けるだけの目標物と有毒物だけであるのかという次元である．もうひとつの次元はそれらの要素の間に何らかの相互依存関係が存在するか否かである．

エメリー&トリストにとって上の4分類は環境の因果テクスチャーの4分類であるけれども，彼らが主として因果テクスチャーという概念で注目しようとしたのはこの第4番目の荒れ狂う場であったと思われる．このことは先に挙げたA社の事例を見れば明らかだろう．そこでは同じタイプの組織ばかりでなく，保存野菜メーカーと食料雑貨チェーンなどといった〈意図をもった主体〉との〈相互依存関係〉が採り上げられているからである．

荒れ狂う場への注目，しかも〈意図をもった主体〉と〈相互依存関係〉という場のメカニズムへの注目は，少なくともエメリー&トリストにとって〈意図せざる結果〉への注目をも意味していたように思われる．実際，彼らは荒れ狂う場の解説を次のような記述で終えているのである．

> 組織にとってこれらのトレンドは関連する不確実性の領域が著しく増加することを意味している．自分たちの行為から諸々の結果が生み出され，その生み出され方がますます予測不可能になっていく．これらの諸結果はその組織から遠ざかるにつれて，徐々に弱まっていくとは限らず，いついかなる時点ですべての予想を超えて増幅されてしまうかも知れないのである．同様に，非常に真剣に一定の方向へ向けられた努力も創発的な場の諸力によってかき消されてしまうかも知れない[16]．

〈意図をもった主体〉と〈相互依存関係〉という2つの側面に注目するということによって，エメリー&トリストは環境には〈意図せざる結果〉が満

---

(16) Emery and Trist (1965), p. 26.

ちあふれていることを強調しているように思われる．その意味で，〈行為の システム〉として環境を記述していた典型例の1つであったと言えるだろう．

## 3．〈変数のシステム〉としての環境記述

　理念型としての行為システム記述には，①他者の意図と行為というコントロールの難しい要素と，②その総体を認識することが困難な複雑な相互依存関係が含まれている．この両者のもたらす結果として〈意図せざる結果〉や〈予期せざる結果〉が生み出される，と行為システム記述では考えられる．行為システム記述においては，組織体が「適応」しなければならない環境の不確実性とは，このようなメカニズムやダイナミクスを背後にもつ概念であった．不確実性や安定性，複雑性といった組織環境を特徴づける諸次元は本来，このような行為に基づいた記述を簡便にするための便法だったように思われる．

　しかしながら，1970年代に発達したコンティンジェンシー理論では，むしろこの便法が一人歩きを始めていったように思われる．少なくともコンティンジェンシー理論家の多くは，意図をもった行為主体の行為にまで遡って環境を読み解くことなく，組織体の直面する環境というひとつのシステムを簡便に特徴づける変数とそれを測定するための多様な次元のセットを開発することに努力を傾けていた．彼らは〈行為のシステム〉としての環境記述から離れ，〈変数のシステム〉としての環境記述へと努力を集中するようになっていったのである．

　環境というシステムを記述する場合に，そのシステムを構成する主体の意図や行為にまで遡ることをせずに，そのシステムの特徴的な側面をさまざまな変数として把握していく立場の典型例は，たとえばダンカン（1972）やピュー他（1969）に見ることができる．もちろんこれらは典型例ではあっても理念型そのものではないので，いくつかの点では〈行為のシステム〉としての記述の残滓を残していることもある．しかし，それでもやはり2つの記述様式の理念型と比較してみれば，明らかに〈変数のシステム〉としての環境記述に近いことを確認できる．

(1) **ダンカン──知覚された不確実性──**

　たとえばダンカン（1972）は，それまでの組織論が組織体の環境への適応，特に環境の不確実性への適応を研究の中心に据えてきたにもかかわらず，環境概念の構成要素が何であり，どのような次元が重要であるのかということについては十分に特定化してこなかったと述べ，組織―環境間の相互作用に関して実証研究を促進するために，環境の諸要素と諸次元をより明確に定義する作業を行なっている（Duncan, 1972）．彼はまず「組織内の個人の意思決定行動において直接考慮に入れられる物理的要因と社会的要因の総体[17]」として環境を捉える．ダンカンは，皮肉なことに，われわれが上で紹介してきたエメリー＆トリストなども参考にしながら，環境は2つの次元から構成されていると推論する[18]．ひとつは単純―複雑次元（simple-complex dimension）であり，もうひとつは静的―動的次元（static-dynamic dimension）である．

　ダンカンは単純―複雑次元を，意思決定者が考慮に入れる要因の数とそれらの要因間の異質性の程度によって定義する．彼は表2‐3に見られるように様々な要因（factor）をそれらの間の異質性・同質性に基づいていくつかの構成要素（component）に分類している．たとえば新規材料の供給業者と部品の供給業者，政府の規制などを意思決定者が考慮に入れなければならないのであれば，要因の数は3である．この3つの要因のうち初めの2つは，(2)供給業者［構成要素］に分類され，政府の規制は(4)社会―政治的［構成要素］に分類されるので，ここでの構成要素の数は2つである．ダンカンによれば，要因の数が多いほど，またそれらの要因が多数の構成要素にまたがっているほど，環境の複雑性は高くなる．したがって，操作的な手順としては，意思決定の際に考慮に入れる要因を列挙させて，その数を意思決定要因の数 $F$ とし，それらの要因が属す構成要素の数を $C$ とし，後者の二乗と前者の積（$F \times C^2$）によって環境の単純―複雑インデックスが作成される．構成要素の数を二乗するのは，異質な要素にまたがることがより強く複雑性の上昇に貢献すると考えられているからである．

---

(17) Duncan (1972), p. 314.
(18) ダンカンはこの部分で，この2つの他に Thompson (1967) を参照している．

表 2-3　外部環境の諸要因と構成要素

| 外部環境 |
| --- |
| (1)　顧客［構成要素］ |
| 　(A)　製品あるいはサービスの流通［要因］ |
| 　(B)　製品あるいはサービスの実際の顧客［要因］ |
| (2)　供給業者［構成要素］ |
| 　(A)　新規材料の供給業者［要因］ |
| 　(B)　生産設備の供給業者［要因］ |
| 　(C)　製品部品の供給業者［要因］ |
| 　(D)　労働の供給者［要因］ |
| (3)　競争業者［構成要素］ |
| 　(A)　供給業者をめぐる競争業者［要因］ |
| 　(B)　顧客をめぐる競争業者［要因］ |
| (4)　社会―政治的［構成要素］ |
| 　(A)　当該産業に対する政府の規制［要因］ |
| 　(B)　産業とその特定製品に対する公衆の政治的態度［要因］ |
| 　(C)　組織内での管理権に関する労働組合との関係［要因］ |
| (5)　技術的［構成要素］ |
| 　(A)　製品・サービスの生産に関して自社の属す産業と関連産業が直面する新しい技術的な要請に応えること［要因］ |
| 　(B)　産業内の新しい技術進歩を実現して新製品を開発したり改善したりすること［要因］ |

［出所］　Duncan (1972), p.315より一部修正の上掲載.

　静的―動的次元は，(a)意思決定の際に考慮に入れられる要因が安定的か変動するかという下位次元と(b)そもそも考慮に入れられる要因のセットが安定的かあるいはしばしば再定義されるのかという下位次元から構成される．どちらの下位次元も，(1)決して変わらないから(5)非常に頻繁に変わるまでの5点尺度で測定されている．

　ダンカンの行なっている作業は比較的明解である．すなわち，まず第1に，環境というシステムのアウトプットとして，意思決定者によって知覚された

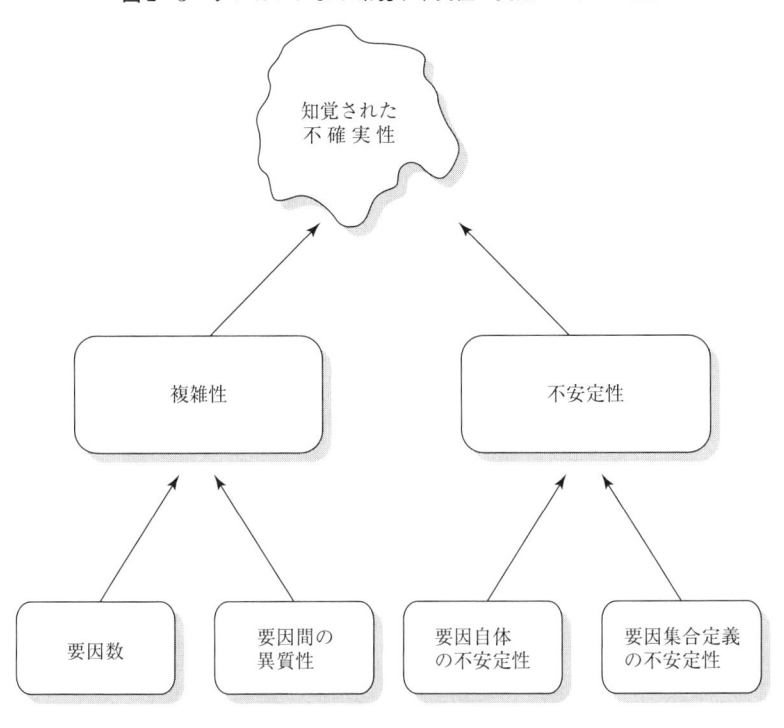

## 図2-3　ダンカンによる環境不確実性の変数システム記述

```
          知覚された
          不確実性
          ↑      ↑
     ┌─────┐  ┌─────┐
     │複雑性│  │不安定性│
     └─────┘  └─────┘
      ↑  ↑     ↑   ↑
  ┌───┐┌─────┐┌─────┐┌─────┐
  │要因数││要因間の││要因自体││要因集合定義│
  │     ││異質性 ││の不安定性││の不安定性│
  └───┘└─────┘└─────┘└─────┘
```

不確実性（perceived uncertainty）に彼は注目する．第2に，不確実性を単純―複雑と静的―動的の2つの次元へと分解し，第3にそれぞれの次元を更に下位次元に分解し，操作定義を与えてインデックスを作成していくというプロセスをダンカンはたどっているのである．

　この作業の結果として得られる〈変数のシステム〉を簡略化するならば図2-3のように描かれるであろう．この図に関連してここで強調しておきたい点は2つある．ひとつは，ダンカンによる〈変数のシステム〉としての環境記述は，環境において時間的順序をもって展開される行為と相互行為の連鎖を捨象し，意思決定者の知覚する不確実性を高めたり低めたりするという側面のみに注目している，ということである．ここではもはや環境がどのよ

うなメカニズムやダイナミクスをもっているのかということ自体は問題ではなくなる．〈変数のシステム〉という記述様式においては，むしろ意思決定者の不確実性知覚に影響を及ぼす環境特性の把握に全労力が集中されるのである．組織体が現在直面している予期せぬ事象の源泉が，たとえもし数カ月前の他社の行為にあったとしても，そのこと自体は注目されることはない．現在，そのような予期せぬ事象がどれほどの頻度で，どれほど広い領域で生じているのかが重要なのである．

　強調したい第2の問題は，このようにして多次元の尺度によって記述された変数（次元）システムとしての環境が，最初の行為システムとしての環境とは異なる内的構造をもっているということである．図2-3に即して言うならば，知覚される不確実性という従属変数に至る因果の階層制がこの変数システム記述のもつ構造である．この構造が，実在としての環境を把握する上で適切であるか否かという判断は，実在としての環境と同型であるか否かではなく，結果的に知覚された不確実性を予測する上で有効か否かに基づいて行なわれるのである[19]．いま仮にすべての次元にわたって非常に精確な測定が実現できたとしよう．このとき，〈変数のシステム〉がもつ変数と変数の関係を，ある程度安定的なパターンとして確立することが可能である場合もあるだろう．しかしこのようにして得られた〈変数のシステム〉としての環境記述は，記述対象である元の〈行為のシステム〉としての環境とは構造的に同型ではない．〈変数のシステム〉としての環境を理解したからといって，それが環境のもつメカニズムやダイナミクスの理解を保証しているわけではないのである．その〈変数のシステム〉としての環境をもう一度〈行為のシステム〉として読み解かないかぎり，環境のもつメカニズムやダイナミクスの理解は獲得困難であるように思われる．

---

(19)　Stinchcombe（1968）も述べているように，構成概念を次元に分解し，それを質問項目にまで具体化していく作業は，実は因果関係を特定化していく作業とほぼ同じものである．またカヴァー法則モデルに基づけば，因果関係と集合論的な包含関係は論理的に同型である（Hollis, 1994）．それ故，環境を多様な下位次元から構成されたものとして記述する作業と，原因変数と結果変数の結びつきとして記述する作業は，これらの考え方に基づくかぎり，ほぼ同じ作業である．

## (2) アストン研究

〈変数のシステム〉として環境を記述するという様式は，ピュー（Pugh）やヒクソン（Hickson），ハイニングス（Hinnings）等を中心として行なわれたアストン研究（Aston Studies）にも明確に見られる．アストン研究では環境という用語を用いてはいなかったけれども，環境と組織の相互作用を捉えるための概念として彼らが用いたコンテクスト変数は，他の組織論者が環境やドメイン，戦略などと呼んでいるものに非常に近い概念である．この点はアストン研究の研究者たちも認めている．コンテクストとは「構造がその中で開発されるような，ある状況（setting）とみなせるという意味で『コンテクストの』（contextual）と呼ばれる[20]」のであり，コンテクストは「いくつかの点では環境という概念よりも狭いけれども，それでもまだ非常に広い概念[21]」であると述べ，環境とコンテクストという2つの概念が類似の概念であることを彼ら自身も述べているのである．

実際，表2-4に示された彼らのコンテクスト変数のリストを見れば，アストン研究でコンテクスト変数と位置づけられているものの多くが，他の組織論の研究者たちの間では環境変数であることを確認することができる（Pugh et al., 1969）．表に見られる7つの変数のうち，(2)所有とコントロールおよび(7)他の組織への依存は，通常は組織間環境に分類される変数であり，(4)チャーターはタスク環境とドメインと戦略から構成されているように読みとれる．ここでは他の論者の議論との親和性の良さを優先し，アストン・グループの言うチャーターに限定して検討を加えておくことにしよう．チャーターとは，より大きな社会システムにおいてその組織が達成しようとしている機能のことである[22]．

アストン・グループはこの概念をまず7つの項目で測定する．初めの4つの項目は組織のアウトプットに注目したときの，その組織の目的や目標を特徴づけるものである．(a)アウトプット多元性は，組織が環境に提供するアウ

---

(20) Pugh et al. (1969), p. 91.
(21) Ibid., p. 111.
(22) これとほとんど同じ事象を論者によっては目標と呼んだり，イデオロギーや価値システムと呼んだりする場合もある．

表 2-4　アストン研究のコンテクスト変数のリスト

| アストン研究のコンテクスト変数とその下位次元 |
| --- |
| (1)　**起源と歴史** |
| 　(a)　起源の非人格性 |
| 　(b)　年齢 |
| 　(c)　歴史的変化 |
| (2)　**所有とコントロール** |
| 　(a)　公的アカウンタビリティ |
| 　(b)　所有の経営に対する関係 |
| (3)　**規模** |
| 　(a)　従業員数と純資産 |
| 　(b)　親組織の規模 |
| (4)　**チャーター** |
| 　(a)　アウトプットの多元性 |
| 　(b)　アウトプットのタイプ |
| 　(c)　消費財，生産財，両者のミックス |
| 　(d)　アウトプットに対する顧客の志向性 |
| 　(e)　自己イメージ |
| 　(f)　多元的アウトプットの政策 |
| 　(g)　顧客ベースの選択 |
| (5)　**技術** |
| 　(a)　ワークフロー硬直性 |
| 　(b)　自動化の程度 |
| 　　(イ)　自動化のモード |
| 　　(ロ)　自動化の範囲 |
| 　(c)　ワークフロー・セグメントの相互依存性 |
| 　(d)　品質評価基準の特定性 |
| 　(e)　労働コスト |
| (6)　**立地** |
| 　(a)　事業活動の立地の数 |
| (7)　**他の組織への依存** |
| 　(a)　親組織への依存 |
| 　　(イ)　相対的な規模 |
| 　　(ロ)　地位 |
| 　　(ハ)　政策決定母体への組織の代表性 |
| 　　(ニ)　外注されている専門の数 |
| 　(b)　他の組織への依存 |
| 　　(イ)　垂直統合 |
| 　　(ロ)　組合 |

トプットの数で定義され，(b)アウトプットのタイプは製造業かサービス業かによって分類されている．この他に(c)消費財であるか，生産財であるか，あるいは両者の混合であるのか，(d)アウトプットの標準化の程度（完全にスタンダードなアウトプットから顧客グループのスペックに従って設計される注文品までの幅をもつスケール）という4つの項目がアウトプットに関連して測定される項目である．残り3つの項目はチャーターのイデオロギー的あるいは戦略的な側面を捉えたものである．(e)組織が使っているスローガンや追求しているイメージがアウトプットの品質を強調しているか否か，(f)アウトプットの範囲を拡張しようとしているのか，維持しようとしているのか，縮小しようとしているのか，(g)顧客ベースをどの程度選択しているのか，といった項目がそれである．

　ピュー他は以上7つのチャーターの測定項目を主成分分析によって2つの成分に集約する．ひとつは①事業活動変動性（operating variability）であり，もうひとつは②事業活動多様性（operating diversity）である．30パーセントの寄与率をもつ第1因子である事業活動変動性に対しては，(b)製造業—サービス業と(c)生産財—消費財，(d)顧客のアウトプットに対する志向性（標準品—注文品）などの因子負荷が高く，「スタンダードな消費者向けサービスを提供するのではなく，非標準的な生産財を製造することに関与している[23]」ことを示すという解釈が加えられている．20パーセントの寄与率をもつ第2因子には，(a)アウトプットの数と(e)品質重視の度合，(f)アウトプット範囲の拡張志向性，(g)顧客ベースの選択などの負荷が高かった．この4つの項目の中にアウトプットの多様性に関連する項目が2点入っていることと，事業活動多様性の高低順に並べた実際の企業の業種を個別に検討していくことで，第2因子は事業活動の多様性を表わしていると解釈されている[24]．

---

(23) Ibid., p. 100.
(24) 異なる概念から出発し，異なる操作定義を用いていながら，ダンカンとアストン・グループが同じような次元にたどり着いていることは興味深い．この一致を，多様な測定法・概念化にわたって頑健な結果とみるべきか，あるいは当時のシステム論もしくはトンプソン（1967）の影響を受けた人々が多様性の空間的次元と時間的次元という共通の信念にとらわれていた結果と考えるべきかは意見が分かれるところであろう．

以上のようなアストン・グループの概念化の作業にも，先にダンカンについて確認したこととほぼ同じ問題を指摘することができる．すなわち，〈変数のシステム〉としての環境記述が追求されており，統計的な手法を活用することで〈変数のシステム〉はそれ独自の構造をもつものとして扱われ，その構造と〈行為のシステム〉の構造との関連が付けられていないのである．実際，アストン・グループは，これらコンテクスト変数と組織構造の変数の間の関係ばかりでなく，立地と技術とチャーターというコンテクスト変数の間にも統計的に相関があることを指摘しているにもかかわらず，それは変数間の関係として読みとられ，決して〈行為のシステム〉へともう一度遡って，すなわち環境の〈意図をもった主体〉が繰り広げる諸行為の〈相互依存関係〉にまで還元して解釈してはいない．

　たとえもし当初は〈行為のシステム〉であることを十分に認識した上で，その特徴を適切に把握し，単純化を行なうために〈変数のシステム〉を作り上げようと意図したのだとしても，一旦出来上がった新しい構造をもつ〈変数のシステム〉としての環境をもう一度〈行為のシステム〉として読み解こうという志向性が消えているという意味で，やはりアストン研究も〈変数のシステム〉としての環境記述の典型例の1つに挙げることができるのである．

## 4．経営戦略論における行為システム記述と変数システム記述

　特定の組織体の視点から見た環境を分析しているという意味で，経営戦略論は経営組織論と同じ視点に立って環境を記述してきたと考えることができるであろう．しかも，そもそも経営戦略が，意識的・計画的であろうと，無意識的・創発的であろうと，組織と環境の間の相互作用のパターンを意味することを考えれば（Hofer and Schendel, 1978 ; Mintzberg, 1994），経営戦略論が行なう環境記述はわれわれにとって重要な関心事である．結論を先取りして言えば，やはりこの経営戦略論の領域においても，行為システム記述と変数システム記述という2つの記述様式を確認することができる．

(1) **変数システム記述──ポーターの業界の構造分析──**

　経営戦略論における変数システム記述に近似できる例として，ポーターの業界の構造分析を挙げることができる（Porter, 1980）．ポーターの枠組では，既存の競争相手や取引相手など諸々のプレーヤーが記述に現われるため，行為システム記述を行なっているように一見思われるかもしれない．しかしながら，現実にはこの枠組においては，それらの行為主体の行為は，当該産業の利益ポテンシャルを高めたり低めたりする〈諸力〉として把握され，最終的には変数のシステムへと環境が変換されている．この点について確認作業を行なっておこう．

　ポーターはまず企業の直面する環境の諸側面のうち利益ポテンシャルに注目する．その上で彼は利益ポテンシャルを左右する要因を5つに分類する．5つとは，(a)既存企業間の対抗度と(b)新規参入の脅威，(c)買い手の交渉力，(d)供給業者の交渉力，(e)代替品の脅威である．業界の構造分析の枠組においては，利益ポテンシャルはこれら5つの要因と単純な線形の関係をもつと想定されている．すなわち，既存企業間の対抗度が高ければ高いほど利益ポテンシャルが下がるとか，買い手交渉力が強ければ強いほど利益ポテンシャルは低下するといった関係である．これら5つの「諸力」は更にそれぞれ細かく分解され，操作可能な変数に変換されていく．たとえば既存企業間の対抗度であれば，次の8つの要因に分解されている．

① 競争業者の数および規模とパワーに関して同等である程度
② 産業の成長率
③ 固定費の大きさ，または在庫費用の大きさ
④ 製品の差別化可能性またはスイッチング・コストの大きさ
⑤ 生産能力の小刻みな拡大の可能性
⑥ 競争相手のバックグラウンドの多様性
⑦ その産業の戦略的価値の大きさ
⑧ 退出障壁の高さ

　これら8つの要因と既存企業間の対抗度の間の関係も，利益ポテンシャル

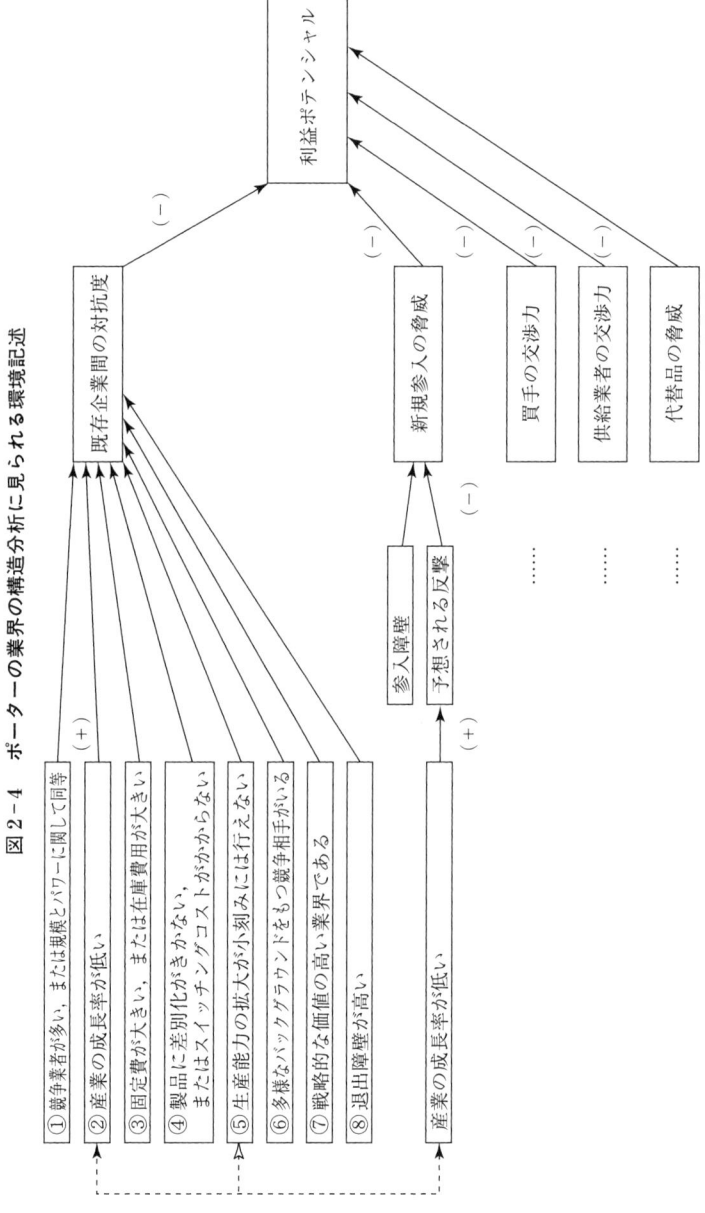

図 2-4 ポーターの業界の構造分析に見られる環境記述

- ① 競争業者が多い、または規模とパワーに関して同等
- ② 産業の成長率が低い
- ③ 固定費が大きい、または在庫費用が大きい
- ④ 製品に差別化が小さい、またはスイッチングコストがかからない
- ⑤ 生産能力の拡大が小刻みには行えない
- ⑥ 多様なバックグラウンドをもつ競争相手がいる
- ⑦ 戦略的な価値の高い業界である
- ⑧ 退出障壁が高い

- 既存企業間の対抗度
- 新規参入の脅威
  - 参入障壁
  - 予想される反撃
- 買手の交渉力
- 供給業者の交渉力
- 代替品の脅威

- 産業の成長率が低い

- 利益ポテンシャル

と5つの「諸力」の関係と同型である．すなわち，たとえば競争業者の数が多いほど対抗度は高く，産業の成長率が低いほど対抗度が高い，等々である．これらの要因間の関係を図示すれば，図2-4のような階層制として理解することができる．そこには因果の前後関係と，次元―下位次元という包括関係とが同居する階層制が見られ，先に紹介したダンカンの知覚された不確実性を頂点とする階層制と，論理の構造という点では類似の環境記述であることが確認できるであろう．

　ポーターの枠組では，やはりこれら最下位の要因間の関係付けが見られない点ではアストン研究に関して指摘した点も同様に確認できる．たとえば産業の成長率は，既存企業間の対抗度と新規参入の脅威の両方の下位要因として登場するのだけれども，それぞれ作用の方向が逆である．すなわち産業の成長率が高ければ既存企業間の対抗度は低下するのだけれども，産業の成長率は新規参入の脅威を高める．結局総合的に見た場合に，産業の成長率が利益ポテンシャルに対して正負どちらの効果を及ぼすのか，という点については何の言及もない．また，産業の成長率が高ければ生産能力の小刻みな拡大が不可能であったとしても，既存企業間の対抗度を高めないと思われるが，このような交互作用効果についてもポーターは言及していない．現実の業界をこの枠組で分析する場合には，このようなポーターの枠組に陰伏的に潜んでいる交互作用効果などを〈行為のシステム〉を介して読み解いていかないかぎり十分な分析にはならないことは明らかであろう．それ故，たとえプレーヤーという言葉を使用しているとはしても，ポーターの業界の構造分析という枠組自体は〈行為のシステム〉としての環境記述を背景に追いやって，〈変数のシステム〉としての環境記述という側面を前面に押し出している，と捉える方が適切であると考えられるのである．

## (2) 行為システム記述――シナリオ分析――

　これに対して経営戦略論の領域で〈行為のシステム〉としての環境記述に近いものは，シナリオ分析の領域に見られる．たとえば元ロイヤル・ダッチ・シェル（Royal Dutch / Shell）社の事業環境事業部長であったワックが『ハーバード・ビジネス・レビュー』（*Harvard Business Review*）に連

続して掲載した2本の論文は,〈行為のシステム〉として環境を捉えようとしている典型であろう (Wack, 1985a; 1985b). これらの論文の中でワックは, 1973年の第1次オイル・ショックの予期を可能にしたロイヤル・ダッチ・シェル社のシナリオ作成の基本論理を論じている. 彼によれば, 通常の予測 (forecasting) が昨日までのシステムと明日からのシステムが同じものであるという仮定に基づいているのに対して, シナリオは主要なプレーヤーたちの行為に関する理解と, その相互作用によるシステムの新しい動き方の読みを含むものだと考えている. ワックは石油業界というシステムを理解するために, まずシェル社の事業環境を構成する主要な役者たちを詳細に分析した. 主要な役者たちとは, 石油生産者と消費者と諸企業である. それぞれの役者たちの行為をワックはそれぞれの自己利益に基づいて読み解く.「われわれは舞台の上のキャラクターそのものと, ドラマが展開するにつれ彼らがどのように振る舞うのかという研究からスタートした」とワックは述べている[25].

　それぞれの役者の自己利益を了解する上で, 彼は役者たちの世界観の把握を重要視している. 彼は次のように述べている.

　　　それぞれの企業は, その世界観を所与とすれば, 合理的に行為した. 企業の事業環境に関するその会社の知覚は, その投資のインフラストラクチャーと同様に重要である. なぜなら, その戦略はこの知覚から生まれるからである[26].

　この点で通常の予測とシナリオ分析が根本的に異なっていることをワックは強調する. シナリオ分析は, われわれの言葉でいうなら,〈行為のシステム〉として環境を把握する点で,〈変数のシステム〉から出てくる予測とは異なっているのである.

　　　シナリオ分析はまず, 予測や代替案に依存するのではなく, ビジネ

---

(25) Wack (1985a), p. 78.
(26) Ibid., p. 84.

ス・システムを駆動している諸力を管理者たちが理解することを必要とする．（すなわち，誰か他人の理解とか判断が数字に結晶化していて，自分で考えることの代わりになってしまうようなものではない．）シナリオを使うことは，柔道がボクシングと異なるのと同じほど，予測に頼るのとは異なる．つまり，あなたは競争優位上プラスになるように外界の諸力を利用したいと考えており，2足す2が5以上になるように，自分のためにそれら外界の諸力が作用するようにしたい，と考えているのである．将来の石油価格とか将来の需要の水準などのような結果に関する専門家の情報を単に受け容れるだけではほとんど力を手に入れることはできないであろう．力はその結果の背後にある諸力の理解によって手に入れられるのである[27]．

　ポーターと同様に「諸力」という言葉を用いてはいるけれども，ワックは個々のプレーヤーの〈意図〉を了解し，彼らが時と共に展開する相互行為に大いに関心を払っている．環境のメカニズムとダイナミクスを把握するために，〈意図をもった主体〉と〈相互依存関係〉を視野に入れている点でワックのいうシナリオ分析は〈行為のシステム〉としての環境記述によって支えられていると考えることが可能である．

## 5．行為システム記述から変数システム記述へ

### (1) 支配的な環境記述様式の変遷

　個々の組織体を分析単位として措定している経営組織論や経営戦略論において，現在では〈変数のシステム〉としての環境記述が支配的なアプローチとなっているように思われる．たとえば経営戦略論の教科書を繙いてみれば，このことは容易に推察できるはずである．いずれの教科書においても，環境や自社事業の構造的な側面を分析する手法が多数論じられている反面，シナリオ分析のような環境のメカニズムとダイナミクスを解説した部分は非常に

---

[27]　Wack (1985b), p.140.

限られている（たとえば Abell and Hammond, 1979 ; McNamee, 1985 ; Dyson, 1990）．近年ゲーム理論に基づいた経営戦略論の展開や，いわゆる戦略のプロセス学派（process school）が〈行為のシステム〉としての環境記述を行なっているけれども，いまだにこれが経営戦略論の支配的なアプローチになったとは言いがたい（Brandenburger and Nalebuff, 1995 ; Mintzberg and Quinn, 1991）．

　組織論においても事態は同様である．スコットの著わした現代組織論の代表的な教科書（*Organizations*）も，『社会学ハンドブック』（*Handbook of Sociology*）に掲載されたオールドリッチ＆マースデンの包括的なレビュー論文なども，変数システム記述が組織論における支配的な記述様式になっていることを示唆している（Aldrich and Marsden, 1988 ; Scott, 1992a）．彼らは，(a)環境を様々な儀礼・信念などに満ちた文化的なものと考える新制度主義的な環境観と，(b)情報の蓄積あるいは資源の蓄積と考える環境観の 2 つに現代組織論の環境観を分類することができ，後者の環境観は，①環境の豊かさ，②環境の異質性，③環境の不安定性，④環境集中度，⑤環境の調整度（環境を構成する行為主体間の関係の強さ），⑥環境の敵対度という 6 つの次元によって環境を把握できると考えているのである．少なくとも正統派組織論にとって，環境はもはや〈行為のシステム〉ではなく，いくつかのコンセンサスのとれた次元によって記述される〈変数のシステム〉として見られるようになっているのである．

## (2) 正統派に見られる行為システム記述

　組織論や戦略論などの英米系経営学の中心的な領域において，変数システム記述が支配的な地位を獲得したのはそれほど古いことではない．そもそも組織論では，その領域としての生成期にマートン（Robert K. Merton）とその弟子たちが官僚制の意図せざる結果としての逆機能の研究を行なっていたである（Gouldner, 1954 ; Merton, 1936 ; Selznick, 1949 ; 1957）．もちろん，それらの〈意図せざる結果〉の探究はどちらかと言えば組織内のプロセスであって，組織環境そのものに作用しているものではなかったけれども，その記述様式を見るかぎり，やはり行為システム記述であったと捉えられる

であろう[28].

　その後，1960年代ないし70年代初頭には，必ずしも〈行為のシステム〉としての環境記述という理念型に近いとは言えないまでも，多くの組織論者たちの採用していた環境記述には〈意図をもった主体〉や〈相互依存関係〉などが至極当然のように含まれていた．〈意図をもった主体〉あるいはそれらの主体の行為が構成要素であることは1960年代ないし70年代の初め頃まで多くの組織論者に共有されていたと言ってもよいだろう．マーチ＆サイモンの行動科学的組織論の一展開として組織の環境スキャニング活動の経験的調査を行なったアギラーの研究（1967）でも，他社の意図が重要な環境要因であり，その意図を読みとるために管理者たちが情報獲得活動を展開していることを強調していた（Aguilar, 1967 ; March and Simon, 1958）．トンプソン＆マクエヴァンやレヴィン＆ホワイトのように，組織体と環境の間の交換関係に注目し，組織体と環境を結びつけるものとして組織目標の絶えざる再検討プロセスやドメイン・コンセンサスの形成を重視した研究でも，当該組織体と交換関係にある組織体の意図とパワーが重要な環境要素として描かれている（Levine and White, 1960 ; Thompson and McEvan, 1958）．

　コンティンジェンシー理論家たちが自らの先行研究として頻繁に採り上げる研究も，どちらかといえば変数システム記述よりも行為システム記述に近い環境記述を行なっていた[29]．既に紹介したエメリー＆トリストも，一方で環境を複雑性の程度に応じて分類しているけれども，その複雑性の説明を，

---

(28)　組織環境における〈意図せざる結果〉が探究されなかったひとつの有力な理由づけは，Merton（1936）に見られる．彼は，組織化されていない行為における〈意図せざる結果〉の探究よりも，組織化された行為のそれの方が社会学の研究対象としてより魅力的だと考えていた．その理由は，〈意図せざる結果〉あるいは〈予期せざる結果〉を探究するためには，行為者が何を〈予期〉し，〈意図〉していたのかを明らかにできなければならず，それを明らかにする上では，公式組織は通常，目的と手続きについて明示的な言明をもっている点で有利だからである．

(29)　数量データを重視するようになった初期のコンティンジェンシー理論家たちについては，その評価が難しい．たとえば Lawrence and Lorsch（1967）は一方で単純な質問項目を用いて環境の多様性と不安定性を測定してはいるけれども，同時に実践家とのインタビュー記録を豊富に記述することで〈行為のシステム〉としての環境記述と〈変数のシステム〉としての環境記述を連結させようという試みを行なっている．

意図をもった主体の行為に即して行なっていたことは確認済みである．コンティンジェンシー理論家たちがほとんど必ず言及する先行研究であるバーンズ＆ストーカーの著書も，環境の特徴を，技術や市場の変化率あるいは安定的条件と変化の条件へと集約するけれども，その詳細な記述には〈意図をもった行為主体〉や〈相互依存関係〉が豊富に含まれていた（Burns and Stalker, 1961）．コンティンジェンシー理論の環境観を形成する上で初期に重要な貢献をしているディルの組織環境に関する研究も，環境が〈意図をもった主体〉によって構成されていることを意識していた（Dill, 1958）．彼は，タスク環境を構成する要素が顧客や供給業者，競争相手，規制集団（政府や労働組合など）といった意図をもった主体であり，これらの行為主体が当該組織に対して要求を提示したり，制約を加えるという側面を強調していた．もちろん彼も，(a)統一性と同質性の程度とか(b)安定性の程度などの諸次元によって環境特性を集約しようという努力を展開しているけれども，同時に，たとえばある会社の顧客は標準製品を注文してくることがないので，この顧客とこの会社は直接的な人的相互作用を通じてスペックや価格を決めるというような，〈意図をもった主体〉の具体的な行為に即して環境と組織の相互作用を記述している．1970年代初頭までの組織論の研究では，変数システム記述が，簡便法として用いられてはいても，行為システム記述とワンセットで用いられていたのであって，決して変数システム記述のみによって環境記述が完了するのではなかったのである．

### (3) 変数システム記述の進展

しかしコンティンジェンシー理論に代表されるような1970年代以後の組織

---

同様に野中（1974）も，一方ではサイバネティックスの最少有効多様性の原理をメタファーとして組織と環境の関係を捉えるなど，〈変数のシステム〉としての環境記述を志向している側面が見られるものの，他方では個々の企業が置かれた状況を詳細に紹介すると共にインタビュー・データを多用して，変数システム記述と行為システム記述の対応付けに多くの労力を費やしているのである．しかしながら，このどちらについても，本来の意味で〈行為のシステム〉として環境や組織を把握していたのか否か，また環境や組織の行動の背後には〈行為のシステム〉というメカニズム・ダイナミクスが存在するという考え方が存在したと主張できるのか，と問われれば，その問いに対して肯定的に答えることが難しい．

論の正統派は，〈行為のシステム〉としての環境と〈変数のシステム〉としての環境との対応関係に注意を払うのではなく，むしろ〈変数のシステム〉に関心を限定し，しかもそれを扱うためのかなり細かい技法上の問題に多大な労力を費やし始めた．

　たとえばペニングスは構造的コンティンジェンシー理論のそれまでの研究を批判する際に，一方で研究者たちが露呈している概念的な混乱を指摘すると共に，他方では主として尺度構成の仕方に関する技法上の問題を強く意識した議論を展開している（Pennings, 1975）．彼女は，それまでの構造的コンティンジェンシー理論が提唱してきた組織―環境の対応付けに関する諸仮説は，質問票などの主観尺度からは支持されてきているが，文書記録（documents）などの客観尺度からは支持されていないなどの問題を指摘しているのである．この主観尺度か客観尺度かという問題については後にダウニー他も検討している（Downey et al., 1979）．彼らはローレンス＆ローシュ（Lawrence and Lorsch）の環境不確実性とダンカンの環境不確実性のそれぞれの尺度が信頼性基準を満たすか否かを検討すること自体を目的とする論文の中で，主観尺度と客観尺度の問題を詳細に論じている．彼らによれば，組織体の行動や構造を説明する上で重要なのは「客観的な不確実性」ではなく，不確実だという認知である．不確実性は，諸個人の認知プロセスを介した彼らの行動環境の特性であって，彼らの認知プロセスを経る前の「物理的環境」の特性ではない，とダウニー他は言う．ここでは，このような解釈が組織体の行動や構造を説明する上で有効だとしても，その成果変数まで含めた議論の中でどれほど意味があるのかという点に関して深刻な問題があることについては無視しておこう[30]．むしろわれわれが注目したいのは，彼らがロ

---

(30) たとえば，環境状態Aの時に組織構造aが客観的な適合関係にあり，高い組織成果をもたらすという規則性が存在すると想定しよう．この素朴なモデルに組織メンバーの認知を導入してみよう．研究者が環境状態Aだと認識したものを組織メンバーがAだと認識する場合とBだと認識する場合があるとしよう．また環境状態Aのときには組織構造aを，環境状態Bのときには組織構造bが適合関係にあると研究者も組織メンバーも「正しく認識している」としよう．このとき，もし，環境状態がAであるにもかかわらず，組織メンバーがそれをBであると認知してしまったとすれば，その組織のメンバーは組織構造bを選択するであろう．この例では，たしかに組織が

ーレンス&ローシュやダンカン，またローレンス&ローシュの尺度に対するトシの批判的検討といった先行研究に基づいて(Duncan, 1972 ; Lawrence and Lorsch, 1967 ; Tosi et al., 1973)，不確実性とその測定尺度のみに関する研究を実行したということ，すなわち変数システムとしての環境の議論がそれ自体でひとつの領域として発達し始めたということである．変数システムそのものに関する議論は更にシューンホーフェンの研究においても中心的な役割を果たしている（Schoonhoven, 1981)．この論文では17の緊急外来病院の成果（術後生存率など）について経験的研究を進めるのだけれども，その主たる関心は研究対象である病院にはなく，むしろコンティンジェンシー理論のもつ問題点を明らかにすることにある．シューンホーフェンの挙げる問題点とは，コンティンジェンシー理論家たちが変数間の交互作用効果を考慮に入れない仮説構築を行なっていたり，使用している統計手法が前提としている線形の変数間関係を無批判に事実上仮定してしまっている，等々である．当初，〈行為のシステム〉として記述されていた環境を〈変数のシステム〉として記述し直した後に，行為システムとは独立に変数システムそのものを巡る議論が一人歩きし始めたのである．

### (4) 反正統派としての行為システム記述

　組織論の正統派が変数システム記述を採用し，変数システムそのものを巡る技法的な議論を発達させていく過程で，意図をもった行為主体と複雑な相互依存関係に注目し，組織環境に〈意図せざる結果〉が見られることを指摘する研究は，徐々に異端の立場へと追いやられていったように思われる．このプロセスは，いわば，〈意図〉や〈意識〉などといった概念が正統派の組織論・戦略論において，その正当な位置づけを失い，削除されていった歴史であるという捉え方もできる．

　たとえば組織とその「環境」の相互作用に見られる〈意図せざる結果〉を一貫して強調してきた例外的な組織論者の典型であるワイックは，組織論の

---

　　選択した組織構造がbであったことを説明する上では組織メンバーの認知のみによって測定された環境変数が有用ではあるが，その認知と組織構造とが適合関係にあるか否かは組織成果を説明する上では有用ではない，ということになる．

中では明らかに異端として位置づけられていると思われる[31]．ワイックが極度の主観主義に傾いているという側面が強調されているが故に，彼の研究が異端視されているだけであれば，われわれはここでことさらにワイックを採り上げる必要はないかもしれない．しかし，その主観主義的な特徴以外に，実はワイックの研究には行為システム記述と〈意図せざる結果〉の探究という特徴が豊富に見られ，その部分もまた一括して異端視されてしまっていることをここでは強調しておきたい．彼の一連の研究，特に1979年に出版された『組織化の社会心理学（第2版）』(*The Social Psychology of Organizing*) 以降の研究は，〈意図せざる結果〉の探究という問題意識に貫かれてきたといっても過言ではない（Weick, 1979a）．ワイックが同年に発表した他の論文は，エメリー＆トリストを批判的に検討しているものの，やはり〈意図せざる結果〉を強調している（Weick, 1979b）．ワイックがエメリー＆トリストに対して批判的なのは，彼らが環境内に因果法則あるいは目的—手段関係が「客観的」に存在することを想定している点についてである．ワイックによれば，組織メンバーはまず〈目的〉と〈手段〉という分類が可能であるという考え方を自分の経験の流れに押しつけて解釈し，次に特定の手段が特定の目的の達成にとって有効であるか否かを判断し，自らが直面している状況のなかで何れの目的—手段関係が利用可能であるのかを示す手がかり（cue）を探すというプロセスをたどっているのであり，組織環境には行為主体とは独立に客観的な因果法則が支配しているわけではないのである．

---

(31) もちろんWeick以外にもこの異端の立場に立った研究を見いだすことは可能である．たとえばEmery and Tristの論文を展開して組織間の境界活動（boundary activities）に関連する問題を整理しようとしたAdams (1980) の論文は，環境が意図と構造を持った場であり，〈意図せざる結果〉を生み出すことを捉えていた．Adams自身はそのような例として次のような事態が生じる可能性を挙げている．すなわち，労働組合の活動と労務費負担を予測可能なものにしようという意図に基づいて労働組合との間でむこう3年間の最低賃金やフリンジ・ベネフィットを事前に決めることで，3年後までに労働者が豊かになり，需要が増大して，物価水準が上昇し，3年期間の終わりには当該組織体が当初予期していた以上に強硬な賃上げ要求に直面することがあり得る，というのである．これは環境を安定化させ将来を予測可能にしようとする組織の境界活動が，〈意図をもった主体〉の複雑な〈相互依存関係〉の結果として逆の効果を生んでしまう例である．

因果関係とか，それを逆転した目的―手段関係というものは組織メンバーの認知によって成立している秩序であるとワイックは言うのである．このような主張は現象学的社会学や第1章で紹介した石井の議論と同様に，一般には「主観主義的」な議論であると認識されるであろう．

　しかし同時にワイックはこのような意味での〈因果テクスチャー〉が存在する環境は，やはり〈意図せざる結果〉に満ちていることをも視野に入れていた．それを示すアネクドートのひとつとして，彼が採り上げている連合軍によるドイツ本土爆撃の効果に関する事例に言及するのが適切であろう．このアネクドートでは，ドイツの生産性を低下させたり，生産能力を奪うために連合軍はドイツ本土の爆撃を行なっていたのであるが，実際には爆撃によってドイツの官僚組織の書類が燃え，それによってかえってドイツの工場の生産性を低くしていた官僚制的手続きが消えて，生産性が高まってしまった，というのである．〈意図をもった主体〉と〈相互依存関係〉のある環境において〈意図せざる結果〉が生み出されることをワイックは捉えていたのである．

　ワイックはアンチテーゼとして強力な主張を繰り広げるという意味で注目されてきた組織論者ではあるが，1970年代と80年代の組織論の正統派とは言いがたい例外的な研究者であった．しかも通常の正統派研究者たちは，ワイックはアイデアフルではあるが，同時に「主観主義的」であるとか「解釈学的」な研究であると認識し，組織論のひとつとしてその存在自体は知らなければならないけれども，通常の実証研究を行なう若手研究者が無視していても問題の生じないような異端であると位置づけてきたように思われる．

　また同様に，戦略的選択（strategic choice）の概念とそれに基づいた研究も，行為システム記述に満ちている経営学研究の具体例ではある．しかしこれも，ワイックほどではないが，やはり正統派としては位置づけられてこなかった．戦略的選択という概念自体は長い伝統をもっており，同時に行為システムとしての環境というイメージを維持していた．

　たとえば戦略的選択という言葉を最初に使用したチャイルドは，構造的コンティンジェンシー理論が環境特性と組織特性の間の統計的に確立された関係のパターンを追究しており，環境特性が組織特性をあたかも何の媒介もな

しに決定するというモデルを使用してきたことを批判する（Child, 1972）．まず第1に，これらの統計的なパターンを確立しようと努力してきた研究は，なぜそのような統計的なパターンが生み出されるのかという，そのパターンの背後にあるプロセスを明らかにしていない，とチャイルドは批判する．第2に，そのプロセスとは実は，組織の環境部分（ドメイン）を選択できたり，環境を操作したり，環境認知を主体的に構成していたり，組織成果を評価する基準そのものを選択したり，といった権力をもった人もしくは連合体が存在し，それらの主体が様々な状況下で主体的に選択を行なっていることであると彼は強調する．

同様にマイルズ他も，組織－環境間関係を分析する際に，組織体の意思決定者が直面する選択のポイントを示し，そのそれぞれの意思決定ポイントにおいて環境条件は制約を課すけれども，選択肢を唯一のものに決定しつくしてしまうわけではないことを強調する（Miles and Snow, 1978; Miles et al, 1974）．彼らは，(1)戦略（ドメイン選択とドメインの管理戦略）の意思決定，(2)基本活動戦略を実行するための技術に関する意思決定，(3)技術と戦略を統御・調整するための組織構造に関する意思決定，(4)組織の継続性を確保するための意思決定，という時間的に順序関係があると想定される4つの意思決定ポイント（あるいは領域）を分類し，そのそれぞれが後の段階の意思決定ポイントに制約を課すけれども，決定しつくしてしまうのではないこと，いずれのポイントにおいても等結果性があること，すなわち同じ成果をもたらす複数の選択肢が常に存在することを主張する．

環境決定論を排し，組織の主体的選択の余地を強調する戦略的選択の議論は，その後もアストレー＆ヴァンドヴェンやフレビニアク＆ジョイス，ドレイジン＆ヴァンドヴェンなどに継承されていく（Astley and Van de Ven, 1983; Drasin and Van de Ven, 1985; Hrebiniak and Joyce, 1985）．これらの論者は，環境が多様な相互依存関係から成立していることを強調しながらも，環境の行為システムとしての記述，さらには〈意図せざる結果〉を生み出す〈意図をもった主体〉と〈相互依存性〉という見地には到達しなかったように思われる．この戦略的選択の議論の中から，しかし，1980年代の末には，行為システムとしての環境記述へと大きく一歩を踏み出した研究がある．

アンソニー・ギデンズやジョン・エルスターなどの社会哲学系の議論に影響を受けたウィッティングトンがそれである（Whittington, 1988；1989；1992；1993）．ウィッティングトンは，戦略的選択の余地を認めるか認めないと言う決定論対主意主義の論争に関して，一見主意主義的な立場をとっているように見える戦略的選択の論者たちが，実はカーネギー学派の人間観に立っており，本当の意味での主意主義的な理論構築を行なっていなかったと批判する．その上で行為者たちが実は，事象の流れに介入して自らの目的を実現しようとする主体として行為する能力（agency）を保有するという人間観を採用し，同時に人間は完全に主意主義的に行為を組み立てるのではなく，その行為を組み立てる際にいわば「材料」として既存の社会構造を活用する，と主張する．ウィッティングトンの一連の研究は，行為のシステムとしての環境記述を目指すわれわれにとって価値ある先行研究ではあるが，必ずしも行為システム記述を復権させようと意図して構築されてきたわけではない．しかも，彼の研究においては，必ずしも戦略的選択の観点が実際の事例研究にどのような形で結びついているのかが明確にはなっておらず，英米系経営学の流れの中で正統派への重要な批判的業績としての位置づけを与えられていないように思われる[32]．

　組織論において行為システム記述がかつては多く見られたにもかかわらず，また社会科学の発生当初から〈意図せざる結果〉の探究がその主要な研究テーマのひとつであったにもかかわらず，なぜ経営組織論においてはその支配的な環境記述様式が変数システム記述へと変わって行き，行為システム記述や〈意図せざる結果〉の探究が，無視していても構わない異端としての位置づけを得るようになっていったのであろうか．この問題に一応の目安を付ける作業を展開することが次章の課題である．

---

[32]　まったく無視されているわけではないが，少なくとも著者の限られた知識の範囲内では，ウィッティングトンの業績がアメリカ系の経営学者に引用されているケースは，Pennings（1992）のみである．

## 6．要約

　本章では企業環境を〈行為のシステム〉として記述する様式と〈変数のシステム〉として記述する様式の2つの環境記述様式の理念型が提示された．行為システム記述とは，意図をもった行為主体が複雑な相互依存関係を形成したものとして環境を記述し，場合によっては〈意図せざる結果〉を生み出すものとして環境を捉えるものである．これに対して変数システム記述は，環境を行為や意図からは相対的に独立した変数のシステムとして記述するものである．この2つの環境記述様式は，理念型であり，必ずしもあらゆる点で一致する現実の研究業績は存在しない．しかし，多くの点でこの2つの理念型と類似した環境記述を実際の研究業績の中に見いだすことはできる．行為システム記述に近似できる例として，エメリー&トリスト（1965）とワック（1985a；1985b）を検討し，変数システム記述に近似できる例として，ダンカン（1972）とピュー他（1969），ポーター（1980）をとりあげた．行為のシステム記述はかつて広く見られた環境記述であったけれども，近年では変数システム記述がより支配的な記述様式になってきた．この記述様式のヘゲモニー転換に伴って，行為システム記述や〈意図せざる結果〉の探究を行なう研究者は，どちらかといえば異端の位置づけを獲得してきたように思われる．

# 第3章

# 法則定立的アプローチの進展
―― メカニズム解明モデルとカヴァー法則モデル ――

## 1. 事例研究法批判 ―― 表層的な変化の動因 ――

　1970年代初頭に至る前までの経営組織論者たちが〈行為のシステム〉としての環境記述を行なっていた一因は，少なくとも表層的には，彼らが研究対象として採り上げていた企業の数が少なかったことに求められるであろう．彼らが調査対象とした企業数は多い場合でも20社程度だったのである．ところが，その後の経営組織論では，標本数を増やして多様な領域の組織を比較研究していく志向が強化されていった．詳細な事例記述を主眼とする場合でも，量的データを重視する場合でも，少数の企業を対象としている限りにおいては，〈行為のシステム〉として環境を記述することが可能である．しかし，多数の組織体にわたって比較研究を行なっていく場合には，ひとつひとつの事例について詳細な記述データを収集・整理・公表することは困難になり，標本間の比較可能性の高い統一的フォーマットが作られ，〈変数のシステム〉として環境を記述する方向へと研究者たちが努力を傾けていくことになったのであろう．事例数あるいは標本数の多さが重要視されるのであれば，事例研究ではなくサーベイ調査が適切な研究方法である，という認識が研究者コミュニティの中で強化されていくであろう．1970年代のコンティンジェンシー理論の研究者たちは，多数の組織にわたるサーベイ・リサーチを強調するようになり，少数事例の事例研究を批判的に捉えるようになっていった．

その結果，コンティンジェンシー理論的な考え方を共有する組織論・戦略論の研究者たちは，ますます変数システムとしての環境記述に偏って行き，行為システムとしての環境という側面を忘却していったように思われる．

このような研究志向性の変化に関して述べられた，1970年代の組織論の正統派（orthodoxy）を代表する見解としてスコットの主張を紹介しておこう（Scott, 1975）．スコット自身はコンティンジェンシー理論家とは言えないけれども，常に包括的なレビュー論文を書いたり（Scott, 1975；1992b），1981年以降アメリカの大学および大学院で用いられる組織論の標準的な教科書を書いていることから（Scott, 1992a），組織論の正統派と位置づけることに問題はあるまい．スコットはまず，1940年代の終わり頃から1975年までの組織論の流れを次のようにまとめている．

1940年代後半に至るまで，監獄や政党や工場の研究などは存在したが，それぞれの領域を越えて組織という一般化が行なわれたことはなかった，とスコットは述べている．すなわち，この時点では領域としての組織論は存在しなかった，と彼は主張しているのである．彼によれば，組織論が成立するのは，ウェーバー（M. Weber）が英訳され，マートンたちが事例研究を積み重ねていった1940年代後半から50年代初頭のことである．その後，1950年から75年までの四半世紀については，3つのトレンドがあり，その3つのトレンドが相互に関連しあって，組織における人間行動の説明から組織間の構造的相違の説明へという組織論の大きな流れが形成されていった．3つのトレンドとは，①独立変数としての組織構造から従属変数としての組織構造へというトレンド，②閉鎖システム・モデルから開放システム・モデルへというトレンド，③事例研究から比較研究へというトレンドである．

ここで特に注目しておきたいのは，③の事例研究から比較研究へというトレンドである．当初，マートンとその弟子たちが創始した組織論は事例研究に満ちていたのだけれども，スコットがこの論文を発表した1975年の時点では，データの質という問題に加えて一般化の可能性の問題等について事例研究に批判が向けられるようになっていた．スコットは次のように述べている．

　　事例研究に依存する初期の研究戦略は，データを多数の組織について

収集する改良されたサーベイ・アプローチへと道を譲ってきた．事例研究は，それによって生み出されるデータの質が相対的に低いことばかりでなく，事例研究が引き出してくるデータのタイプの問題によっても，批判を受けてきている．ひとつとか少数の組織に関する事例研究は，組織内の個々の参加者とか作業集団の行動あるいは態度について体系的な研究を可能にするが，組織そのものの諸特性が中心的な変数となっているような命題の検証を支持することはない．後者のことを行なうには，関連した組織変数に関して多数の組織にわたって情報を体系的に収集しなければならない[33]．

　スコットは，組織論が〈組織内の人間行動の説明を行なう事例研究〉から，ラザースフェルド（P. Lazarsfeld）などの開発した手法を用いるような，〈組織の構造特性の差を説明しようとする比較研究〉へと転換してきたのだというのである．

　スコットはこのような3つのトレンドを紹介した上で組織論が直面している方法上の問題をやはり3つ提示している．測定尺度の信頼性が十分でないこと，クロスセクションの分析がほとんどで時系列の分析が欠如していること，説明モデルがまだ十分ではないということ，という3点である．最後の3点めの指摘（説明モデルの不足）に見られるように，スコットは理論的な課題が残っていることも意識していたのではあるが，ここで重要なのは前2者（特に最初のもの）が今後の組織論における重要課題として大きく採り上げられていることである．多数の組織を比較分析するために，組織や環境を〈変数のシステム〉として記述することが求められ，それによって結果的には変数システムそのものを取り扱う技法上の課題（測定尺度の信頼性）が重要なものとして注目されるようになったのである．先に紹介したペニングス（1975）やダウニー（1979），シューンホーフェン（1981）といった変数システム記述の技法的な検討そのものをテーマとした論文が多数出現してくる背景には，以上のような研究志向性の変化があったのである．多数の組織を比

---

[33] Scott (1975), p. 3.

較分析するために，組織や環境を〈変数のシステム〉として記述することが求められ，それによって結果的には変数システムそのものを取り扱う技法上の課題が重要なものとして注目されるようになったのである．

　スコットの学説レビューを手がかりにして1950年頃から生じてきた組織論の動向を本書の関心に沿って要約するならば次のようになるであろう．すなわち，主としてアメリカの組織論では，組織内の人間行動を中心として組織のダイナミクスを読み解いていくという問題から，より多くの組織に一般化可能な法則の確立へと関心が移った．実際，かつては，組織のダイナミクスを把握すること，あるいはそのプロセスを記述して考察することが組織論の主たる関心事であったのに対して，コンティンジェンシー理論の業績には組織と環境と組織成果との共時的な相関関係を明らかにして，その知見に基づいて高業績の組織を設計するという問題意識を強くもつものが多くなっていった．しかも一方では事例研究法が用いるデータの質そのものに問題があるという認識が広がっていくと共に，他方では上のような問題関心を満たすための方法として少数事例の事例研究から多数の組織体を標本としたサーベイ調査が重要視されるようになったのである．事例研究法で獲得されるデータが「客観的」ではないとか，事例研究法に基づいた研究から生み出される知見が「一般性」が低い，といった批判が事例研究には向けられてきた．これに代わって質問票調査などを用いた研究法が，変数システム記述の興隆と共に支配的な研究手法になっていったのである．

## 2．システム観の単純化──存在論的仮定の変化──

　スコットの学説レビューを見る限りでは，組織内のダイナミクスから組織間の比較研究へと研究関心が変わったのだから，その関心に沿った適切な研究方法へと方法が変化したこと自体は正当なことであるかのように思われるかもしれない．しかし，実は，この研究関心の変化と研究方法の変化は，前者が原因で後者が結果であるというような関係にあるのではなく，両方とも同一の科学観から生み出されてくる結果である，と考えた方が適切である[34]．ここで科学観というのは，いわゆる存在論（ontology）と認識論

（epistemology）の両面についての基本的な諸仮定のことである[35]．存在論的仮定とは，組織体や組織環境といったものが何から構成され，どのようなものであるのかということに関する仮定であり，認識論的仮定とはそのような組織体や組織環境に関する知識をどのようにすれば獲得できるのかということに関する仮定である．組織内ダイナミクスから組織間比較研究へという研究関心の変化も，その関心を満たすべく行なわれる調査方法の変化も，その根本のところでは，存在論的仮定と認識論的仮定の両方の変化に伴って生じたものである，というのが本書の基本的な認識である．まず本節では主として存在論的な仮定に関する変化を検討する作業を行ない，次節において主として認識論的仮定の変化を検討することにしたい．

　現代の組織論に関して，組織体とその環境に関する存在論的な仮定を検討する作業とは，実際には，組織論者が共有するシステム観を検討することに他ならない[36]．組織とは，人と人あるいは行為と行為の関係性のことであると考えられているのであるから，関係そのものを研究対象とする一般性の高い議論としてのシステム論は，組織論に多大な影響を及ぼしてきたのである．それ故，組織とはどのようなものであると考えるのか，という存在論的な仮定を検討するということは，組織とはどのようなシステムであるのかというシステム観を検討することと実質的に同じ作業になるのである．

　このような意味において，1970年代の末に組織論の領域で共有されていたシステム観の検討を行なったポンディ＆ミトロフは，まさに組織論者の抱いている存在論的仮定を読み解く作業を行なったものとして位置づけることができる（Pondy and Mitroff, 1979）．彼らは，スコットの述べたような研究関心と研究方法の変化とが共に研究者の抱くシステム観に結びついて生じて

---

(34) いわば見かけの相関（spurious correlation）が問題と方法の間にある，ということである．
(35) 存在論と認識論については，たとえば Hollis(1994) および Burrell and Morgan (1979) を参照されたい．
(36) この点は経済学についても同様であるという考え方が，Loasby (1971) によって提出されている．彼によれば，経済学の対象は，洗練された分業の結果として生まれる相互依存した選択である．それ故，経済学はシステムの研究である，と主張している．

いることを示唆している．ポンディ＆ミトロフによれば，組織論の領域では，1960年代半ば以来，クーン（Thomas Kuhn）の言う意味でのパラダイムが成立している[37]，と言えるほど統一的な視点と方法が採用されている状況が見られる．その「パラダイム」の特徴は，「絶えざる不確実性に直面して，組織は，その目標と構造と技術と環境を機能的に整合させるという問題を如何にして解決できるのか[38]」という問いを共有し，「この問いを研究する主要な方法は経験的規則性を発見したいという希望をもって諸組織間の体系的な比較を行なう[39]」というものであった．前者はコンティンジェンシー理論の社会工学的な志向性を，後者は経験的規則性を基礎とする法則定立的アプローチを指摘していると考えれば良いだろう[40]．

　ポンディ＆ミトロフは，社会工学的な組織論と経験的規則性を基礎とする法則定立的アプローチへの偏向が，共に，特定のシステム観への偏向という要因に支えられていると考えている．彼らは，そのシステム観（存在論的仮定）を，多くの人々が「開放システム・モデル」という言葉で呼んでいるものであると言う．しかし，ポンディ＆ミトロフは，多くの人々が信じている「開放システム・モデル」を次の2つの点で批判している．まず第1に，実はこのような視点の下で捉えられている「開放システム・モデル」は言葉の本来の意味での開放システム・モデルではなく，より複雑性の低い機械仕掛けのシステムである場合が多い，という点である．さらに第2に，人間という行為主体が形成する組織は開放システム・モデルよりも遙かに高度な複雑性をもつシステムであり，言葉の真の意味での開放システム・モデルですら，研究者たちがそこに留まるべきレベルではなく，むしろそれを越えたシステム観を開発していくことが重要なのだ，と彼らは主張するのである．

　ポンディ＆ミトロフは，このような批判を展開するためにボールディング

---

(37)　Kuhn (1970).
(38)　Pondy and Mitroff (1979), p. 5.
(39)　Ibid., p. 5.
(40)　これはどちらも認識論に関する批判である．この認識論的な問題を批判するための基礎をポンディ＆ミトロフはこの後に紹介する存在論的仮定（システム観）に求めていく．

表3-1 ボールディングのシステム複雑性の階層制

| 複雑性の水準 | システムの呼称 |
|---|---|
| 第1水準 | フレームワーク（Frameworks） |
| 第2水準 | クロックワーク（Clockworks） |
| 第3水準 | コントロール・システム（Control Systems） |
| 第4水準 | 開放システム（Open Systems） |
| 第5水準 | 自己複製成長システム（Blueprinted Growth Systems） |
| 第6水準 | 内的イメージをもつシステム（Internal Image Systems） |
| 第7水準 | 象徴処理システム（Symbol Processing Systems） |
| 第8水準 | 多頭システム（Multi-cephalous Systems） |
| 第9水準 | 複雑性の特定化できないシステム（Systems of Unspecified Complexity） |

［出所］ Pondy & Mitroff (1979), p.7を一部修正の上掲載．

(K.E. Boulding) が展開した複雑性の階層制を紹介する[41]．この複雑性の階層制は，細胞や家族などの現実のシステム（実在）の複雑性を記述する上で使用可能であるばかりでなく，その現象を分析するためのモデル（認識）の複雑性にも適用可能である．複雑性の階層制については，表3-1にまとめてある．

ポンディ＆ミトロフによれば，最も複雑性の低いレベル（第1水準）に位置するシステムはフレームワーク（frameworks）と呼ばれる．フレームワークには静的で構造的な特性のみが表現される．たとえば人間の解剖図などを思い浮かべればよい．第2水準のシステムは，クロックワーク（clockworks）である．時計や歳差運動を示す回転儀などがその例であろう．クロックワークは，外的な条件によっては変わることのない，動的な特性が表出される．フレームワークに較べると動きがあるけれども，ある1時点の横断面をとればクロックワークをフレームワークとして記述することが可能である．第3水準のシステムはコントロール・システム（control systems）である．この水準のシステムは，外部から与えられた目標や基準に従ってシ

---

(41) Pondy and Mitroff が参照しているのは，Boulding (1968) である．これと類似の議論は，Boulding (1956) にも掲載されている．

ステムの行動が制御される，というタイプのものである．典型例は熱追尾式のミサイルなどを思い浮かべれば良い．第2水準のクロックワークとの根本的な相違は，システム内のレギュレータとシステム外のオペレータが分化し，両者の間に情報が流れるということである．オペレータが示す制御の基準を一定とすれば，第3水準のシステムは第2水準のシステムと同じように行動する．

　第4水準のシステムは，典型的には細胞などに見られる開放システム (open systems) である．第3水準のコントロール・システムは外部から与えられた目標に向かって進み，それが達成された段階で一定不変の状態 (uniformity) になるのに対して，開放システムは環境の複雑性を取り込むことでシステム内部の分化を維持している．つまり環境から複雑性を取り込むことで一定不変の画一的な状態ではない，分化された状態を維持しているのである．組織論の中で開放システム・モデルを支持していると主張する研究者の中には，環境から取り入れたスループット（複雑性）が存在するにもかかわらず自己維持を行なう能力をもったシステムとして開放システム捉えているものがいる．それ故，環境の複雑性に対してバッファー (buffer) を置くことが必要だと主張する場合がある．だがこれは，ポンディ&ミトロフによればまったく逆である．開放システムがその内的に分化した構造を維持できているのは，他ならぬその一定不変ではない複雑性というスループットだと彼らは主張するのである．明らかにトンプソンに見られる開放システムの議論がシステム論に関する基本的な誤解に満ちており (Thompson, 1967)，多くの組織論者がこの誤解を共有したまま，自らは「開放システム・モデル」と信じながら，その実コントロール・システムの議論に基づいて組織の経験的研究を遂行していることをポンディ&ミトロフは批判しているのである．スコットの学説レビューに見られる閉鎖システム・モデルから開放システム・モデルへというトレンドも，実はこの間違った「開放システム・モデル」の解釈に基づいていたように思われる．この点については後に詳述することにして，ここではポンディ&ミトロフの紹介するシステム複雑性の階層を更に追いかけておくことにしよう．

　ポンディ&ミトロフの紹介する第5水準の複雑性をもつシステムとは，

「種子」や「卵」を創って自己再生産するシステム（blueprinted growth systems）である．鶏と卵を思い浮かべれば良い．この水準のシステムは表層的な構造（表面的に見える鶏や卵の構造）と深層的な構造（遺伝子情報）という2面性をもつ所に大きな特徴をもつ．第6水準は内的イメージをもつシステム（internal image systems）である．第3水準から第5水準までのシステムが情報を吸収・処理する原始的なメカニズムのみを内蔵しているに過ぎないのに対し，第6水準のシステムは環境の詳細な認知を，分化の進んだ情報受容器官によって獲得し，知識構造あるいはイメージの中に組織化する．具体的には，第5水準に分類される樹木と，第6水準に分類される鳩とを思い浮かべればよいだろう．環境に関する内的なイメージをもつ第6水準のシステムは，しかし，まだ自己意識という特性を呈示することはない．第6水準のシステムは，「自分は知っているのだ」ということを知っていない，あるいは意識していないのである．この自己に対する意識，あるいは本書の用語でいえば反省性という条件が成立するのが第7水準のシステム，すなわち象徴処理システム（symbol processing systems）である．人間という行為主体はまさにこの象徴処理システムに位置づけられる．この象徴処理システムが多数存在して相互作用するシステムは，さらにもう1つ上の第8水準の多頭システム（multiple-cephalous systems）である．組織や組織環境という実在は，この定義に基づけば，明らかに第8水準もしくはそれ以上の複雑さを示すシステムなのである[42]．

ポンディ&ミトロフはこのようなシステム複雑性の階層制を紹介した上で次のように主張する．

> 人間の組織はすべて，第8水準の現象であるが，われわれの手許にあるこの現象に関するモデルは，一部のマイナーな例外は存在するものの，第4水準に固定されており，われわれの保有するフォーマル・モデルとデータ収集活動は第1水準と第2水準に根ざしたものでしかない．上の

---

(42) これ以上の複雑性をもつシステムがまだ知られていないけれども存在している可能性を考慮して，多頭システムの上の第9水準には特定化されていない複雑性をもつシステム（systems of unspecified complexity）が措定されている．

結論から一般化すると，われわれが最も恐れていることは，組織理論の領域が次の10年間の課題として採り上げるものが第1水準から第4水準までの洗練になってしまうのではないか，ということである．われわれが強く望んでいることは，われわれが自分たちのモデル化の作業について上の水準をひとつあるいはふたつほど上方に引き上げるような努力をしよう，ということであり，たとえば組織の誕生と死と再生産という現象や，言語の使用という問題，意味の創造，組織文化の発達，あるいはその他のボールディングの階層制で言えば上の方の半分に見られるタイプの複雑性に関連するような現象に目を向けるべきだ，ということである[43]．

複雑性の高いシステムをより低い複雑性のシステムの記述によって，すなわち単純化することによって理解することが重要であることはポンディ＆ミトロフも意識している．それぞれの水準のシステムはひとつずつ適切な仮定を置くことで，より下位水準のシステムとして記述することが可能であることを彼らは指摘しているのである．より複雑なシステムはより単純なシステムの特性を常に包含しているのだから，上位のシステムをより下位のシステムによって部分的に捉えることは確かに可能である．しかも複雑なものを複雑なまま記述することは人間の認知限界を考えれば，たしかに有効な手段ではない．しかしながら，社会あるいは組織体がそもそもどのようなものであり（存在論），それをどのようにして認識することが可能であるのか（認識論），という問いに対して，「社会あるいは組織体はコントロール・システムとしての側面も持っている」と答える立場と，「社会あるいは組織体はコントロール・システムとしての側面しか持たない」あるいは「コントロール・システムとしての側面以外は『答え』が出ないから研究対象とはしない」と答える立場は大幅に異なっている．ポンディ＆ミトロフが紹介するように，システムが複雑性を基準とした入れ子状の階層制を成しているであれば，社会あるいは組織体にはコントロール・システムやクロックワークなどの，よ

---

[43] Ibid., pp. 9-10.

り単純なシステムとしての特性も備わっていることを認めていることになる．しかしそれはあくまでも認識を簡便にするための便法としての単純化であって，その複雑な現象への第１次的接近として単純化を行なっているのだということを研究者は忘れてはならないはずである．

　現実に彼らが1970年代の末に見た組織論の状況は，現象への第１次的接近としての単純化という前提を多くの研究者が忘却し，その単純化された工学的なシステムこそ組織（あるいは社会）であるという考え方が研究者たちの間に蔓延してしまっている，というものであった．それ故にこそ，「絶えざる不確実性に直面して，組織は，その目標と構造と技術と環境を機能的に整合させるという問題を如何にして解決できるのか」という社会工学的な問いを共有し，「この問いを研究する主要な方法は経験的規則性を発見したいという希望をもって諸組織間の体系的な比較を行なう」という事象の規則性を基礎にした法則定立的アプローチを共有するパラダイムをポンディ＆ミトロフは批判しているのである．

　ポンディ＆ミトロフが主張するように，英米系の経営学においては，誤解された「開放システム・モデル」が蔓延しているのだけれども，実際には人間集団が作るシステムは本当の意味での開放システムですら捉えきれないほどの高度な複雑性をもつものである，ということに合意するのであれば，スコットの提示する学説史の把握は，誤っているとは言えないまでも，不十分であるとは言えるだろう．スコットの言う1950年から75年の四半世紀に組織論がたどった３つのトレンドのそれぞれについて，この点を確認しておこう．

　まず第１に，閉鎖システム・モデルから開放システム・モデルへというトレンドは言葉使いそのものからして誤解に満ちている．より正確に言うならば，その間に英米系の組織論は組織を開放システムとしてではなく，コントロール・システムとして把握するようになっていったのである．しかもマートン等の〈意図せざる結果〉の探究を行なっていた研究者の業績を見る限りでは，彼らが依拠していたシステム観は閉鎖システム・モデル（コントロール・システムやクロックワークやフレームワーク）というよりも，より複雑性の高い多頭システムや象徴処理システムであったように思われる．彼らの記述する組織のダイナミクスには，それ自身が複雑なシステムである行為者

が登場し，その複雑な行為者の相互作用が盛り込まれている．つまりかつての組織論には〈行為のシステム〉としての記述があふれているのである．スコットはあたかも閉鎖システムから開放システムへと，研究者の依拠するシステム観が複雑化し，進化したかのように論じているけれども，実際には，より複雑なシステムの記述が，より単純なシステムの記述によって置き換えられていくという，記述様式の単純化・退化というトレンドがその四半世紀の間に見られたのである．

　第2に，このようなコントロール・システムとしての組織という視点が研究者コミュニティに蔓延するのであれば，組織内のダイナミクスを問題関心とするのではなく，むしろ環境からもたらされる要求に最も適合した組織構造を探究するという意味で，組織構造を従属変数として扱う研究が増大することも当然であろう．コントロール・システムとしての組織は，いわば機械のように設計され操作されるべきモノなのである．このような想定が共有されるのであれば，システムの外部に存在する観察者としての研究者は，多様な制御規準と，その制御規準の下でシステムが示す多様な挙動，という2つのものの間の対応関係を観察によって明らかにすることが可能なはずである．この対応関係を研究者が示すことができれば，やはり同様にシステムの外部に居るオペレータとしての経営者は環境変化に合わせて制御規準を操作することでコントロール・システムとしての組織を自らの意思に合わせて動かすことができる．人間がつくる組織というシステムが本当にコントロール・システムに近似でき，それを外部から大量観察することで制御規準とシステム行動の間の普遍的かつ不変の対応関係が確立できるのであれば，独立変数から従属変数へという研究方向の変化は多くの成果をもたらすはずであった．少なくとも当時多くの組織論者がそのように信じた可能性は高い．

　コントロール・システムとしての組織体に関して，環境と制御規準と組織体の行動という3つの変数の間の関係を確立するためには，環境が採る多様な状態の下で，多様な制御規準に対応する組織体の挙動を観察しなければならない．このようなシステム論の下では，定義的に，組織環境は組織体そのものよりも複雑なシステムであり，したがって，より多様な状態をとることができるはずであるから，これらの変数間の関係を観察を通じて確立しよう

と意図する研究者は，できるかぎり多数の観察単位を収集しなければならない．実験の可能性が非常に限られている経営学の領域では，存在しうる分散（variance）にできる限り近づいた状態を達成するためには標本の数を増やす以外には方法がない．これが事例研究からサーベイ調査へという第3のトレンドをもたらした要因であると考えられる．小集団では可能な実験的手法がほぼ使用できない大規模組織に関して，このような観察を行なうには，多様な環境状態と多様な制御規準と組織体の多様な挙動を，まさに共時的な大量サンプルによって比較検討していく以外に実行可能な方法は存在しない[44]．その結果，個別事例研究ではなく，サーベイ調査法が有用であり，価値の高い知見をもたらすと信じられるようになったのではないだろうか．

スコットの学説史の把握は，自己正当化の論理に満ちていたように思われる．いわば，より新しく，進化したシステム観に基づいて問題関心が変化したのであるから，方法もまた変化あるいは進化して当然である，と彼は主張していたのである．しかし，ポンディ＆ミトロフが紹介する複雑性の階層制に基づいて考えれば，1950年から75年までの間に組織論者の抱くシステム観は少なくともその複雑性という点に注目するかぎりは退化しているのである．ようやく近年になって，自己組織化（self-organizing）や自己生産システム（autopoietic system），自己言及（self-reference）などの新しいシステム観が組織論の世界に持ち込まれるようになったばかりである（野中，1985；Von Krogh and Roos, 1995）．しかしこれらの新しいシステム観あるいは組織体の存在論的仮定の中でも，複雑性の階層性において多頭システムのレベルに到達しているものは希である，と言わざるを得ない．しかも，理論的な作業に関してこれらの新しいシステム観が導入されるようになったからといっても，実証研究の作業に関しては，ポンディ＆ミトロフが懸念していた

---

[44] 特定の組織体について，通時的に多数の観察を行なって，観察の数を増やすことも可能ではある．しかし，この場合には，その観察対象である組織が，この世に存在しうる組織と同質的である，という仮定を置かなければならない．しかし実験的手法ではなく，現実に観察可能な組織のサーベイ調査を行なう限り，必ずしも意識化されていない変数が相互に影響を打ち消し合う方向に作用しているというような強い仮定を置かないと，ひとつの組織に関する多数の観察という数の増やし方は正当化できない．

通り，いまだにコントロール・システム程度のシステム観が経営学の領域では支配的なまま留まっているように思われる．

　もちろん存在論的な仮定は，まさに仮定である．実在しているものは，〈意図をもった行為主体〉ではなく，不確実性や構造という変数であり，経営者や従業員，消費者たちは，それらの変数が指し示す通りに動く以外に動きようのない操り人形に過ぎない，という存在論的な仮定を置くことも不可能ではない．しかし，このような存在論的な仮定を置くのであれば，研究者たちは操り人形に過ぎない人々から構成される社会システムを観察し，その結果得られた知見を操り人形に過ぎない人々に対して語りかけていることになる．しかも研究者が自ら行なっているこの一連の作業自体も，他の研究者（例えば知識社会学者）から見れば，やはり操り人形に過ぎない研究者の挙動として解釈されることになる．多頭システムあるいは自己イメージをもつシステムよりも下位の存在論的仮定を置くのであれば，インタビュー対象の管理者たちも，研究作業を行なう自分も，語りかけるべき聴衆も，皆同じように単純なシステムであることになる．この場合，研究を遂行するという行為に何らかの意義が存在するという見地を構築することは際だって困難である．語りかける対象である経営者や従業員や消費者たちが，自己意識をもち，意図をもった行為主体であると仮定して初めて，研究者の観察事実の公表に意味が見いだし得るのであり，また自らの研究活動の意義が見いだし得るのである．それ故，少なくとも英米系の実践的な経営学のように，実践家に向けて何らかの言説を提供していくという活動を行なっている研究者たちが，実在そのものをコントロール・システムであるかのように仮定するのであれば，自己矛盾に陥っていると言わざるを得ない．存在論的仮定として，経営組織論の正統派も非正統派も多頭システムを想定し続けなければならなかったはずである．

　ところが正統派組織論の研究者の多くは，現実の研究活動を実行する局面では，本来多頭システムとして措定していなければならなかったはずの実在を，コントロール・システムへとすり替えてしまっている．組織論の正統派は，実在が多頭システムであるという存在論的仮定を当初は置いておきながら，その多頭システムを便宜上コントロール・システムとして認識するとい

う仮定を置き，その後，あたかもこの認識の便宜上置いていたコントロール・システム・モデルが実在そのものであるかのように想定した研究を創始してしまったように思われる．もちろん，もし明示的に問われれば，正統派の研究者たちはそのような存在論的仮定の単純化を行なってはいないのだと言葉の上では反論するであろう．この問題は，言葉の上で支持されているタテマエの理論（espoused theory）と実際の行為において用いられている実行理論（theory-in-use）の乖離という組織論者になじみ深い問題と同型であるように思われる（Argiris and Schön, 1978）．組織論の正統派の研究者が言葉の上で自分が行なっていると自ら信じていることと，実際に研究作業で用いている理論とが，大幅に異なっているのである．当初は多頭システムという存在論的な仮定から研究を始めたとしても，認識の便宜上採用されたコントロール・システム・モデルが，その後，実在そのものであるかのように暗黙のうちに想定されるような状態が成立してしまったのである．加護野が『組織認識論』の中で，「これまでの経営学者は，『日常の理論』にたいして冷淡であった[45]」と述べているのは，まさにこのような経営学の現状を指摘しているのだと考えられる．

　組織体をコントロール・システムとして扱っている研究者の中には，本来的には多頭システムであるものを，研究作業においては単純化して，あたかもコントロール・システムであるかのように扱うことで，多大な知識の蓄積が行なわれるのだと主張する者もいるかもしれない．しかし，まず第1に，そのような仮定は，仮定であって，実在そのものを記述しているのではないという自己意識を研究者は失ってはならないであろう．とりわけ多頭システムの場合，人々の意識とそれに基づいた行為が社会システムそのものを内側から生成していると考えられるのだから，その多頭システムに関する単純化された仮定が，そのまま実在に関する仮定へと転化してしまうと，実在そのものがその仮定に則した挙動を示すようになってしまう，という自己成就的予言が生じる可能性がある．この点は後にギデンズの2重の解釈学に関連する議論を展開する箇所でより詳細に検討しよう．また第2に，人間が創る多

---

(45)　加護野（1988），p. 3.

頭システムとしての組織体をコントロール・システムへと認識の便宜上単純化していくという「パラダイム」あるいは研究プログラム（research program）は，少なくともそれが産みだした知見によってわれわれがどれほどそのシステムを自分の意図通りにコントロールできるようになったのか，という規準で評価がなされなければならないはずである[46]．果たして，経営学者の中でこの問いに肯定的に答えられる人が何人存在するのだろうか．

## 3．法則定立的アプローチ
　　──カヴァー法則モデルとメカニズム解明モデル──

　1970年代に組織論における事実上の支配的な存在論的仮定が多頭システムからコントロール・システムへと急速に置き換わっていったのと呼応して，組織研究における支配的な認識論的仮定も変わっていった．そもそも英米系の経営学，とりわけ米国の経営組織論と経営戦略論の領域では，当初から「科学的」に「法則」を定立し，その「法則」を「工学的」に適用するという志向性が強かったように思われる．社会現象の背後にある因果論的な「不変の法則」を経験的に明らかにし，その「不変法則」を実践家に提示するという考え方である．本書ではこのような志向性を法則定立的アプローチ（nomothetic approach）と一括して呼ぶことにしよう．この法則定立という志向性を共有しているという点では，英米系の経営学はかつても今も変わりはない．

　だが，同じ法則定立的アプローチの中に，微妙に，しかし本質的に異なる2つの異なる立場を区別する必要がある．ひとつは経験主義（empiricism）の影響を強く受け，カヴァー法則（covering law）の追究を重視する立場であり，もうひとつは合理主義（rationalism）の影響を強く受け，メカニズム（mechanism）の解明を重視する立場である．簡便のため，ここでは前者をカヴァー法則モデル，後者をメカニズム解明モデルと呼んでおくことにしよう．どちらも不変の法則が存在する，あるいは社会現象におい

---

(46) このようなパラダイム間の評価規準に関する差異の問題については，Morgan (1983) を参照されたい．

**図3-1　因果関係に関する2つの考え方**

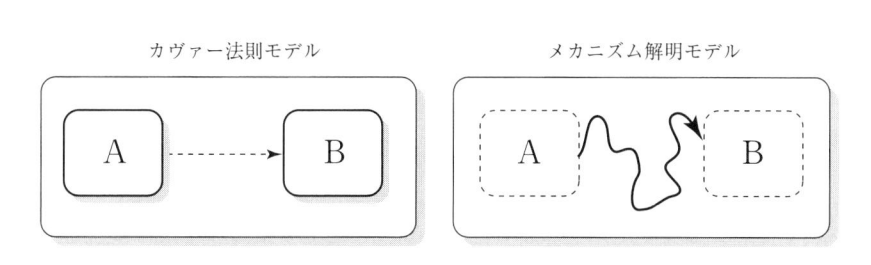

原因　　　　　　　　結果
A　→　B

カヴァー法則モデル　　　　メカニズム解明モデル
A ---> B　　　　　　　　A 〰〰〰 B

て中心的な役割を果たしている，と考えている点では同じ立場である．結論を先取りして言うならば，同じ法則定立的アプローチを維持しながらも，英米系の経営学の主流はメカニズム解明モデルからカヴァー法則モデルへと中心的な認識論を変更してきており，その変化が1970年代に目立った形で現われてきた，とわれわれは考えている．

　まずカヴァー法則モデルとメカニズム解明モデルの相違を簡単に解説することから始めよう．いま，図3-1に見られるように，A→Bという因果論的な法則が実在すると仮定しよう．このとき，カヴァー法則モデルは，時間的な順序関係を伴う経験的な共変関係がAとBの間に確認されることがまず最も重要である，と考える．この立場では，図で強調されているように，注意の焦点は矢印ではなく，AとBに向けられているのである．逆にメカニズム解明モデルは，重要なのは矢印そのものであり，何故AがBを引き起こすのかという問い（Why-question）に答えることであると考える．

　カヴァー法則モデルは，人間にとって観察可能なのはAとBとの間の相関関係と時間的順序関係であり，矢印そのものは観察不可能であると主張する[47]．この立場に立てば，AとBの因果法則を定立していく作業は，まず

---

(47)　このような考え方はヒュームに由来する．詳しくは Hollis (1994) を参照せよ．

第1に多数の標本にわたってAとBの相関関係が観察可能であること，第2に多数の標本にわたってAとBの間に時間的な順序関係が確立可能であること，第3に多様な第3変数を導入しても，やはりAとBの間に時間的な順序関係をもった相関関係が見られることを確認していくことである．これは，多数の多様な標本について変数間の関係を探っていくことをとりわけ強調する考え方である．統計的な一般化（statistical generalization）が重要であるとか，サンプル・サイズが重要である，という考え方の背後には，このカヴァー法則モデルが存在するのである．

だが逆に矢印そのものが重要だという立場に立てば，むしろAが生じたならば必然的にBが生じることを確認するような，両変数の間をつなぐ必然的なメカニズムが解明されさえすれば，法則を定立できると考えることになる．たとえもしAとBという変数が現実世界においてほとんど観察されないような極限的な条件設定の下で初めて生起するものだとしても，両者をつなぐ必然的なメカニズムが解明されれば良いのである．

カヴァー法則モデルでは統計的な一般化が重視され，メカニズム解明モデルでは必然的な因果経路の連鎖の解明が重視される．この他にも，カヴァー法則モデルはマクロな変数間の関係を多様な集団にわたって確立していく方法論的全体主義（holism）に近い考え方と親和するのに対し，メカニズム解明モデルはマクロ変数とマクロ変数を結びつけるミクロな要素の特性や行動を探っていくという徹底した還元主義（reductionism）の考え方と親和するという点を指摘することもできるであろう．現在われわれが〈科学的〉という言葉で漠然と捉えている様々な特徴は，実はその歴史的な起源の異なるイギリス経験論と大陸合理主義の両方の考え方が混在しているものなのである．

もちろん両者が混在しているにはそれなりの理由がある．不変の因果法則が存在すると仮定すれば，両者のそれぞれに基づいた法則定立の努力は，結局のところ同じ法則の確立へと到達可能だからである．たとえば，要素に還元していくに従って徐々により安定的な行動特性をもつ分子や原子などに到達する自然科学の領域であれば，カヴァー法則モデルとメカニズム解明モデルは相互に影響を及ぼし合いながら法則の定立へと研究者を導いていくと考

えることができるだろう[48]．しかし，メカニズム解明モデルによる還元プロセスの行き着く先が，必ずしも安定的とは言えない人間の行為であるのだとすれば，この2つのモデルは同じ到達点にわれわれを連れていくわけではない．

現実に行なわれる経営学の実証作業でも，カヴァー法則モデルとメカニズム解明モデルという2つの考え方は混在している場合が多い．たとえば現在の英米系の研究方法に関する教科書では，因果関係を確認する際に必要な事項として，①相関関係（association）と②原因変数の時間的先行性（direction of influence），③見かけの相関の排除（nonspuriousness），④原因変数と結果変数を結びつけるメカニズム（causation, intervening variables, and theory）という4つが採り上げられる．前3者がカヴァー法則モデルから引き出される規準であり，最後の1つがメカニズム解明モデルの重視する規準である．

しかし，この第4番目の規準であるメカニズムは，近年では，カヴァー法則モデルの枠組みによって再解釈された形で取り込まれるようになってきており，必ずしも重要な位置を占めていないというのが実状である．実際，英米系の研究方法に関する教科書などでは，初めの3つが確認されれば，必ずしもメカニズムを確認する必要がないとさえ主張される場合もある．たとえばシングルトン他（1993）はこの項目について次のように述べている．

> …独立変数と従属変数を結びつけるメカニズムや媒介変数（intervening variable）を特定化することは因果推論を強化する．たしかに，このことは，相関関係と影響の方向と見かけの相関でないことというものに加えて，ひとつの変数がもうひとつの変数の原因であるということを確立するための第4の規準として提唱される場合もある（たとえばHyman, 1955）．…（中略）…しかしながら，見かけの相関が無いことという規準がしっかり確立されれば，たとえ媒介メカニズムが分からな

---

（48） ただし，分子や原子を超えてさらに還元を進めていくと本質的な不確定性の世界が現われてしまう．それ故，ここで「自然科学の領域であれば」と述べているのは，古典的な力学の世界を想定してのことである．

くても，因果関係は一般に推測される．…（中略）…したがって，ある関係における媒介変数を特定化することによって，より良い理論的理解とより正確な予測が可能になるかもしれないが，それは「因果関係を立証する最低必要要件の一部ではない．たとえ媒介する化学反応を記述することができないとしても，一山の木の葉にマッチを付け続けることは，それらの葉が燃え出すことの原因である（Hirschi and Selvin, 1967）.」[49]

カヴァー法則モデルは，変数と変数を媒介するメカニズムをブラックボックスとして扱ったとしても，そのブラックボックスのインプットとアウトプットの間の関係が多様な観察対象にわたって，安定的に確認されるのであれば，ブラックボックスの中身を開く必要はない，と考えるのである．したがって，カヴァー法則モデルが成立するためには，変数と変数の間をつなぐブラックボックスの中のメカニズムが個別の対象や時間を超えて安定的であること，あるいは少なくとも特定のインプットを入れさえすれば，特定の同じアウトプットが生み出されるという関係が維持されていなければならない．すなわち，カヴァー法則モデルが有効であるためには，特定の条件の下で非常に多数の標本に対して，何度繰り返しても，同じ変数間の関係を確認することができること，換言すれば事象の規則性（event regularity）を多数の多様な対象にわたって観察することが可能でなければならないのである．

カヴァー法則モデルがコントロール・システムとしての組織という存在論的な仮定と非常によく親和することは，もはや明らかであろう．特に，実際の企業を実証研究の対象とする経営学において実験という手法がとりにくいことを考えれば，コントロール・システムとしての企業組織を因果論的に研究していくことを正当化できる認識論的な立場は，カヴァー法則モデルの提示する変数間の共変関係と時間的順序関係の重視以外には無いといっても過言ではない．法則定立的アプローチを前提にした上で，コントロール・システムという存在論的な仮定とカヴァー法則モデルという認識論的な仮定とが

---

(49) Singleton, et al. (1993), pp. 86-87.

呼応した場合，個別事例研究は相対的に低い評価を与えられると共に，前章で見られたような〈行為のシステム〉としての環境記述もまた「科学的」な研究活動の局面では見られなくなっていくことは明らかであろう．この点について，次節で検討を加えることにしよう．

## 4．行為システム記述の失脚

　〈組織内メカニズムの解明〉から〈組織間の比較研究〉へというスコットの解釈は，閉鎖システム内のクロックワークの解明を目指した研究から開放システムとしての組織と環境との対応関係の解明を目指した研究への進歩ではない．むしろ，①環境変化の下における多頭システムとしての組織を〈行為のシステム〉として記述し，メカニズムを解明することが重要だと考えていた法則定立的アプローチから，②そのメカニズムについてはブラックボックスとしたままで，組織と環境の共変関係を大量観察によって確立していこうとする研究への変化として理解するべきであろう．前章で紹介したエメリー＆トリストの高級缶詰野菜メーカーの事例には，環境や組織をクロックワークやコントロール・システムとして解釈するという姿勢ではなく，多様な意図をもった行為主体の相互作用という，まさに多頭システムとしての記述が含まれていた．またマートン等の事例研究にも，行為者の意図や行為を〈了解〉するという作業が常に含まれていたのである．このことは，マートンの〈予期せざる結果〉の議論や自己成就的予言の議論などを見れば明らかである（Merton, 1936；1949）．行為者の意図や反省的意識などを重要な要素として説明図式に組み込まないかぎり，マートンの自己成就的予言（self-fulfilling prophecy）の議論は成り立たない[50]．

　ここで強調しておきたい点は，かつての社会研究（social studies）においては，〈意図〉や〈意識〉のような要素は決して「非科学的」なものとして扱われてはいなかった，ということである．たとえば社会科学的研究を自然科学と同様に厳密な因果関連を確立していく学問として確立しようとした

---

(50) この点についてはBoudon（1981）におけるマートンの議論の紹介において非常に明確になるはずである．

ウェーバーにとって，行為者の意図を了解することは不可欠の作業であった（Weber, 1949 ; 1978）．社会をあたかもモノであるかのように扱えと主張したデュルケムですら，実際の研究業績の中には行為者の意図の了解が含められていた（Durkheim, 1893 ; 1982）．同様に，マートンやエメリー＆トリストの業績には，メカニズムを解明する際に行為主体の〈意図〉を了解する作業が入り込んでいた．すなわち，図3-2(a)に見られるように，かつて〈行為のシステム〉として環境を記述する様式を採用していた人々は，たとえ法則定立的な志向をもっていたとしても，彼らの研究においては，〈意図〉を了解する作業は法則定立的なメカニズムの解明作業の一部として位置づけていたのである．

ところが，この〈意図〉という重要な要素は，主として英米系の法則定立的な経営学的研究からは極力排除されるようになっていった．かつてメカニズムの解明には〈意図〉の了解が含まれていたのに対し，その後の研究ではメカニズムの解明という作業には〈意図〉の了解は含まれないようになっていった．カヴァー法則モデルが支配的になっていく過程で，かつてのウェーバー的な社会科学観は，より「客観的」な要素のみから成る社会科学を目指すべきだという考え方へと置き換わっていったのである．カヴァー法則モデルに基づいて社会科学におけるメカニズム解明モデルが再解釈され，その一部として取り込まれていった結果，現在のメカニズム解明モデルには〈意図〉の入り込む余地を見いだすのは困難である．

図3-2(b)に概念的に示されるように，カヴァー法則モデルによって解釈され，取り込まれたメカニズムという概念は，〈行為のシステム〉を指すものとしてではなく，より詳細な〈変数のシステム〉を指すものとして解釈されるようになっていった．先に紹介したシングルトン他の引用部分からも明らかなように，現在の一般的な方法に関する議論では，メカニズムを明らかにするということは〈行為のシステム〉に遡って〈了解〉するということを意味しているのではなく，より大まかな〈変数のシステム〉をより細かい〈変数のシステム〉へと還元していくことだと解釈されるようになってきているのである．メカニズムの解明が，よりマクロな変数システムをよりミクロな変数システムに還元することを意味するようになれば，ウェーバーの了

図 3-2 メカニズム解明に関する 2 つの解釈

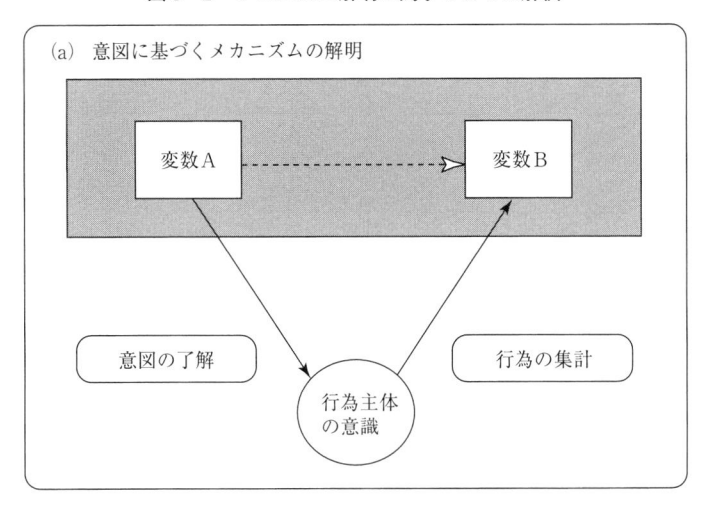

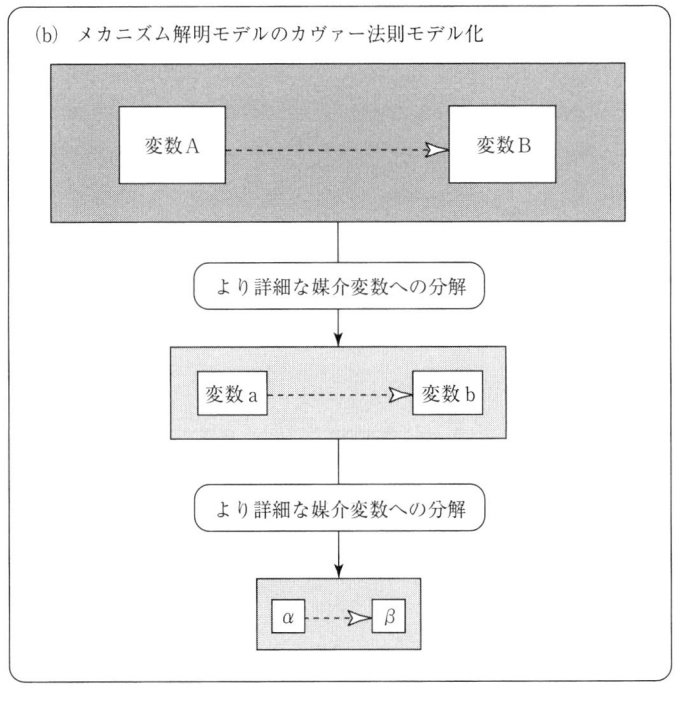

(a) 意図に基づくメカニズムの解明

変数 A ----> 変数 B

意図の了解　　行為の集計

行為主体の意識

(b) メカニズム解明モデルのカヴァー法則モデル化

変数 A ----> 変数 B

より詳細な媒介変数への分解

変数 a ----> 変数 b

より詳細な媒介変数への分解

$\alpha$ ----> $\beta$

解的方法も，その後発展していった解釈学的アプローチ（hermeneutic approach）も，正当なる位置づけを法則定立的アプローチの中に見いだすことができなくなる．ワイックの現象学的な組織化の議論も，〈意図せざる結果〉を探究する研究活動も，すべて異端としての位置づけを与えられ，〈変数のシステム〉として環境や組織を記述する記述方法そのものの洗練がより中心的な課題として設定されるようになるのである．

英米系の経営学的研究に見られた法則定立への志向性は，メカニズム解明モデルとカヴァー法則モデルという2つの認識論的立場のうち，後者（カヴァー法則モデル）の支配という状態をもたらした．このカヴァー法則モデルによるヘゲモニーが確立される過程で，行為者の〈意図〉を了解するとか解釈するという作業は，「非科学的」であるとか「主観主義的」であると見なされ，「客観的な科学的知見」の中から排除されるようになっていったように思われる．その結果，現在の法則定立的アプローチにおいては，メカニズムを解明することは〈変数のシステム〉をより詳細な〈変数のシステム〉へと還元していくことと同義になり，逆に〈変数のシステム〉を〈行為のシステム〉に遡って読み解いていくという活動が少なくなってしまったのである．このようなカヴァー法則モデルの進展に応じて，かつては法則定立を目指す人々にとってさえ必要不可欠だとされていた〈意図〉の了解は，主観主義的な研究方法論を重視する異端の手法である，という位置づけを与えられるようになっていったのである．主としてカヴァー法則モデルに基づいた法則定立的アプローチの進展こそ，〈行為のシステム〉としての環境記述を経営学的研究の領域から排除していった根本的な原動力だったのである．これが1970年代に進展した組織論の学説変化に関する本書の基本的な解釈である．

## 5．不変のカヴァー法則という信念

カヴァー法則モデルを中心とする法則定立的アプローチは，経験的な世界における社会現象が多数の法則に支配されており，注意深い統制を行なうことで1つひとつの法則を経験的世界における事象の規則性（event regularity）として確認することができ，その法則が不変（少なくとも人類の存続

期間に対して長期にわたって安定的）である，という考え方に基づいている．法則が存在しないのであれば，そもそも経験的な観察事実の積み上げが単純に累積的に行なわれるはずもなく，特定の経験的な規則性を多様な集団にわたって確認する作業も不可能である．

　しかし，本書が主張するカヴァー法則モデルの支配的な地位という見解に対して，果たして法則が社会現象において中心的な役割を果たしていると信じている社会研究者など実際には一人も存在しないのではないか，というタイプの疑念が提出されるかもしれない．たしかに，多くの経営学者は，もし問われれば，社会現象において法則が中心的な役割を果たしているとは信じていない，と答えるかもしれない．彼らは，法則を追究しているなどという研究者はもはや存在しないはずだ，とまで主張するかもしれない．社会研究者たちは，少なくともタテマエの理論（espoused theory）では，法則など存在しないという考え方を支持している可能性はある．

　だが，実際に彼らが従っている実行理論（theory-in-use）を推察するかぎり，彼らは不変のカヴァー法則が存在することを仮定した研究実践を行なっているように思われる．つまり，社会現象において法則が中心的であるかぎりにおいてのみ意味のある研究評価規準によって，実際の研究者たちの研究実践が支配されているのである．たとえば，事例研究から得られた知見の一般化の可能性が限られていることを指摘する事例研究批判は，スコットに限らずに広く観察される．ある産業から得られた知見が他の産業にも当てはまるのか否か，少数事例の事例研究では不確実ではないか，という批判である．このような批判を加える側の人間が意識しているか否かは別として，この批判に意味があるのは多様な産業を通じて安定的な法則が存在する場合のみである[51]．

　事例研究法を支持する研究者たちでさえ，近年ではこの経験的な一般化の

---

[51]　あるいは尺度の信頼性について厳しい批判を展開する論文も存在する．もし人間の特性が長期にわたって安定的ではなく，むしろ人間が自己変革を行なえるのであれば，質問票など，言語を媒介として測定する手法で同じ人間の同じ特性を複数回測定したとしても，同じ値を示すとは限らない．それ故，他者の研究で用いられている尺度の信頼性に関して批判的な言明を行なう研究者は，たとえもしタテマエの理論では不変の社会法則を信じていないと主張したとしても，実行理論のレベルでは信じてい

可能性が重要な規準であることを認め，その規準を事例研究法でクリアするための技法を開発することに多大な労力を割いている（Eisenhardt, 1989 ; Leonard-Barton, 1990 ; Miles and Huberman, 1994 ; Ragin, 1990 ; Yin, 1984）[52]．まるで，社会現象における法則の存在を信じずに，その存在を仮定した法則定立的な研究手続をルールとするゲームに戯れているかのようである．

さらに，実際には，タテマエの理論についても，法則定立的な研究が適切であると信じている研究者もまだ多数存在している．たとえばウォーラス（1988）は自然科学的な方法を社会学に適用する可能性について楽観的な態度を維持しており，次のように述べている．

> …自然科学としての社会学を追求するには適切な理由があり，しかもそうすることを妨げる論理的な障害は存在しないように思われる．…科学的な社会学は，信頼性の高い予測を行なうことを最大の目的と見なすべきである…[53]．

組織論の領域でも，法則定立的な研究を是とする論者を見いだすことは容易である（Bacharach, 1989 ; Donaldson, 1985）．たとえば，現在の米国を代表する組織論者のひとり，プフェッファーは物理学や経済学をモデルとして，一部の研究者が主導的な役割を果たしてパラダイム・コンセンサスを研究者集団に押しつけることが必要だと主張している（Pfeffer, 1993）．またアストン研究に参加していたドナルドソンは，シルヴァーマンやアスト

---

ることになる．この場合，しかし，言語によってその測定対象の人間について何を伝えても，相手の人間の言語的反応（条件反射ではなく，意識的な言語行為）が変わらないのであれば，その人を相手にして何か法則的な言明を伝授したからといって，その人の行為は変革不可能だということになる．それ故，尺度の信頼性を強調する研究者は，少なくとも社会の変革可能性についてもペシミスティックでなければ，論理的に矛盾してしまうことになるはずである．

(52) なお，質的研究技法の古典と目されているグレーザー＆ストラウスの業績も，一見，正統派と大きく立場を異にしているように見えて，実はカヴァー法則の発見に向けた努力のやり方を論じているという点には注意が必要である．詳しくは Glaser and Strauss（1967）を参照されたい．

(53) Wallace (1988), p. 30.

レー&ザムートなどの名前を挙げ，社会現象に客観的な法則を見いだそうとする作業に対して批判的なこれらの研究がワイックの同類であると反批判し，ポパーの批判的合理主義以外に科学的な組織論の存立する立場はあり得ないことを執拗に述べている（Astley and Zammuto, 1992；Donaldson, 1985；1992；Silverman, 1970）．現在においても，タテマエの理論においてもホンネの実行理論においても，事象の規則性を基礎にして法則を確立していく作業こそが経営学（あるいは社会科学一般）の目指すべきものであるという信念は根強く存在しているのである．

多数の法則の絡み合いが社会現象の本質だと考える立場は，経営学者が研究を遂行する局面においてばかりでなく，彼らが実践家を相手にする活動においても貫かれている．いわば，自然科学が安定的で普遍的な法則を発見し，工学がその法則を利用して，人間の目的に合わせて自然環境をコントロールしたり，予測したり，人工物を創り出したりして，人間に役立っている，という自然科学と工学に対する一般的な信念が，そのまま経営学の領域でも経営学者と実践家の間で成立するかのように考えるのである[54]．社会研究としての経営学もまた，何らかの法則を見つけだし，その法則に基づいて人間社会をコントロールしたり，予測したりすることが可能だ考える〈実践的に役に立つ経営学〉という通俗的な見解がしばしば観察可能である[55]．「経営学の目指しているのは，企業が合理的に環境適応するのに役立つような法則を発見し，その法則を実務家に示唆したり，大学生に教えることだ」という

---

[54] 現実には自然科学と工学の関係がこのような関係ではないという指摘が存在する．そのような見解については，たとえば Allen（1988）を参照せよ．

[55] 主としてドイツ経営学の文献を通じて，経営学の分野に見られるさまざまな研究対象と認識目的と研究方法の考え方について，田島（1984）がコンパクトに解りやすくまとめている．田島の分類に従えば，ここでいう法則定立的な経営学は「理論ないし純粋科学としての経営学」と「技術論ないし応用科学としての経営学」に対応し，〈実践的に役に立つ経営学〉は「技術論ないし応用科学としての経営学」に対応する．だが本書は，主として英米系の文献に依拠しており，英米系の経営学研究者はどちらかというとこのような問題に無頓着で，技術論と純粋科学の間の境界について明確に意識しているものが少ないように思われるため，却って厳密なドイツ系の定義が本書の中では議論を混乱させる恐れがある．また本書のこの部分では，研究者のもっている方法論ばかりでなく，一般の人々に共有された社会科学のイメージまで含めて議論しているため，「法則定立的アプローチ」などのややラフな用語法を用いている．

見解や,「商学部や経営学部,経営大学院は,科学的な根拠をもつ企業経営のやり方を学生に教育することをミッションとする」という〈実践的に役に立つ経営学〉の見解の背後には,無意識的にかもしれないが,法則が社会現象の生成に中心的な役割を果たしているという仮定が置かれているのである.

もちろん〈実践的に役に立つ経営学〉でも,またその背後にある法則を定立しようという立場においても,経験的な世界は,そのままでは変数の統制が行なわれていないために,何の努力もなしに現象の規則性を観察することができるとは考えられていない.だがこの立場に立って考えると,注意深く変数を統制しさえすれば,構成概念の経験的世界における現れである変数間の関係の規則性を観察することが可能であり,その観察によって,構成概念を関係づけた理論の正しさを根拠づけること(理論が今のところ間違っていないという暫定的な合意)が可能である[56].ひとたびこの変数の統制によって経験的規則性が確立され,理論の想定する境界内で安定的であることが示されれば,この経験的規則性は法則の存在を支持する証拠として認められることになる.経験的世界の複雑さに挑戦して,この法則を1つずつ積み上げていく作業が社会研究の目指す作業である,と法則定立的アプローチと〈実践的に役に立つ経営学〉は考えるのである.

法則定立的アプローチが想定している法則の安定性・不変性という考え方と現象の安定性・不変性とを混同してはならないという点に注意をしていただきたい[57].社会現象における法則の中心性を信じている立場も〈実践的に役に立つ経営学〉も,法則が安定的だと主張しているのであって,現象が

---

[56] 観察された現象の規則性だけでは法則の地位を保証されないという点については,Dubin (1976) など〈素朴な自然科学・工学モデル〉の代表的な論者も認めている.これらの考え方に基づけば,現象の規則性の観察とそれを説明する理論の両方が法則確立のためには必要なのである.しかし純粋なカヴァー法則モデルに忠実に考えるのであれば,事象の規則性が広く確認されることの自体が重要なのであって,法則確立が重要なのではない,という立場も存在しうる.

[57] しごく当たり前の指摘のように思われるかもしれないが,現実にはこれを混同した議論が存在する.たとえば社会科学を自然科学をモデルとして構築するべきだという主張の現代の代表的な論者の1人である Walter L. Wallace が『社会学ハンドブック』に寄せた論文の中でこのような混乱を示している.彼は,Anthony Giddens などの社会学者たちが提出した社会現象における安定的な法則に対する疑義を,

安定的だと主張しているわけではない．もし現象そのものが安定的であるとすれば，そもそも他の変数を統制して実験を行なうこともできなければ，その法則を利用して対象に変化を生じさせることも不可能だからである．たとえばAならばBという法則が存在し，Bがわれわれにとって不都合な事態であると考えよう．このとき，われわれは条件部分をnon-Aに変えることによって，帰結部分をnon-Bに変えるのであって，この法則自体を変えるのではない．法則の確立を目指す見解は，このような安定的な法則を他の変数の統制によってやはり安定的な経験的現象として確認できることを主張しているのであって，経験的現象そのものが安定的だと主張しているわけではない．

このような法則の中心性と〈実践的に役に立つ経営学〉を信じることができれば，社会における社会研究の役割についても比較的簡単に，楽観的な解答を出すことができる．もちろん研究作業に従事している人々の多くは，何かを知るとか明らかにするという作業自体に価値があると思っているはずである．だが同時に多くの研究者たちは，自分たちの研究作業が，自分の個人的な知的喜びを超えた何らかの価値をもっていると信じている．社会研究の諸分野の中でも特に伝統的に強い実践志向をもつ経営学においては，特にこの実践志向が，法則を定立しようというアプローチの明示的もしくは暗黙の支持という形で表出することが多いように思われる．

たとえばトンプソンは *ASQ*（*Administrative Science Quarterly*）の創刊号で，自然科学と工学のアナロジーをふんだんに用いて管理の科学的研究が可能であるという非常に単純な楽観論を述べている（Thompson, 1956）．

> 管理にはアートの要素があることは広く認められている．管理の科学

---

社会現象そのものにおける安定的な規則性の存在に対する疑義と解釈して奇妙な反論を展開している．詳しくは，Wallace（1988）の特にpp. 28-30を参照せよ．Giddensの見解については，Giddens（1984）を参照せよ．また経験的規則性と法則の存在論的地位の相違については，Bhaskar（1978）およびTsoukas（1989）を参照せよ．なおツオウカスと並んで，組織論の領域にバースカーの言う超越論的実在論（Transcendental Realism）の考え方を取り入れようとした，比較的理解しやすい業績にMarsden（1993）がある．

の可能性は，いまやっと真剣に考えられ始められているばかりである．しかしそれにもかかわらず，管理という主題に科学的方法を適用する上で必要な唯一の仮説が今や一般に受け容れられている．この仮説は，考慮対象になっている現象に規則性を同定することが可能であるという仮説であり，この仮説は管理者の役割に人々を訓練するすべての試みのベースである．

…（中略）…

人間行動に規則性が見いだせるということは，もはや馬鹿げた考えではない．これまで見いだせないという印象があったのは，規則性が存在しないことが原因だったのではなく，規則性を知覚する能力がなかったことが原因だったのである[58]．

トンプソンは，経験的現象の規則性と法則とを明確に区別していないけれども，この引用から，彼が現象の規則性の観察を通じて法則を確立し，その法則をベースにして管理の科学を構築でき，しかもその法則が管理者教育のベースでもあると考えていたことが明らかであろう．

研究者と実践家の関係については，組織の研究方法論の代表的な論者であるデュービンが非常に明確に〈実践的に役に立つ経営学〉の特徴を表現している（Dubin, 1976）．彼によれば，研究者はモデルの開発者であり，実践家はその利用者である．研究者は洞察と「何故」に重きを置くのに対し，実践家は予測に重きを置く．実践家にとっては，何故特定の規則性が成立するのかという知識をもつ喜びよりも，予測が精確であることが重要である．つまり研究者はメカニズム解明に関心を持つが，実践家はカヴァー法則を重視するというのである．デュービンの考えている研究者と実践家の間の相互協力関係は，次のようなものである．すなわち，研究者は実践家に対して，実践家が作業の対象としているシステムに何が生じるのかについての信頼性の高い予測を提供する．逆に実践家は，経験によって得た現実界についての知識を研究者に提供する．この現実界についての知識は，①研究者がモデルを組

---

(58) Thompson (1956), pp. 102-103.

み立てるときの変数選択を容易にしたり，②理論概念を経験概念に落し込むインディケータの選択に影響を及ぼす，という．このような研究者と実践家の関係が想定されていれば，両者の関係における研究者の優位に関するデュービンの次のような見解を理解することは容易であろう．

> 彼らの協働の便益は明らかに一方的である．何故なら，科学者は実践家がいなかったとしても自分たちの科学的活動を遂行することがおそらくできるであろうが，実践家はもし自分の意思決定を優れた科学的なモデルに基づかせるならば，より優れた実践家になる可能性がより高くなるからである．おそらくまさにそれ故に，資本主義経済と社会主義経済の両方における科学的管理の成長という条件の下では，作業組織やその他の組織のよりよい管理のための知識ベースを提供する上で社会研究者を含めた科学者たちが有用であると広く認められるようになってきたのである[59]．

誤解を恐れずに簡単にいえば，経営学の研究者は実践家から様々なデータを受けとり，そのデータに基づいて何らかの法則を確立する作業を追求する．研究者がひとたび法則を確立すれば，その法則に基づいて経験的な世界でも予測とコントロールが可能になる．このような法則のすべてではないにしても，そのうちのいくつかは実践家の関心に沿うものであり，その法則を研究者が実践家に教えることによって，実践家は自らの実践の質を高めていくことが可能になる．これが不変法則の定立に基づいた〈実践的に役に立つ経営学〉の自己イメージである．

企業組織をコントロール・システムと見なし（存在論的仮定），そのコントロール・システムを支配している不変の法則をカヴァー法則モデルを用いて追究し（認識論的仮定），そこから得られた法則的知識を実践家に提供して彼らが世界を予測し，コントロールするのを支援する，というワンセットの信念体系を，正統派の経営組織論は保有している．コントロール・システ

---

[59] Dubin (1976), p. 21.

ムを構成する部品としての実践家が世界を予測したり，コントロールするといったように，ひとつの信念体系として本来矛盾に満ちたものであるにもかかわらず，この信念体系はいまだに組織論や戦略論の領域では支配的な地位を享受しているように思われる．これらの信念体系が研究を実行する局面（theory-in-use）で無意識的に強固に支持されている限り，行為システム記述や意図せざる結果の探求，意識と意図の解釈・了解などといった研究活動は研究者コミュニティにおいて十分な認知を受けることは難しい．行為システム記述の復権を目指す本書は，それ故，このワンセットの信念体系を徹底的に批判しなければならない．そのためには，このワンセットの信念体系の基礎にある最も重要な信念，すなわち社会システムにおいて不変の法則が支配的な役割を演じているという信念を検討する必要がある．

## 6．要約

本章での主張を要約しておこう．
① 〈行為のシステム〉としての環境記述から〈変数のシステム〉としての環境記述への支配的な記述様式の変遷は，表層的には研究者集団の問題関心の変化とその問題関心に事例研究が適切ではないという事例研究への批判として進められた．
② しかし，この問題関心の変化と事例研究批判は，その深層レベルでは，企業組織と環境に関する存在論的仮定と認識論的仮定の両方の変化によって突き動かされてきたと考えられる．
③ 存在論的な仮定の変化とは，組織と環境が複雑な多頭システムあるいは象徴処理システムであるという存在論的仮定から，それらがコントロール・システムであるという存在論的な仮定への変化である．
④ 認識論的仮定の変化とは，組織にせよ，環境にせよ，そこに作用している法則を定立するためには背後にあるメカニズムを解明する作業が最も重要であるというメカニズム解明モデルから，出来る限り広く多様な標本にわたって同じ変数間関係が同じ時間的順序で生起することを確認することが肝要であるというカヴァー法則モデルへの変化である．

⑤かつてメカニズム解明モデルとカヴァー法則モデルの両方が法則定立のためにそれぞれ有効であると考えられていたのだけれども，近年ではメカニズム解明モデルがカヴァー法則モデルの枠組みの中で解釈しなおされてきている．その結果，メカニズムの解明とは行為者の意図と行為を了解することであるという考え方は背景に押しやられ，むしろメカニズムの解明とはより大まかな〈変数システム〉をより詳細な〈変数システム〉へと還元していくことである，という立場が前面に出てきている．

⑥ここに至って，かつては一般に存在していた〈行為のシステム〉としての環境記述は異端の地位に追いやられ，了解的方法も解釈学的アプローチも現在の法則定立的アプローチの中で確固とした地位を確立することができない状況になっている．逆に，〈変数のシステム〉としての環境記述は，その記述そのものの詳細化を進めてきているのである．

⑦カヴァー法則モデルを中心とし，不変法則の定立を目指す志向性は，経営学者の研究実践においても，その実践家との関係を概念化する局面においても，強く存在する．

# 第4章

# 経営学における不変法則確立の可能性

　われわれは第2章で，企業環境を〈行為のシステム〉として記述する様式と〈変数のシステム〉として記述する様式の2つの様式を理念型として設定した．その上で，かつては前者が多数見られたにもかかわらず，現在までに後者，すなわち変数システム記述が支配的な環境記述様式になってきたことを確認した．続く第3章では，この支配的な環境記述様式の変遷の原動力が，直接的には事例研究を批判し，サーベイ調査を是とする研究方法上の変化であること，さらにその研究法の変化の背後には，コントロール・システムとしての組織という存在論的な仮定とカヴァー法則モデルによる法則定立という認識論的な立場の普及があったことを明らかにした．

　これらの議論を受けて，本章ではそもそもカヴァー法則モデルが経営学研究において適切なモデルであるのか否かを検討する．既に前章で示したように，カヴァー法則モデルが妥当な研究モデルであるためには，不変の法則が事象の規則性の観察を通じて確立されなければならない．実際には，この事象の規則性を通じた不変法則の確立がほぼ実行不可能であるということが本章の議論によって明らかにされる．

## 1．はじめに

　もしわれわれ人間を取り巻く環境を，われわれの知識と行為から独立した不変の法則が支配しているのであれば，われわれは時と共にその法則を知識

として蓄積していく，と考えることが可能である．またその法則を活用して，われわれは環境を自分の目的に合わせて利用したり，コントロールできる．

たとえば，水は摂氏0度で凍る，という法則が存在すると考えよう．この法則は，人々の知識と行為から独立しており，この法則の有用性はその法則を成立させるメカニズムの知識から独立している．すなわち，この法則をわれわれが知らなかったとしてもやはり，水は摂氏0度で凍り，この法則を知ったからといってこの法則が変化することはない[60]．また，この法則を利用して多数の人々が氷を量産しても，この法則には何の変化も生じない．さらにこのような法則に関しては，その法則が何故成立するのか，というメカニズムに関する知識をわれわれがもっていなかったとしても，この法則を利用してわれわれは環境にうまく適応したり，環境から何らかの有用性を引き出すことが可能である[61]．もしこのような不変の法則が存在するのであれば，あるいはそれが存在するという仮定を置くことが人類の環境適応にとって有益であれば，知的好奇心に駆られた研究者たちにとってばかりでなく，そこから生み出された知識に実践的な有用性を求める一般の人々にとっても，まことに好都合であろう．

不変の法則が実在し，その不変の法則が現象の本質を規定しているのであれば，われわれはカヴァー法則モデルとメカニズム解明モデルを殊更に分けて論ずる必要はない．カヴァー法則モデルとメカニズム解明モデルは，それぞれ異なる角度から同じ不変の法則という実在（reality）に到達するためのモノの見方である．実在としての不変の法則を一方のアプローチが確定した場合，同様に他方のアプローチでも最終的にはその不変の法則を確定できるはずである．

---

(60) もちろん摂氏0度というのは，人間が勝手につけた尺度に基づいているので，人間がこの法則を知らない場合には0度という表現が適切か否か問題があるかもしれない．だが，いずれにせよ，人間がこの法則を知らなくても，何らかの条件の下で水が凍ることを想定しても問題はないと思われる．ただし，人間が存在しない世界を人間が考えることができるのか否かについてはやや難解な議論が必要である．詳しくはBhaskar（1978）を参照せよ．

(61) 言い方を換えれば，素人はメカニズム解明モデルではなく，カヴァー法則モデルの結論を知っているだけで十分なメリットを享受できるということである．

たとえば，〈有機水銀に汚染された魚の摂取量〉に応じて〈水俣病患者の発生率〉が異なるという変数間の関係は，その発病メカニズムが解明される前の時点でも確認することができたと思われる．このような変数間関係の確認は，カヴァー法則モデルの主要なステップである．もちろん水俣病研究の初期の段階で，どのようなメカニズムを通じて有機水銀が魚介類に蓄積されていったのか，またその有機水銀が人体の中でどのようなメカニズムを通じて水俣病の症状を生起せしめるのか，といったメカニズムの解明は行なわれていたわけではないであろう．しかし，〈有機水銀摂取〉→〈水俣病〉という因果法則がカヴァー法則モデルで確実に予測できるのであれば，そのメカニズムは時間をかければ解明されるはずであり，逆に，このメカニズムが解明されたのであれば，同じ条件を設定しさえすれば同じ現象を確実に再現することが可能であろう．その意味では，不変の法則が実在するのであれば，カヴァー法則モデルもメカニズム解明モデルも，究極的には同じ法則の把握へと向かうと考えることができる．

　しかし，問題は，社会について不変の因果法則が存在するのか否か，また存在するとしても，社会現象の本質を規定するほどの中心的な役割を演じていると考えて良いものか否かという点にある．もし不変の法則が社会現象において支配的な役割を果たしているのであるとすれば，われわれはカヴァー法則モデルとメカニズム解明モデルを適宜使い分ければ良いのであって，2つのアプローチを使うことでわれわれが獲得できる社会システムに関する知識に重要な差異は存在しないことになる．カヴァー法則モデルは，実在としての社会システムを変数のシステムとして記述し，その多様な記述を通じて経験的規則性を確立していく作業を展開する．メカニズム解明モデルは実在としての社会システムを行為のシステムとして記述し，その行為と相互行為の展開に必然的な連関を確立していく作業を展開する．もし不変の法則が実在するのであれば，両者の作業は同じ結論に到達するはずである．少なくとも，カヴァー法則モデルが確立した法則は，メカニズム解明モデルによっても追認されるはずである．

　本章が以下で展開する議論は，「社会研究とりわけ経営学の領域において，カヴァー法則モデルが『確立』した変数間関係をメカニズム解明モデルは追

認できるか否か」ということを中心にしている．結論を先取りするならば，社会的行為者に反省能力が備わっているかぎり，社会システムについて不変の法則を確立する努力が報われる可能性は非常に低く，カヴァー法則モデルの確立した命題をメカニズム解明モデルが追認できるケースは非常に限られている，ということである．また，不変法則の確立可能性が限られているのだから，カヴァー法則モデル的に解釈しなおされたメカニズムの解明努力，すなわちより微細な変数への細分化や，より詳細な媒介変数の導入による理論の精緻化，という近年のアメリカ経営学に見られる研究技法上の変化は，より正しい方向へ向かった進化である，と位置づけることはできない，ということも同様の議論の結果として明らかになるはずである．

本章では，法則を確立しようとして努力している研究者が，自分で「発見」した「法則」を公表することで，その「法則」そのものが変わるのか変わらないのかという点に特に注目する．この研究者による発見・公表と法則そのものの安定性との間の関係に焦点を当てた検討を行なうために，本章では次の4つの仮定を置いている．

①経験的な世界における変数の統制が理想的に行なわれている．
②経験的尺度が精確に構成概念を測定している．
③社会的事実に関する社会メンバー間の認知上の対立が存在しない．
④社会的行為者には反省能力が備わっている．

初めの3つの仮定によって，理論の世界に属す問題と現象の世界に属す問題との両方を行ったり来たりするような込み入った議論を回避することができる．もちろん，現象の規則性の確立がそのまま法則の確立になるわけではないことを本章の以下の議論でも筆者は十分に意識しているつもりである．しかし，法則定立的アプローチに基づけば，注意深く変数を統制することによって，法則の経験世界における対応物を観察することができる．したがってこの考え方においては，経験的世界における変数の統制が理想的に行なわれているという仮想的な状態の下であれば，経験的規則性の観察可能性と法則の確立可能性とは同じ問題のはずである．それゆえ，以下の議論では，経

験的な世界における変数の統制が理想的に行なわれた状態を想定し，その上で経験的世界で安定的な現象の規則性を確立できるか否かという問題を考察する．こうすることで，結果的に法則の確立可能性の問題に見通しを立てることができるはずである．

またこれら3つの仮定を置くことによって，既存の法則定立的アプローチに対する批判と本章の議論との相違をより明確化し，さらに法則定立的アプローチに有利なはずのこれらの条件を設定してもなお，社会研究における法則の確立には多くの深刻な問題が存在することを示すことができる．社会現象が複雑であり実験という方法がとれないので，このような理想的閉鎖状況（closure）を創り出すことができないために法則定立的アプローチには問題がある（Pettigrew, 1990；1992；Tsoukas, 1994）とか，社会現象では多様な人々の間で「客観的」な社会的事実の合意が成立しないために法則定立的アプローチには欠陥がある（石井，1993；Weick, 1979a；1979b）などの批判をここでは援用しない．著者は，法則定立的アプローチに対する既存の批判者たちが納得するような形というよりも，むしろその擁護者たちが理詰めで納得できるような形で以下の議論を展開したいと考えているのである．

また，社会的行為者には反省能力が備わっている，という4番目の仮定は，社会科学的研究，特にその方法論的研究がそもそも成立するための基本的条件である．社会的行為者は思考することができ，その思考について思考することができる（Giddens, 1984；1993），という反省能力が存在しなければ，そもそも社会を対象にした研究やその研究方法について思考を展開する方法論的議論が成立するはずはない．観察対象としての社会的行為者には反省能力が備わっていないと仮定するならば，社会の研究という，それ自体すぐれて社会的な反省的行為についても意味のある位置づけが困難になるのである．

なお，法則という用語は本来，不変のものであると想定されている．現象は変化するが，法則は変化しないからこそ，法則なのである．それ故，本書で用いられている「不変の法則」とか「不変のカヴァー法則」などといった言葉は，たしかに冗長ではある．しかし，本書では特にその不変性を強調したい場合や，事象の法則的関係が生じるメカニズムについて問題にしないという点を強調する場合に，法則のどのような側面について議論しているのか

を強く意識するために，やや冗長ではあるが，「不変の」や「カヴァー」が法則につけられている．これらの冗長な用語法を用いても用いなくても，以下で展開される議論の本質は変わらない．なお，繰り返しになるが，もちろん，法則と規則性は異なるものである．

## 2．行為によって生成されるマクロ現象の規則性

　行為主体から独立した社会現象が存在して，行為主体が何を知り，何を行なおうとも成立し続ける規則性をわれわれは確立できるのだろうか．このような問題を考えるために，図4-1のような簡単な社会現象のモデルを思い浮かべることにしよう．図4-1は，産業特性と企業行動，市場成果の間の関係を表している．ここでいう産業特性は，市場の成長率とか現在利用可能な技術の水準などといった産業の基礎的諸条件（basic conditions）と，企業数や参入障壁などの市場構造（market structure）の特徴の両者を合わせ

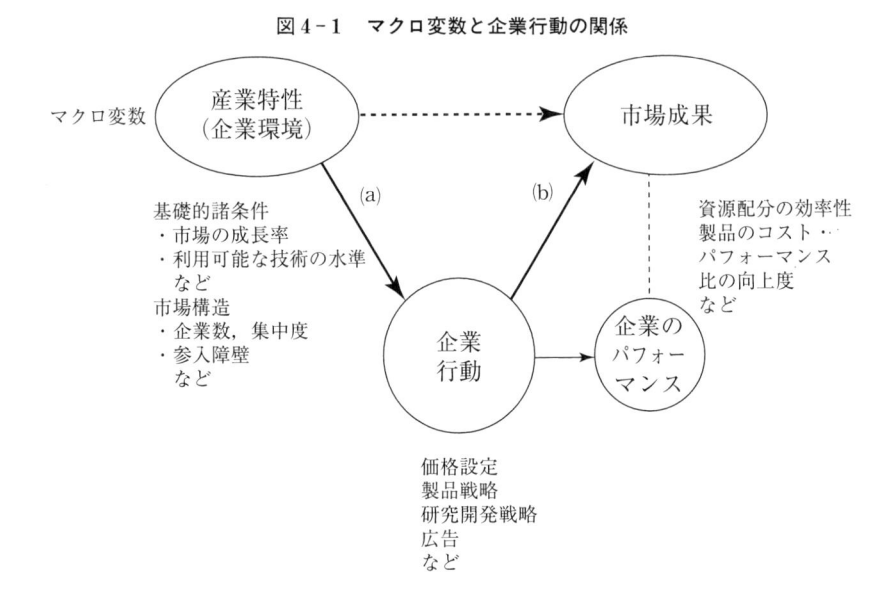

図4-1　マクロ変数と企業行動の関係

マクロ変数　　産業特性
　　　　　　（企業環境）　　　　　　　　　市場成果

基礎的諸条件
・市場の成長率
・利用可能な技術の水準
　など
市場構造
・企業数，集中度
・参入障壁
　など

(a)　　　(b)

企業
行動

企業の
パフォー
マンス

資源配分の効率性
製品のコスト・
　パフォーマンス
比の向上度
　など

価格設定
製品戦略
研究開発戦略
広告
など

たものだと考えて頂きたい．企業行動（あるいは市場行動：market conduct）には価格設定や製品戦略，研究開発戦略，広告に対する取り組みなど多様なものが含まれる．市場成果（market performance）は，資源配分の効率性とか製品のコスト・パフォーマンス比の向上度合いなどを指す．

　産業特性も市場成果も，ともに個々の企業を超えた分析単位に関わる変数であるから，ここではマクロ変数と呼ぶことにする．この2つのマクロ変数を，ある時点の社会システムの状態と次の時点のそれとによって置き換えれば，以下の問題は産業進化モデルや歴史法則に関する議論にも適用できる．たとえば先行する変数を産業進化の流動的な状態（fluid state）あるいは基本設計期（architectural phase），それに続く変数を特定的な状態（specific state）あるいは通常期（regular phase）と解釈すれば，産業進化モデルを得る（Abernathy, 1978；Abernathy et al., 1983）．また同様に，前者を資本主義，後者を社会主義あるいは共産主義と置き換えればマルクスの発展段階論などを論じることもできるであろう（Boudon, 1986；Marx, 1963）．

　図4-1に戻ろう．カヴァー法則モデルに基づいて産業特性と市場成果の間の因果法則を発見しようとするのであれば，多様な産業にわたって2つの変数の間の相関を，多様な第3変数のコントロールを行ないながら確認していく作業を展開することになる．しかし図中で産業特性から市場成果に向かう矢印が点線になっているのは，この2つの変数が実在の世界では直接関係しているのではない，ということを示している．たとえば企業数の多い産業であれば，企業が何の活動を行なわなくても製品のコスト・パフォーマンス比が向上していく，といったマクロ変数間の直接的な関係が存在しないことは自明であろう．企業数の多い産業では，たとえば企業はそれぞれ自社製品のコスト・パフォーマンス比を向上させようと努力するのが合理的な行為であり，その努力の結果として市場成果が高まるのである．

　ここで強調したいのはマクロ変数の背後に個々の企業の活動が存在することであって，企業の意思決定者の合理性の問題ではないことに注意しておきたい．われわれは，企業特性の単純集計や企業行動の単純集計がマクロ変数だというような極端な還元主義を主張しているのではなく，一切の活動が存在しなければマクロ・レベルでの変数や規則性すら存在しないということを

主張しているだけである[62]．たとえば意識的な合理性を持たない（持ち得ない）企業のみから構成されている産業で，企業数が多ければ選択淘汰圧力（selection pressure）が高まり，それによって非効率的な技術をもった企業が選択淘汰され，産業全体の効率性が高まる，というようなモデルを考えてみよう．この場合でも，個々の企業は目的志向的ではないとしても，たとえば自己の存続に必要な基礎的な資源の獲得活動など，何らかの活動を行なっており，その活動の結果として選択淘汰圧力が高まっているのである（Hannan and Freeman, 1984）．当たり前のことだが，一切の活動を行なっていない名目だけの企業が多数存在するからといって，選択淘汰圧力が高まるわけではない．

## 3．意図の上では合理的な行為と法則に支配された行動

社会現象が行為者の行為とは独立したものではないにもかかわらず，それでもなお特定のパターンが繰り返し再生産され，観察できるのはどのような場合であろうか．図4-1から明らかなように，産業特性と市場成果という2つのマクロ変数の間に規則性を観察できるのは，基本的には次の2つの場合のいずれかである．

①まず意図の上では合理的（intendedly rational）な企業を仮定した上で更に，(a)特定の産業特性の下では常に合理的な特定の企業行動がひとつ決まり，しかも，(b)特定の企業行動がとられたならば常に特定の市場成果が得られる，という2つの条件が成立する場合である．図4-1でいえば，意図の上では合理的な企業を仮定しているかぎり，産業特性から企業行動へと右斜め下に向かう矢印が決定論的（deterministic）な関係を表し，企業行動から市場成果へと右斜め上に向かう矢印もまた決定

---

[62] このような考え方をKontopoulos（1993）は弱い意味での存在論的個人主義（weak sense of ontological individualism）と呼んでいる．彼によれば，弱い意味での存在論的個人主義とは，「人間社会の存在論から個人を取り除くことはできない，という防衛的な議論」に基づいており，単純に言えば，「人間が存在しないのであれば，社会は存在しない」と考える立場である（p.76）．

論的な関係である場合がそれである．
②意識的な合理性が欠如している企業を仮定した上で，(a)その企業がどのような産業特性の下でも常に同じ固定的な行動を行ない，しかも，(b)その固定的な行動の合成によって常に同じ市場成果が得られる場合である．この固定的な行動の中には，行動選択の確率が固定的である場合も含めておこう．つまり，同じ企業が同じ行動を行なうのではなく，企業と行動のタイプの組合せは変わり得るが，それらの企業の集合における行動タイプの混合比率が一定である場合である．

本章では前者，すなわち合理的行為によるマクロ現象の再生産の場合に法則を確立できる条件を後に詳しく検討する[63]．その前に，まず本章が後者，すなわち固定的な行動によるマクロ現象の再生産の立場に立たない理由を簡単に述べておこう．

### (1) 法則に支配された行動

この後者の立場は，どのようなマクロ変数間の法則を研究者が公表し，それぞれの企業の意思決定者がその法則を知ったとしても，企業の行動（もしくは行動選択の確率パターン）を変えられない場合を想定している．この場合には，さらにもう一段分析単位を下げた考察が必要である．つまり，そのような固定的な企業行動の原因としては，(イ)その固定的な企業行動が組織メンバーの合理的な行為によって生成されているために，法則の公表によっても，彼らが自らの行為を意図的に変更しないので企業行動が変わらない，あるいは(ロ)組織メンバーがその法則を頭では分かっていても，自分の行動をど

---

(63) 本章では，行為 (action, conduct) と行動 (behavior) と活動 (activity) を次のように使い分けている．すなわち，意識的な意図をもったものを行為と呼び，客観的な観察の可能なものを行動と呼び，そのどちらについても複数の行為または行動を綜合して活動と読んでいる．ただし，経済学者は市場行動 (market conduct) と企業行動 (behavior of the firm) を，社会学の領域における行為と行動という区別と対応させずに用いている．そのため，企業行動と市場行動については，そのまま慣例を優先する．ついでながら，経済学が合理性をカギとして行為主体の内面から行為を了解しようとしているように見えながら，企業の行なうことを〈行動〉と呼んでいることは示唆的である．

のようにしても変更することが不可能である，という2つの可能性がある．

前者の場合，すなわち個々の組織メンバーによる合理的な再生産の結果として企業行動が安定的になる場合には，先の①の問題，つまり意図の上では合理的な行為によって産業レベルでマクロ変数間の経験的規則性が生成される場合の考察を，さらにもう一段下の分析単位で行なうのと同じ問題に帰着する．したがってこの場合には，後に展開される議論が十分な示唆を提供できると考えられる．

後者の場合，つまり法則を知っても自分の行動を変えることができない場合に，一体どのような問題が生じるのかを簡単に検討しておこう．これは，「分かっていてもどうにもならない」という場合であるから，まさに人間行動が人間の知識と行為から独立した法則に支配されている場合である．本章の目的にとっては，このような法則が一切存在しないと主張する必要はない．われわれにとっては，このような法則がもし個人の生理現象や心理現象に関して成立するとしても，その法則が社会現象を支配しているのではない，ということを示すことで事足りる．

まず，この立場に立つと人間の主体的な選択を位置付けることが難しくなることを指摘しておかなければならない[64]．いま人間行動を支配している法則のひとつに，A → B かつ non-A → non-B というワンセットの法則があると考えよう．純粋に社会的な条件（A）と人間行動（B）を結び付けた法則を思い浮かべてもよいし，生物学的あるいは生理学的な法則を思い浮かべてもよい．このときもしBが自分にとって好ましくない帰結であると考えるのであれば，その人は条件部分をAからnon-Aに変更することで，帰結部分をnon-Bに変更しようとするであろう．このときこの人は，「Aという条件の下では自分はいつもBという行動をとってしまい，困った事態に陥ってしまう．だからAという条件をnon-Aという条件に変更して，non-A → non-B という法則に支配されることにしよう」と考えていることになる．これは条件部分を変えただけであって，法則それ自体を変えたわけではない．この人について観察される現象は A → B から non-A → non-B に変

---

[64] たとえば Elster (1983; 1989) は人間に可能なさまざまな合理性確保の方法について論じ，意図に基づく説明 (intentional explanation) の意義を明らかにしている．

わるけれども，また同じAという条件を強制的につくりだせば，A→Bが再現される．したがってこの場合，法則それ自体は不変であり，この観察されたパターンの変化をもって法則が変化したと考えるのは誤りである．

問題は，人間の「行為」（一見行為と見えるもの）のすべてを法則が支配しているのであるなら，ここでこの人がA→Bという法則に支配されるのを止めて，non-A→non-Bという法則に支配されることにした，という行為者の選択自体もまた法則に支配されているという点にある．またもし最初のA→Bとnon-A→non-Bという法則だけが法則であり，A→Bとnon-A→non-Bという2つの法則そのものの選択は主体的な選択だと主張するのであるとすれば，この主体的な選択の部分については，意図の上では合理的な行為による再生産の結果として経験的規則性が生成されているという①の問題の検討が妥当である．

すべての「行為」が法則に支配されているのだとすれば，法則を利用して社会を変革し，より望ましい社会を創造しようという人間の「行為」や，その他の変数の注意深い統制を行なってそのような法則を発見しようという人間の「行為」もまた，すべて法則に支配されていることになり，人間社会の運命は最終的に何らかの法則に決定されていることになる．人間の「行為」がすべて法則に支配されているという立場がまったく成立しないと主張する積もりはないが，この立場に立った場合には人間の主体的な選択はどこまでいっても確固たる地位を持ち得ないことには注意しなければならないだろう．人間の主体的な選択に確固たる地位を与えることができないのであるとすれば，研究者自身の研究という「行為」にも確固たる地位を与えることができなくなる．研究対象である実践家には主体的な選択が存在しないという仮定を置いてアプローチする研究方法は，それを観察し考察している研究者自身もまたその主体的な選択の可能性をもたない存在として，そのような研究を行なっているという同様の仮定を自らに対して認めざるを得なくなることに注意しなければならない．

人間が物理システムとして，あるいは生理的なシステムとしての存在をもつかぎり，人間の行為が法則的なものにまったく影響を受けていないと言うことはできないであろう．しかし，影響を受けていないとは言えない，とい

う立場と，すべて決定されているという立場の間には大きな隔たりがある．もし物理的あるいは生理的な要因が法則的に人間の意識に作用しているとしても，その要因について知ることによって，少なくとも実際に遂行する行為については意識的に変更できるという主体性を人間が持っていると考えるのであれば，社会現象のすべてを心理的・生理的法則が支配していると考えることは難しくなる．すなわち，マクロ変数間の規則性は，人間の合理的な行為によって再生産されているという①の方向の検討がより適切であろう．

### (2) 合理的な行為による再生産

再び図4-1に戻って，合理的な行為によるマクロ現象の再生産のケースを検討することにしよう．いま簡便のために図4-1の(b)の矢印が決定論的であると仮定しておこう．つまり特定の企業行動が遂行されれば，その行動の結果として常に特定の市場成果が達成されると仮定しておくのである．この仮定は，いささか乱暴な仮定のように見えるかもしれない[65]．しかし，ここで明らかにしたいのは，(b)のプロセスが決定論的であると仮定しても，それでもやはり(a)のプロセスが決定論的でないために，マクロ現象の安定的な規則性を確立できるケースが非常に限られたものでしかない，ということである．(b)の集計プロセスあるいは綜合プロセスについては問わなくても十分にわれわれの目的は達成できるのである．

上のような仮定の下では，産業特性と市場成果の間に経済主体の合理的な

---

[65] ここで「乱暴な仮定のように見えるかもしれない」と言っているのは，個々の行為主体が特定の行為を行ない，それに合わせて他の行為主体が反応し，さらにこの反応に合わせて最初の行為主体が特定の行為を選択する，という相互作用プロセス自体が社会科学の対象であって，皆が一斉に特定の行為を選択して最終的な社会の状態が決まるのではない，という主張が存在するためである．つまり，社会現象の本質を時間的に分割することのできないプロセス全体として捉える立場からすれば，そのプロセスを一つひとつの意思決定機会に分割し，それを綜合しなおすことで全体が再構成できるというような，時間に関する方法論的還元主義が許されないという主張があり得るのである．社会現象は常にプロセスなのであって静的な状態なのではないという主張についてはたとえばLachmann (1976)を，またそれぞれの行為の単純な集計が社会的全体の結果ではないという主張については，Sjoberg et al. (1991)を参照せよ．Sjoberg et al.は，質問票の質問項目の得点の単純集計によって得られる社会全体の特徴が社会全体の特徴のすべてではないという主張を中心に置いて事例研究の擁護論を展開している．

行為によっては変えることのできないカヴァー法則が確定可能であるか否かという問題は，特定の産業特性を与えれば，唯一の合理的な企業行動が特定できるか否か，あるいは特定の産業特性に対応する最適な企業行動をただ1つに特定できるか否かという問題と同じ問題になる．つまり，特定の産業特性の下で，ある合理的な企業が特定の行為を遂行したことが現在の時点で観察されたのであれば，今後のいかなる時点においてもその合理的な企業はそれと同じ産業特性の下ではその特定の行為を遂行し続けるという関係が存在するのでなければならない．

　この問題は，明らかにコンティンジェンシー理論のたてていた問題とほぼ同じものである．つまりある環境特性に対応して特定の組織構造が特定の経営成果をもたらすという命題が確立される条件は，特定の産業特性の下で合理的な行為が1つ決まるか否かという問題と同じものである．また，このように問題を整理するならば，不変のカヴァー法則が成立するのであれば，〈変数のシステム〉としての環境記述を行なうことによって，〈行為のシステム〉としての環境記述を行なう必要がなくなることになる．〈行為のシステム〉は完全に〈変数のシステム〉によって規定されるのだから，〈変数のシステム〉としての記述さえ完全に行なうことができるのであれば，それをもう一度〈行為のシステム〉として読み解く作業を行なう必要はないのである．この条件，すなわち特定の条件の下で合理的な行為が1つ決まるという条件こそが，カヴァー法則モデルとメカニズム解明モデルのたどりつく結論の収斂を保証し，面倒で「人文科学的」に見える行為システム記述に代えて，単純で工学的な変数システム記述を採用することが「学問の科学的な進歩である」という信念を支えているのである．

　しかし，結論を先取りしていえば，マクロ変数が企業の行為を規定するというような不変の法則が存在し，その法則を研究者が発見して公表したとしても，その法則性が消失してしまわないという状況は，非常に限られた条件の下でしか成立しない．不変のカヴァー法則が存在すると主張するためには，あるマクロ変数の状態の下で，各企業の直面している戦略の選択肢のうち，他企業の選択にかかわりなく，ただ1つが合理的な選択肢として存在しているという条件が必要である．この条件は，あるゲームに支配均衡（dominant equilibrium）が存在する場合という条件に近似可能である．支配均衡とは，支配された戦略を一つずつ選択肢から排除していくことによって成立する均衡である．相手のプレーヤーがどのような選択肢を選んだとしても，自分にとって非合理的であるような戦略を支配された戦略（dominated strategy）という．この支配された戦略を次々に選択肢から排除していくことで均衡が成立するとき，その均衡を支配均衡という．支配均衡は，経済学者が一般に用いるナッシュ均衡（Nash equilibrium）よりも厳しい条件である．経済学者が関心を寄せるようなゲームの多くは，支配均衡をもたない（Fundenberg and Tirole, 1992）．ナッシュ均衡とは，他のプレーヤーがある戦略を採用していて，そのプレーヤーがその戦略を変更しないかぎり，こちら側にとっても，ある戦略を採用することが合理的である，という場合に成立する均衡である．以下の議論で明らかになるように，不変の法則が存在すると主張するためには，ナッシュ均衡では不十分であり，支配均衡に近い条件が必要である[66]．その理由を，最も基本的な3つのゲーム状況を利用して考えていくことにしよう．

## 4．「不変の法則」の確立可能性
### ——ゲームの構造が既知の場合——

(1) 二重の解釈学

　本節とそれに続く次節で行なう議論は，研究者と実践家が共に，不変法則

---

[66] ナッシュ均衡が有効な概念であるためには，ゲームの条件に陽表的には表われていない条件が必要である．たとえば社会的にみてナッシュ均衡を達成するような戦略を採るのが当然であるというタイプの信念や，いったんナッシュ均衡が成立した後に相手が戦略を変更せず，しかもこちらもまた戦略を変更しないであろうという読みを相手が抱くであろうというような互いの［〈読み〉に関する〈読み〉］の安定化プロセスが作用している必要がある．たとえばクレップスは，プレーヤーにとって自明なゲームのプレーのやり方がなければ，ナッシュ均衡は社会現象の予測にとって充分ではないことを丹念に述べている（Kreps, 1990）．われわれの議論はこれらの陰伏的な条件が，観察者による何らかの言明を通じて影響を受けるか否かを問題にしているため，ナッシュ均衡では不十分なのである．ここでは無限回繰り返されるゲームでも〈読み〉の安定化が必要であるから上の議論と同様に処理される．また，混合戦略の議論は現実との対応のつけにくさ故に，ここでは考慮しない．

の存在を信じている場合に，研究者が自分たちの実証研究から得られた知見を公表すると何が起こるのか，ということを巡って展開される．この種の実践家と研究者の間の相互作用は，ギデンズが「二重の解釈学」(double hermeneutics) と呼び，その社会理論において特に重要な概念として位置づけているものである (Giddens, 1984 ; 1993)．簡単に言えば，二重の解釈学という概念は，社会研究においては観察者とデータとの関係が自然科学におけるそれとは本質的に異なっていることを強調するものである．社会研究者が解釈を加えるデータは，実は既に社会的行為者による解釈を経たものである．自然科学では，自然科学者の扱うデータが，自然界の事物による解釈を経たものであるとは言い難い．しかし社会研究の観察対象である社会システムについては，その構成員たちが自分たちの信念体系に沿って解釈を加えた行為と相互行為を行なっている (Habermas, 1970 ; Sayer, 1992 ; Winch, 1990)．すなわち観察対象の行為や相互行為，またその結果としての社会現象は，既に行為者による事前の解釈を経ているのである．そのような事前に解釈された行為や相互行為を，社会研究者はもう一度，自分の信念体系によって解釈するのである．社会研究はこの意味で解釈が2重に加えられるものである．しかしギデンズのいう二重の解釈学の二重性はこれにとどまらない．社会研究者が行なった解釈の結果として生み出される知見が，今度は実践家たち（社会システムの構成員たち）に伝達され，再び彼（女）らの解釈を経ることになる．彼（女）らの解釈を経たこれらの知見は彼（女）らの知識となり，彼（女）らが自らの行為や相互行為を組み立てる際に用いられ，社会現象を生成し，それらが再び社会研究者によって解釈されていく，というプロセスを経るのである．

　本節と次節では，筆者はこの Giddens の議論を更に具体的にもう一歩進める議論を展開する．すなわち，この二重の解釈学のプロセスが社会における経験的規則性を消滅させる条件とは何であり，消滅させない条件とは何であるのかを特定化するのである．これらの条件を特定化する上で，ここではエルスターやブードンの議論に見られる思考法を活用する (Elster, 1983 ; 1989 ; Boudon, 1981 ; 1982 ; 1986)．彼らは，社会研究において妥当な説明の論理構成とはいかなるものであるのかを明らかにするために，基礎的な

ゲーム理論の概念と用具を利用している．このようなゲーム理論の概念と用具を用いた議論の展開を，以下では二重の解釈学の文脈の中で行なうのである．すなわち，どのようなゲームの構造あるいは条件の下で，二重の解釈学が経験的規則性を消滅させ，どのようなゲームの構造・条件の下では消滅させないのかを明らかにするのである．

　まずとりあえず，ゲームのプレーヤーたちがゲームのルールも利得行列も知っているものと仮定して議論を進める．すべての財の価格を知っているというほど強い条件ではないが，以下の文脈では十分に合理的な個人を想定していると考えられる．だがわれわれの結論を得る上で，実はこの仮定は不利に働くものである．このような仮定を置いて，議論の基本構造を簡略化して本質的な問題を整理する作業を先に行ない，この仮定を外す作業は次節のテーマとして後回しにしておこう．人間に反省能力が備わっているかぎり，ゲームの条件を知っているという条件が存在しない場合には研究者にとってもっと困難な問題が生じることが，次節で明らかになるであろう．

## (2)　支配均衡が存在する場合——囚人のジレンマ・ゲーム——

　支配均衡が存在する場合の典型例として，囚人のジレンマ・ゲーム (Prisoner's Dilemma) を思い浮かべよう．より具体的なイメージを抱きやすいように，次のような仮設的な状況を考えてみることにしよう．ある産業に2つの企業，A社とB社が存在していると考えよう．それぞれが直面している選択肢は，自ら研究開発に大量の資源を投入して新製品をすぐに開発するか，もしくは製品系列をとりあえず現状のまま維持するか，という2つであるとしよう．またこの産業は成熟しきっていて，両者がどちらの選択肢を採ろうとも，市場規模は変わらないとしておこう．このような条件のもとで，それぞれの選択肢の組み合せに基づいて，A社とB社が互いに共謀することなく自社の利潤を最大化するゲームを行なっていると考えよう．

　さらにこのゲームの下でそれぞれの企業の選択肢の組み合せに対応する利得は次のように考えられるとしよう．一方が新製品を開発し，他方が現状維持しようとすると，新製品を開発した企業は市場シェアを大幅に高め，研究開発投資を回収してもあまりあるほどの利潤を獲得できる．逆に現状維持を

### 図4-2　囚人のジレンマ

企業Bの戦略

|  | 現状維持 | 新製品開発 |
|---|---|---|
| 企業Aの戦略　現状維持 | 2<br>(30, 30) | 4<br>(5, 50) |
| 企業Aの戦略　新製品開発 | 1<br>(50, 5) | 3<br>(10, 10) |

選んだ企業は市場シェアを奪われ，損失を被る．だが，両方の企業が共に新製品開発を行なうと，お互いに研究開発費を出費するだけでシェアの変動はない．これよりはむしろ，両方ともに現状維持を選択すれば，やはりシェアの変動はないけれども，両者ともに研究開発費を投入しない分だけ望ましい結果が得られる．

このような設定下の利得行列と，一方の企業（A社）の選好順序を記したものが図4-2である．B社が現状維持を選択するのであれば，A社は自分だけ新製品開発を行なうことでシェアを高めることができる．B社が新製品開発を行なうのだとしても，A社はやはりシェアを奪われないためにも新製品開発を行なう方を選好する．その結果，B社がどちらを選択しようとも，A社は常に新製品開発を行なうことになる．B社も常に新製品開発を選択することになることが同様の論理で明らかである．したがって，この産業では両者ともに新製品開発を行なって，しかもシェア変動が生じないという状態に落ち着くことになる．

以上のように，このゲームの条件の下では，他の企業がどのような戦略を選択しようとも，常に一方の戦略（新製品開発）が他方の戦略（現状維持）を支配している．そのため，このようなゲームの条件が与えられている限り，合理的な企業は常に同じ戦略を採ることになるはずである[67]．つまり，今

回の新製品開発競争ばかりでなく,同一の条件の下であれば,次の新製品開発の機会にも両者ともに同じ戦略を選択し,同じ結果を得ることになるはずである.

この仮設的なゲーム状況を構成するさまざまな条件をマクロ変数の諸次元だと考えれば,上の考察から引き出されるインプリケーションは明らかであろう.つまり,この特定のマクロ変数(ゲームの条件)の下では企業にとって最適な選択肢を見いだすことができ,しかもこのマクロ変数を変えない限り,たとえその法則をプレーヤーたちが知ったとしても,そのマクロ変数の下では常に同一の「行為」が遂行され,同一の市場成果が観察されるはずである.社会現象がこのようなゲームの構造をもっている場合には,不変の法則の発見に期待ができ,メカニズムの解明努力をせずにカヴァー法則モデルに基づいてその不変の法則の認識へと到達できるはずである[68].

### (3) 支配均衡の存在しない場合① ── チキン・ゲーム ──

だが,ゲームの条件を少し修正すれば,このような不変のカヴァー法則が成り立たない状況をつくることができる.たとえば,両社が共に新製品開発に踏み切ったときの利得をマイナスにしてみればよい.新製品開発に必要な研究開発投資が非常に大きく,両者が共に新製品開発を行なってシェア変動がないのであれば,かえって両企業とも損失を被る場合を想定しよう.この場合の利得行列とA社にとっての選好順序が図4-3に描かれている.

このチキン・ゲーム(Chicken Game)と呼ばれているゲームの場合には,相手企業が現状維持しようとしているならば,自社は新製品を開発して相手企業からシェアを奪う方が望ましいが,相手企業が新製品開発をしようとしているのであれば,逆に現状維持に回った方が望ましいことになる.つまり,このゲームでは相手の採る行動と逆の行動を採るのが最適であり,支配的な

---

(67) われわれが通常は「行為を選択する」という言葉で意味することを,ゲーム論では「戦略を選択する」という言葉で表現している.行為と戦略が同義語になってしまうのは奇妙であるが,慣例に従っておく.

(68) 経済学者たちが,主体均衡と市場均衡,情報均衡などの均衡概念を武器にさまざまな社会現象にアプローチしている理由のひとつは,これらの均衡概念が成立している状況下では不変の法則を確立しやすいからだと思われる.

## 図4-3 チキン・ゲーム

企業Bの戦略

|  | 現状維持 | 新製品開発 |
|---|---|---|
| 企業Aの戦略　現状維持 | 2<br>(30, 30) | 3<br>(5, 50) |
| 企業Aの戦略　新製品開発 | 1<br>(50, 5) | 4<br>(−5, −5) |

戦略は存在しない.

　このゲームの場合には，マクロ変数のみで個々の企業の「行為」を決定論的に規定しつくすことはできない．そのマクロ変数の下で，他企業がどのような戦略を選択するのかという点について各企業が抱く〈読み〉が重要な役割を果たすのである．企業の外側にある条件ばかりでなく，企業の内部の実践家たちがもつ知識や信念次第で，マクロ変数と企業行動との対応関係が変わってしまうのである．

　このゲームの下で不変のカヴァー法則を見いだすためには，マクロ変数（ゲームの条件）以外に，企業の形成する〈読み〉を決定論的に規定する変数を見いださなければならない．すなわち，ある条件の下では，企業は特定の〈読み〉を生成する，という「法則」を付加的に見いだす必要がある．だが，実践家が単純な刺激反応パターンを繰り返すだけの機械ではなく，相手の〈読み〉を〈読んだ〉り，自分の過去の意思決定パターンを振り返って反省する能力をもつかぎり，〈読み〉の生成に関する不変の法則を見いだすことは不可能である．

　実践家の生成する〈読み〉が，当人たちは意識していないのに，何らかのマクロ変数によって決定論的に規定されている場合をまず仮定してみよう．たとえば「技術が成熟している場合には，企業は新製品開発に消極的な傾向

を示す」というような「法則」を考え，先ほどのチキン・ゲームの仮設例に技術が成熟しているという条件を付加してみよう．この「法則」が発見され，発表されて，実践家たちに意識されるようになった結果，A社はこの「法則」に基づいて，B社は新製品開発に消極的である，と〈読んだ〉としよう．この場合，A社は新製品開発を行なうことに決定するであろう．B社も同様にして新製品開発に取り組むことになるはずである．したがってこの場合，当初の「法則」は自己破壊的な予言（self-defeating prophecy）になってしまう．

さらに，たとえばB社が次のように，もう一歩先まで〈読んでいる〉と考えてみよう．「A社は当社（B社）が新製品開発をしないと考えて，新製品開発に踏み切るだろう．それならば，当社（B社）は現状維持をしている方がよい．いやまて，A社も当社（B社）と同じように考えているならば，やはり現状維持をするだろう．それならば当社（B社）は新製品開発を行なった方がよい．」このような相手の〈読み〉のプロセスを〈読む〉作業は果てしなく続けることができ，結局，当初は〈読み〉を規定すると思われたマクロ変数も，公表されて人々に意識化されると，企業行動を決定論的に規定する上で役に立たないことが明らかになる．支配的な戦略が存在しないゲームの場合には，マクロ現象が企業行動を規定しているという側面よりも，実践家たちの〈読み〉とか意識（consciousness），意図（intention），信念（belief）といった行為主体の側の要因がマクロ現象の推移を規定しているという色彩が強いのである．

自社の行為選択に他社の行為の〈読み〉が影響を及ぼすことは次の2つの点で重要な問題を経営学に提出する．まず第1に，この〈読み〉が行為選択プロセスに入り込むことによって，外部からの観察をいかに大量に行なってもマクロ現象の説明を行なうには十分ではなくなる．特定の産業特性の下で特定の企業行動が観察され，さらに特定の市場成果が観察されたとしても，産業特性だけでは，その企業行動と市場成果を説明することはできない．すなわち，カヴァー法則モデルが因果法則の確定ばかりでなく，事象の推移の記述としても完全なものではないということになるのである．特定の産業特性の下で，個々の企業がどのような知識に基づいて，どのような信念をもち，

どのような〈読み〉を生成したのかをその事例ごとに明らかにしないかぎり，マクロ現象の説明にはならなくなる．つまり外部からの現象の観察と同時に，その現象を生み出した行為主体の思考経路を解釈し，〈了解〉する必要が出てくるのである．2つの変数の間を結びつけるメカニズムを，より詳細な変数システムへと分解していったとしても，〈意図〉を〈了解〉する作業を行なわない限り，常に不安定なブラックボックスが残されてしまうのである．

　意図の上では合理的な行為の選択に〈読み〉が影響を及ぼすことの，2つめの，そしてより深刻なインプリケーションは，社会現象の予測が原理的に困難であるという点である．他企業がどのような行為を遂行するのかという〈読み〉の内容自体を条件に含めれば法則が成立するではないか，という反論があり得るだろう．たしかにこの〈読み〉の内容まで含めた知見には理論的に意味があるとわれわれも考えている．だが，それをここで論じている不変の法則と同じ認識論上の地位をもつ法則だと考えることは難しい．この知見を用いて将来予測を行なうためには，ゲームの機会ごとにそれぞれの実践家が相手企業の行為をどのように〈読んでいる〉のかをその都度調査しなければならない．調査の結果自体を公表すれば将来予測が変化してしまう可能性があることは当然として，さらにその調査自体によって〈読み〉が変わったり，調査時点と実行時点に思考する時間が存在するだけで予測が厳密なものではなくなってしまう．このような「法則」や「予測」が，原子や分子の安定的な特性に基づいた法則や予測とは性質が異なることは明らかであろう．

　さらに，〈読み〉の生成パターンに関して何らかの「法則」を経営学者が見いだしたとしても，その「法則」は企業行動や環境を予測したり，企業環境に適応したり，それをコントロールしたりするのには必ずしも役立つとは言えないことも付け加えておこう．ある一時点で，産業特性と実践家の〈読み〉の生成パターンと企業行動との間の関係が明らかになったとしよう．この3つの変数を結びつけた「法則」を誰か一人だけが持っていて，他の人々が保有していないのであれば，その「法則」はその人1人にとっては法則として役立つに違いない．しかし，この「法則」をひとたび公表してしまえば，その「法則」を知った企業は知識と信念体系を変革してしまう．その信念体系の変革が予測できるパターンをとらないかぎり，社会現象の予測は不可能

である．しかし単純な刺激－反応パターンを繰り返すだけの機械ならばともかく，反省的に思考する能力が人間に備わっているかぎり，信念体系の変化に関する不変の法則は成立しない[69]．

たとえば多数の産業を調査して〈技術が成熟した環境下では，企業は新製品開発に消極的になる傾向がある〉という経験則をコンサルタントなどが見つけだしたとしよう．この「法則」をコンサルタントなどが一方の会社だけに教え，他方の会社には秘密にしておくならば，この法則を知っている方の企業にとっては相手企業の行動を正確に予測することが可能になるだろう．しかし，この「法則」がどれだけ安定的であるのかは疑わしい．というのも，この企業の行動パターンを見ながら，もう一方の企業は〈読み〉の生成パターンを変える可能性があるからである．また，コンサルタントはこのような「法則」を自分とクライアントだけの秘密にしておくことができるだろうが，学問としての経営学を職業とする研究者は知見の公表をミッションとしている．そのため，経営学者がもしもこのような「不変の法則」の発見を追求するのであれば，少なくともチキン・ゲームの状況下では，自ら発見した「不変の法則」を発表することによって，それを不変でないものに変えるという矛盾した活動に従事してしまうことになる．

(4) 支配均衡の存在しない場合②──調整ゲーム[70]──

チキン・ゲームの状況よりも，経営学の経験的な研究を行なう者にとって更に厄介な，調整ゲーム(Co-ordination Game)と呼ばれるゲームの構造を検討しておこう．たとえばVHSから8ミリビデオへ移行する場合のように規格の変更を含むような新製品開発をイメージして頂きたい．両方の企業が

---

(69) 信念体系の変化パターンを予測できる「法則」が見つかったと仮定してみよう．この「法則」を利用して，他社の〈読み〉の生成パターンを予測し，その予測された〈読み〉の下で展開される行為を予測する，という2段階の予測活動が行なわれていると考えよう．この場合，実践家がこの「法則」を意識的に利用できるのであれば，最初に言及した「法則」は成立しなくなる．もし，その「法則」が示しているものが，意識しても自分では変えられないような信念体系変化パターンであれば，そのような法則の発見は，やはり〈実践的に役に立つ経営学〉にとっては無用である．

(70) 本章では調整ゲームを採り上げたが，Elster (1983)が採り上げている同様のゲームは保証ゲーム（Assurance Game）と呼ばれている．

## 図4-4　調整ゲーム

|  | 企業Bの戦略 | |
|---|---|---|
|  | 現状維持 | 新規格製品開発 |
| 企業Aの戦略　現状維持 | 1<br>(30, 30) | 4<br>(5, 15) |
| 企業Aの戦略　新規格製品開発 | 3<br>(15, 5) | 1<br>(30, 30) |

同時に新規格の製品開発を進めるならば，市場開拓や新技術開発のコストを両者が負担しあえる．しかも前の2例のゲームとは異なり，新規格の製品によって市場が拡大するため，両者が共に新規格製品の開発に取り組んだときの利得は，共に現状維持したときの利得と同じ水準になると仮定しておこう．

しかし，一方の企業のみが新しい規格の新製品を開発し，もう一方の企業が現在の規格を維持する場合，市場開拓と技術開発のコストを単独で負担しなければならない．一方が新規格を開発し，もう一方が旧規格に固執するのであれば，新規格を開発した企業が徐々に市場シェアを高めていく．だが，囚人のジレンマ・ゲームの状況とは異なり，市場シェアの増加が実現するまでの時間が長く，しかも市場開発と技術開発のコストが高いために，2社ともに現状維持である場合の利得よりも，1社だけが新しい規格の製品を導入した場合の利得の方が小さいと考えることにしよう．

この仮設例の利得行列とA社の選好順序が図4-4に描かれている．この図に描かれているように，このゲームでは相手企業が現状維持するのであれば，自社も現状維持し，相手企業が新規格の製品開発を行うのであれば自社も新規格の製品開発を行なうのが合理的である．チキン・ゲームの場合と同様に支配的な戦略がこのゲームには存在せず，両社がそれぞれどちらの戦略を採るのかは，互いに相手企業がどちらの戦略を採るのかということについ

ての〈読み〉に依存することになる．チキン・ゲームの場合と異なるのは，チキン・ゲームのときには相手と異なる戦略を採るのが双方にとって合理的だったのに対して，この調整ゲームでは相手と同じ戦略を採用するのが双方にとって合理的だという点である．

　支配的な戦略が存在しないのだから，個々の企業が遂行するべき行為は，マクロ変数(ゲームの諸条件)によって規定されるというよりも，そのマクロ変数の下で他の企業がどのような行為を遂行するかという〈読み〉に依存して変わる．チキン・ゲームの場合と同様に，人間に反省能力が備わっている限り〈読み〉を規定するマクロ変数を見いだそうと試みても無駄なはずである．ところが，この調整ゲームの場合に，もし法則定立的な実証研究の発見した規則性によって実践的にも有用な法則が確立されるという認識論的立場が実践家と経営学者の間に共有されている(経営学者の言うことを信用するという条件を含む)と，あたかも法則が発見されたかのような状況を呈する．

　たとえば，経営学者がある産業に注目して実践家たちの意識調査をして，「ほとんどの経営者が次々と新規格の製品開発を行なうことに積極的であった」という調査結果を発表したとしよう．またこの経営学者は非常に単純なミスを犯していて，本当に経営者が答えたのはこの逆，すなわち「ほとんどの経営者は新規格の製品開発に消極的であった」というものだったとしよう．本来の意識調査の結果が逆であったにもかかわらず，経営者たちが経営学者の調査結果を信じるならば，新規格の製品開発を行なうことになるはずである．その結果，経営学者の調査結果が現実によって裏付けられることになる．本来は，その逆をすべての経営者が答えていたにもかかわらずである．

　上で考察したのはやや極端な例ではある．しかし，このゲームの条件の下で，しかも〈実践的に役に立つ経営学〉という見解が共有されていると，経営学者は自分の調査結果によって現象のパターンを創り出してしまい，しかもその創り出された現象のパターンによって自分の仮説の正しさを確認し，自分の研究方法論の正しさを確認するという事態が生じうる[71]．これは，真摯な実証研究を行なっていこうとしている研究者が直面する経験的研究の

---

(71) これとはタイプが異なるが，厳密な経験的研究がもたらす意図せざる結果については既にアージリスが1968年の時点で指摘している．

罠である．

## 5．経営学の実証研究が抱える問題
　　　　──ゲームの構造が分らない場合──

　これまでの議論では，実践家たちが自分たちの直面しているゲームのタイプとそれぞれの選択肢の組み合わせに対応する利得について知っている状況を想定してきた．これは，その「法則」の発見と公表とによって，その「法則」自体が変わるか否かを判断するためであった．

　しかし現実には，このような利得と戦略との結びつきが分かっていないことがしばしばである．そのため，どの状況の下で，どの戦略を採ったならば，どのような利得が得られるのかを明らかにすることが経営学の役割ではないかという，やや上記の議論を誤解した疑問が提出される可能性がある．それ故，こういった立場に立って法則定立を目指す作業が直面する問題について考察を加えておこう．すなわち，ゲームの条件が分っていない状況の下で法則定立的な実証研究がどのような問題を抱えているのかを明らかにするのである．実は，ゲームの全体的な構造が分っていないときに，具体的な事実の観察から成果の差を見いだしていく作業が，実践的に役に立つ不変の法則を生み出すためには，まだ知られていないゲームの全体的な構造が，囚人のジレンマ・ゲームの場合と同様に支配均衡をもっていなくてはならない，ということを明らかにするのである．

　実践家たちが，戦略の選択肢とそれぞれに対応する利得とを知らない状況を想定しよう．このような状況下では，通常は観察者もまたそれを知らない．それ故，観察者は実際に観察される戦略と，やはりまた実際に観察される利得とを経験的に調査することになるはずである．いま仮に戦略の選択肢が2つ存在し，実践家たちが選択肢と利得との間の関係について何も分かっていない状況を考えよう．実践家が意識していない行動であるから，2つの選択肢が実際に選択される確率は2分の1ずつである，と考えてもよいだろう．このとき，パラメトリックな検定が可能な程度に十分に企業数が多ければ，何度観察を繰り返しても，潜在的にあり得るすべてのゲームの結果を観察で

きないことは明らかであろう．どの実践家も意識的に一方の選択肢と他方の選択肢の選択を行なっているわけではないのだから，たとえばすべての企業が一方の選択肢を選択しているとか，1社を除いて他の企業がすべて一方の選択肢を選んでいる，といった状況を現実に観察することはほぼ不可能であろう．2つの戦略が50パーセントずつの比率で混在している場合の各社の利得しか観察できないはずである．もちろん，そもそも単一の戦略しか観察できないのであるとすれば，その戦略をモデルに変数として取り込んでも，少なくとも高業績グループと低業績グループを判別する上で役立つことはない．

　この観察の結果，たとえば(イ)この産業では全体の50パーセントの企業が新製品開発に積極的に取り組んできており，残りは現状維持をしてきていること，また(ロ)新製品開発に積極的な企業は消極的な企業よりも平均的に高い利潤を獲得していることが明らかになったとしよう[72]．この戦略をどの産業の実践家たちも意識的にとっているものでないとすれば，おそらく何度観察を繰り返しても，どの産業を観察しても，同じ結果を観察することができるであろう．しかし一般的な統計的推定や検定を行なうのに十分なほどの企業数が存在するのであれば，何度観察を繰り返したとしても，潜在的に存在しうる戦略の混在比率をすべて観察することはできない[73]．それにもかかわらず，この調査結果は何度追試を繰り返しても得られるので，支配的な戦略の存在するゲームに見られる不変の法則が発見されたと考えられたとしても不思議ではない．

　この知見が各社の行為とは独立した不変の法則だと実践家たちが信じたとすれば，どのような事態が発生するのであろうか．たとえばこの戦略と利得との関係が，囚人のジレンマ・ゲームの一部を構成するのではなく，チキン・ゲームの一部を構成していたと考えてみよう．実践家たちの行動は，あたかも支配均衡の存在するゲームの下で合理的であるようなものになるだろ

---

[72]　実際にはこのような明確な調査結果を入手するだけでも非常に難しい．経営成果や新製品開発に関する積極性をどのように測定するのかとか，他にどのような変数をコントロールするのか，など非常に困難な問題が山積みされている．

[73]　企業が選択肢の選択という行為以外の他の点ですべて同質的であると仮定すれば，あり得る組み合わせは $n+1$ 通り，すべてが異質であると仮定すれば $2^n$ 通りの状態がある．

う．つまり，他社が何をするかを考えずに，自分だけは少なくとも新製品開発を行なうという行動を採るであろう．だが，もしチキン・ゲームの構造をもっているのであれば，新製品開発に積極的な企業の平均的な経営成果が高いのは，現状維持派の企業が存在するからである．すべての企業が新製品開発に踏み切れば，すべての企業が業績を悪化させてしまう．もともと新製品開発に積極的だった企業の利得が低下するばかりでなく，消極的だった企業の利得も低下するのである．

戦略の選択肢にどのような利得が結び付いているのかが分っていないような状況下では，あり得る戦略の混在比率のすべて（これまでの図では4つのセルのすべて）を通常は観察できない．このときに，観察された結果から戦略と利得との結び付きを明らかにしていく作業が，不変の法則を確立できるか否かは，やはりその背後に存在するゲームの構造に依存しているのである．

支配均衡の存在しないゲームの場合には，不変の法則を追究しようという研究活動は原理的に困難な問題に直面する．囚人のジレンマのように支配均衡が存在するゲーム状況を備えている現象であれば，不変の法則の発見に期待がもてる．しかしチキン・ゲームや調整ゲームの場合には，不変の法則を経験的規則性の確認を通じて確立することはできないのである．

しかも，3種類のゲームの仮設例を説明した部分から間接的に分かるように，ゲームの条件を構成している要素は所与のものでも，不変のものでもない．たとえば新規格の新製品開発を行なって市場が広がるか否かは，その時の消費者の行為に依存している．説明の便宜上簡略化しておいた様々な条件の多くが，実は人々の行為に依存しているものであって，固定的な条件ではない．さらにその上，本章の最初に仮定していた3つの条件（変数の統制や測定，状況の定義の一致）など，法則定立的アプローチにとっては非常に理想的な状況の下において，これまでの議論が進められてきたことも考慮しなければならない．それ故，過去の事実を丹念に調査してゲームの構造がどのようなものだったのかを明らかにできるとしても，将来に向かって具体的にどうすればよいのかを教えてくれる法則の発見・確立が可能な状況は，存在しないとはいえないまでも，非常に限られたものであることは比較的明確になったものと思われる．

以上の考察の結果としてわれわれが到達した結論を3点ほど暫定的に述べておこう．

①社会現象において不変の法則が存在する条件は極めて限られたものである．それ故，不変の法則を追究し，その基礎の上に立って社会現象を解明できる可能性も同様に限られているはずである．社会現象において，不変の法則が支配的な役割を果しているとは言えないのである．
②社会現象において不変の法則が支配的な役割を演じていると主張することが困難なのであるから，カヴァー法則モデルに基づいた研究努力が到達する知見とメカニズム解明モデルに基づいたそれが到達する知見とが同一のものになり，したがってカヴァー法則モデルに基づいた研究によってメカニズム解明努力が不要になる，という主張は維持不可能である．カヴァー法則モデルによって獲得された変数システムの記述は，常にメカニズム解明モデルに基づいた行為システムの記述によって補完されないかぎり，記述として不完全である．
③カヴァー法則モデルとメカニズム解明モデルが共に目指している法則定立という目的は，極めて達成困難であり，これらのモデルに基づいてこれまで行なわれてきた研究が生み出した成果のほとんどは法則ではないと判断するべきである．

## 6．社会現象における規則性

われわれは，法則定立的アプローチの存在論的仮定と認識論的仮定には問題があると主張しているのであって，法則定立的アプローチに基づいて達成された研究成果の価値を全面的に否定しているわけではない．実際，かつて組織論に見られたメカニズム解明モデルは，法則定立的であるという点で問題を抱えているものの，〈意図〉や信念などを〈了解〉して，メカニズムを解明するという作業を行なっていた点では，理論的に意義深い研究成果であった，とわれわれは評価している．彼らが行なっていた作業は，法則定立には貢献しないけれども，その作業が社会研究にとっては不可欠の要素だっ

たというのがわれわれの立場である．

　法則定立的なアプローチが結果としてもたらした知見の価値をわれわれは否定していない，という点を明らかにするためには，社会現象において安定性が観察できないわけではないとわれわれが考えている，という点を強調する必要があるだろう．われわれは，社会現象には安定性とか規則性を観察することができないと主張しているのではない．またそのような規則的なパターンを注意深い作業を通じて多数の集団にわたって見いだすような計量的研究に意味がないと主張しているのでもない．否，本来異質なはずの多様な集団にわたって繰返し類似のパターンが見られることはしばしばあるとわれわれは考えているし，そのパターンを明らかにする作業は，それ自体で社会科学者の興味をそそる魅惑的な謎を提供しているが故に，価値のある作業だとわれわれは思っている．本書が特に強調しているのは，この社会現象の安定性や規則性が法則の地位を占めることができないということである．

　実際，上で議論してきたチキン・ゲームや調整ゲームと同じ構造をもつ社会現象においても，繰返し同じ結果を観察することもあるだろう．だが，もしこのようなゲームの下で安定性とか規則性を観察できたとするならば，その根本にあるものは実践家の意図や意識，信念，常識などといった行為主体の側の安定性であって，人間の行為とは独立した不変のカヴァー法則ではない．たとえば「技術革新に積極的な企業が高い利潤を享受できる」というような，ある時間と空間において社会メンバーに共有された信念あるいは知識が存在するために，マクロ条件そのものが支配均衡を特定化できない場合にも，安定性や規則性が創発するのである．

　この点について整理しておくために，本章がこれまでに議論してきた経験的規則性と法則の関係を図4-5にまとめてある．この図に沿って左側から様々な立場を追っておこう．

　まず第1の分岐点として，経験的な規則性が観察可能か否かという立場の相違があり得る．われわれは，これが観察不可能だという立場はとらない．その理由は，次のように述べることができる．まず，経験的規則性が観察不可能であるという立場に到達するためには，次の2つの仮定のいずれかを置く必要がある．

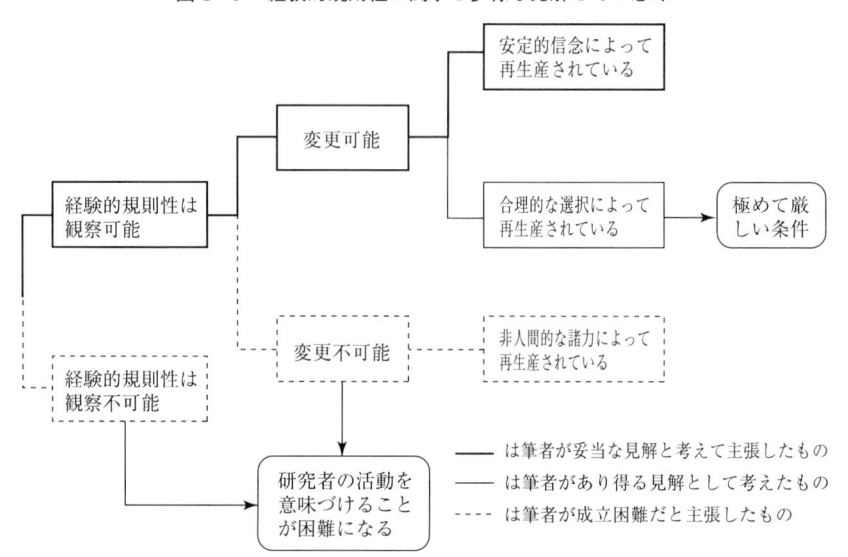

図4-5 経験的規則性に関する多様な見解とその意味

```
                              ┌─ 安定的信念によって
                              │  再生産されている
                   ┌─ 変更可能 ─┤
                   │          │  合理的な選択によって    ┌─極めて厳─┐
経験的規則性は ──┤          └─ 再生産されている ────→│ しい条件 │
観察可能          │                                    └─────────┘
                   │          ┌─ 変更不可能 ┐   ┌─ 非人間的な諸力によって
                   └──────────┤            ├───┤  再生産されている
                              └────────────┘   └─────────
                                    │
                                    ↓
経験的規則性は ──────────→ 研究者の活動を
観察不可能                  意味づけること
                            が困難になる
```

――― は筆者が妥当な見解と考えて主張したもの
――― は筆者があり得る見解として考えたもの
- - - は筆者が成立困難だと主張したもの

① 人間の間主観的（intersubjective）な認識が一致しない．もし神の視点から見れば「同一」の経験的事象であるとしても，人々の間では同一の経験的事象であるというコンセンサスが成立せず，また同一個人でも異なる時点では異なる認識をもつこともある．それ故，主として人間の主観の問題から，経験的規則性は観察できない．
② 間主観的な認識は一致しているのだけれども，同一ではない経験的事象の継起しか実際に存在しない．

前者，すなわち間主観的に一致した認識が成立しないケースは，たしかに，頻繁に観察されるようにも思われる．しかし，少なくとも，〈間主観的な合意がなかなか成立しない状況が存在する〉という，それ自体ひとつの社会的な事象に関しては，一歩下がって間主観的な合意が成立する可能性がある．さらに，すべての社会的事実について間主観的な認識が成立しないという主張を行なうことは難しい．ある企業が2度目の不渡り手形を出したとか，1945年に第2次世界大戦が終結した，といった社会的事実とその言葉遣いに

第4章　経営学における不変法則確立の可能性　127

ついては合意が成り立っているように思われる．そもそも，こういった社会的事実の間主観的な認識が一切成立しないのであるとすれば，社会は成立していないことになり，それを対象とする社会研究も成立していないことになってしまう．認識が不一致の点も存在するだろうが，おおよその点では合意が成立している状況も多々存在すると仮定しなければ，社会研究を行なう意味，とりわけその研究成果を公表するという活動の意味を見いだすことが不可能になってしまう．

　後者，すなわち②間主観的認識は成立するものの，その事象そのものが繰り返し現われることはない，という主張についても，やはり程度問題だと考えるべきであろう．個々の事象はたしかに固有の特性を備えているものの，同時に共通の特性もまた備えているという考え方をとらなければ，社会的な事象に関する学問的な議論は成立しにくい．もし社会的な事象がまったくそれぞれにユニークなのだとすれば，これまでに経験的研究が見いだしてきたパターンをすべて錯覚であると考えなければならないことになる．これらがすべて錯覚であったと主張する見解自体も，やはり〈社会研究という名の社会的事象〉に関する見解である．それ故，長期的には，この見解もまた錯覚であると評価される可能性が残されている．経験的な規則性を意識することによって，その規則性自体が消え去る可能性を認めたとしても，それが意識化されていない社会集団については，その規則性が観察される可能性は十分に残されている．重要なことは，その共通の特性とか規則性といったものの背後に存在するのが，法則ではないと考えることであって，規則性そのものが観察可能ではないと考えることではないのである[74]．

　経験的規則性に関する立場の第2の分岐点は，経験的規則性が観察可能で

---

(74) それならば，不変のカヴァー法則についても程度問題で成立すると考えられるではないか，という批判もあり得よう．しかし，不変のカヴァー法則を見いだすという作業においては，「予測」に重要な意味がある．この「予測」は素人の直観的な「予測」を上回る精度で，しかも当たったか外れたかが明確になるように特定的でなければならない．その特定性を否定するのであれば，やはり不変のカヴァー法則に基づいた学問観は崩壊せざるを得ない．ところが本書の立場では，この「予測」の厳密性も特定性も社会研究の目指すべき方向ではない，というものである．それ故，程度問題としていくつかの難問を処理したからといって，カヴァー法則モデルを原理的に承認することは，やはりできないのである．

あることを認めた上で，その規則性が変更可能か否かという点に関して出現する．既に本章で述べたように，経験的規則性を変更することができないという主張を展開していくならば，最終的に人間には選択するという行為の主体性が備わっていないということを認めざるを得なくなる．社会研究者もまたひとりの人間であることを考えると，経験的規則性を変更することができないのだとすれば，やはり社会研究者の活動も何らかの非人格的な法則に支配されていることになる．この場合には，社会研究は単なる運命論を述べるだけの言説になってしまうので，社会研究が人類社会にとって意義のあるものだと主張することは困難になる．

規則性が観察可能であり，しかも変更可能だという立場を認めた上で，基本的にはその規則性が合理的な選択の結果として再生産されているのか，それとも安定的な信念によって再生産されているのかという2つの場合があり得る，というのが本章前半の基本的な議論である．これが3番目の分岐点である．一部の社会研究の領域では，安定的な信念によって経験的規則性が再生産されていようと，合理的な選択によって再生産されていようと，経験的規則性が観察可能なかぎりにおいて，自然科学の法則定立的な研究評価規準が有効であると主張できる分野も存在するのかも知れない．しかし，少なくとも経営学のような領域では，安定的な信念を研究成果の公表を通じて再編成してしまうような「二重の解釈学」的なプロセスが生起しやすいので，信念の長期にわたる安定性を仮定することは難しい．それ故，少なくとも経営学の領域では，合理的な選択によって再生産されているという場合以外には経験的規則性がその公表後にも存続するということは主張できない．しかるに，この合理的な選択による再生産というのは，カヴァー法則モデルに有利な条件を与えた上でも，支配均衡の存在，あるいはそれに近い条件が存在していなければメカニズム解明モデルによって追認することができない．すなわち，このような条件を満たす経験的規則性を，経験的な研究作業を通じて確定していくという作業が所期の目的を達成することは際だって困難なのである．それ故，カヴァー法則モデルが社会研究において妥当でありかつ十分なモデルであると主張することは際だって困難なのである．

社会に関する研究が，人々に共有されている信念や常識に何ら影響を及ぼ

さないのであれば，法則を確立することもできるかも知れない．しかし，少なくとも現在の民主的な社会において，社会研究から得られた知見（それが真であろうが，偽であろうが）が狭いサークル内で秘匿されるということは考えられない．特に経営学の研究は，高度に知的な経営の実践家を対象として調査を行ない，彼らが関与している現象について何らかの言明を公表している．経営学者の獲得した知見を実践家たちが即座に完全に信用することはないにしても，長期的には何らかの形（賛成でも反対でもよい）で彼らの信念形成に多少なりともインパクトを与えてしまうだろう．経営学者の獲得した知見が何らかの形で実践家に伝わり，また人間に反省能力が備わっているかぎり，われわれが何らかの規則性を発見したとしても，その規則性は条件部分を操作することで帰結部分を変えるという本来の法則ではなく，その「法則」そのものが変わることで現象の立ち現われ方が変わるという不安定な規則性なのである．

## 7．要約

本章の議論を簡単にまとめるならば，次のようになるであろう．

① 不変のカヴァー法則が成立するか否かという問題は，第3変数のコントロールが完全に行なわれている等々の仮定の下では，マクロ変数間の関係が安定的であるか否かということと同じ問題に帰着できる．一旦このように問題を設定した上で，不変のカヴァー法則が成立しているかのように見える状況をメカニズム解明モデルに基づいて追認できるか否かを検討することが本章の基本的な課題である．両者が到達する見解が一致するのは，不変の法則が存在すると考えても良い場合のみであり，両者が一致しないことを確認することで，不変法則確立が困難であることを本章では主張する．

② マクロ変数間の関係が生成するためには，少なくとも行為主体の行為が存在しなければならない．ここでは，その行為主体が合理的であるか否かを問う必要はない．行為主体が行為するのでなければマクロな変数も生成しない，と仮定するだけで十分である．

③このとき，マクロ変数間の関係が安定的であるためには，少なくとも先行するマクロ変数の下で行為主体の合理的な行為が繰り返される，という条件が必要になる．それ以外の条件でも，マクロ変数間の関係の安定性を再現することは可能であるが，その場合には社会研究に意義があることを主張することが非常に困難になる．

④経営の実践家が反省的な意識をもつという仮定を置いて，経営学者と実践家との「二重の解釈学的なプロセス」を検討すると，あるマクロ変数の下で，他の行為主体の行為選択にかかわりなく，ただ1つの合理的な行為が選択されるという条件は，ナッシュ均衡ではなく，支配均衡が成立する条件に近似できる．ナッシュ均衡を得ることよりも，支配均衡が成立する条件は遙かに厳しい．簡便のために置かれていた他の諸仮定を含めて総合的に判断するかぎり，不変の法則を確立することは，ほぼ不可能である，と判断せざるを得ない．

⑤社会における安定性・規則性は，カヴァー法則によって生成されていると考えるよりも，行為者たちの信念の安定性に支えられているものとして理解するべきである．信念の安定性を基礎に置いた社会現象の安定性を把握するためにはカヴァー法則モデルは妥当ではないか，少なくとも十分ではない．

# 第5章

## 行為システム記述の復権に向かって
——〈読み〉の解釈と時間展開を伴う合成——

### 1. 行為システム記述の復権

　社会研究，とりわけ経営学の領域において，不変の法則を確立できる可能性は限られたものでしかない．①経験的世界における変数の統制が理想的に行なわれており，②経験的尺度が精確に構成概念を測定しており，③社会的事実に関する社会メンバー間の認知上の対立が存在しないなど，法則の定立にとっては著しく理想的な状態を想定した場合でも，不変の法則を確立できるのは，支配均衡の存在という条件に近似可能な，非常に厳しい条件の下においてのみである．たとえば複数のナッシュ均衡が存在するような場合に社会現象に安定的な規則性を確認できたとしても，その規則性は不変のカヴァー法則によって支えられているのではなく，行為主体の信念や常識などに基づいた行為の安定性によって支えられているのである．それ故，観察者がその規則性を発見し，公表することで，彼らの信念や知識に何らかの変化を及ぼし，「法則」それ自体が変化してしまう．

　優れた実践家や社会研究者の中には，精確な「予測」に成功する者がいるではないか，という批判もあり得るだろう．われわれは，このことを否定するものでもない．だが，「予測」が時に的中することを以て，社会現象にカヴァー法則が存在することの証左であるとは主張できない．この「予測」は自然科学の考えているような予測ではないのである．彼らが「予測」に成功

するのは，基本的には次の2つの場合の片方もしくは両方が成立している場合だと考えられる．

①考慮対象の集団内で共有されている信念や常識，因習などについて深い見識をもち，その集団メンバーの〈読み〉を読み切るだけの解釈・了解作業に熟達しており，しかもその集団メンバーの行為を集計し，合成する作業に熟達している．
②考慮対象の集団メンバーが直面する状況を操作するための資源を保有していて，それらの集団メンバーが支配的な戦略に直面するように状況をコントロールできる．

簡単にいえば，知識をもっているかパワー（権力）をもっているかのどちらか，あるいは両方の条件が「予測」の適切さを裏付けていると考えられる．当たり前のことだが，社会や企業は知識とパワーの分布が均一ではないということである．それ故，精確な「予測」は，知識やパワー分布が均一ではないことの証拠として挙げることはできても，法則の存在を証明するものではない．

不変の法則が社会現象を支配しているのでないのだとすれば，カヴァー法則モデルによってコントロール・システムとしての組織を研究していくという近年の法則定立的アプローチが妥当なものであるとは主張できなくなる．同様に，カヴァー法則モデルに基づいて，行為のシステムではなく，より詳細な変数のシステムとしてメカニズムを読み解いていくという「研究精緻化」の作業は，研究作業を高度化し，進化させていくものだという認識も誤謬に満ちている．

もちろん，近年の法則定立的アプローチにおいて支配的になってきたコントロール・システムとしての組織という存在論的仮定も，カヴァー法則モデルという認識論的仮定も，まさに仮定である．したがって，このアプローチに固有の研究目的に向けて研究作業を展開する上で，これらの仮定が何らかの簡便性を提供しているのであれば，その仮定を置くことを擁護できるのかもしれない．しかし，その場合には，このアプローチが自らかかげているは

ずの評価規準，すなわち，どれほどのカヴァー法則が発見され，どれほど組織をコントロールできるようになったのかという規準に基づいて，この簡便法としての仮定が有効であったのか否かを評価しなければならないであろう．しかも，不変法則が原理的にほぼ成立しない，という前章の議論に基づけば，現在の段階ではまだこれらの規準について十分な達成度ではないものの，一つずつ知見を積み重ねることで将来はこれらの規準を達成できるはずだという信念も支持できるものではない．

　不変法則の確立がほとんど不可能であるのならば，カヴァー法則モデルにその地位を奪われたメカニズム解明モデルの妥当性も支持できないことになる．いずれの考え方も，不変法則が存在し，それを一つずつ発見していくことが「科学的」な社会研究の使命である，という法則定立的なアプローチだからである．前章の議論で明らかになったように，既に生じた事象に関して後付けで説明を加える上でも，意図や意識，信念，知識などの行為主体の側の要因を重要な要素として組み込むことが必要である．

　これらの要因を組み込みさえすれば，メカニズム解明モデルは妥当性を主張できるではないか，という批判もあり得るだろう．しかし，法則定立的なアプローチにおける予測と説明の関係を考慮するならば，この批判的見解が妥当ではないことが明らかになる．カヴァー法則モデルにせよ，メカニズム解明モデルにせよ，法則定立的アプローチにおいては，予測と説明はコインの裏表をなす．この立場においては，説明は過去に向けられた予測であり，予測は未来に向けられた説明である．過去に向かうのと未来に向かうのとでは，時間の流れが逆であるにもかかわらず，自然科学における法則定立的アプローチが両者を区別しない理由のひとつは，原子や分子などがその特性を安定的に維持していることであろう．社会現象については，行為主体の意図や意識などの内容は，原子や分子の特性ほど安定的ではない．絶えず自らの知識状態を変更してしまうような反省能力を人間は備えているからである．原子であれば，昨日厳密に測定した特性を今日また測定しなおす必要はないけれども，人間については「予測」をたてる度毎に測定しなおさなければならない．しかも，調査時点と予測時点の間に，思考する時間が入ることで「予測」が外れる可能性がある．社会現象については，過去に既に生じてし

まっていることについてであれば，その直前に仮想的に戻って「予測」を行ない，「説明」ができたと主張することは可能である．しかし，それと同じ論理構造をもつ予測を，現時点から未来に向かって展開することが，自然科学の領域と同じ作業であるとは言いがたい．それ故に社会現象については，過去に向かう思考（説明）と未来に向かう思考（予測）とは本質的に異なるのである．未来に向かう思考を〈読み〉と称することは可能でも，予測と呼ぶことは出来ない．

　組織をコントロール・システムとして想定する存在論も，法則定立的なアプローチも支持できないのであるから，それに基づいて展開されてきた事例研究批判も誤謬の上に展開されていたことになる．同様にして，環境を〈変数のシステム〉として記述する記述様式も，そのままでは妥当性をもつ記述様式ではない．〈変数のシステム〉を〈行為のシステム〉として読み解かないかぎり，妥当性の高い企業環境の理解は成立しないのである．〈意図〉をもった行為者の行為と相互行為に注目して，〈行為のシステム〉として環境を読み解いていく作業は，不変法則を確立するという目的には貢献しないのだけれども，企業環境の理解を深めていく上で必要不可欠な作業なのである．

　既に十分議論してきたように，社会研究においては，自然科学におけるのと同じ意味で将来予測を可能にするような不変の法則を確立することは困難であるが，しかし，過去に生じた事象について，行為者の思考経路を解釈・了解することで後付けの説明を行なうことはできる．どのような社会現象にせよ，行為者の信念や知識や意図などの了解作業を行ない，その信念や知識や意図などの下で行なわれる行為の合成を通じてマクロ現象の推移を説明するという方向を採る必要がある[75]．解釈と合成による説明とは，とりもなおさず，〈行為のシステム〉として記述するということである．環境を〈変

---

(75)　もちろんここで説明に使われる概念が実在との間に十分な適合性をもっていることや，他の解釈・合成よりも説得力をもっていることなどの基準を可能なかぎり満たす努力は必要である．この点については沼上 (1995a) を参照せよ．この後者，すなわち他の解釈・合成よりも説得力をもつという基準を満たす努力を展開する際にはCampbell (1988) の言う理論的自由度という概念が有用である．なお，後者の基準を内的妥当性と呼ぶが，行為システム記述において前者を構成概念妥当性と呼ぶべきか否かについては判断の迷うところである．

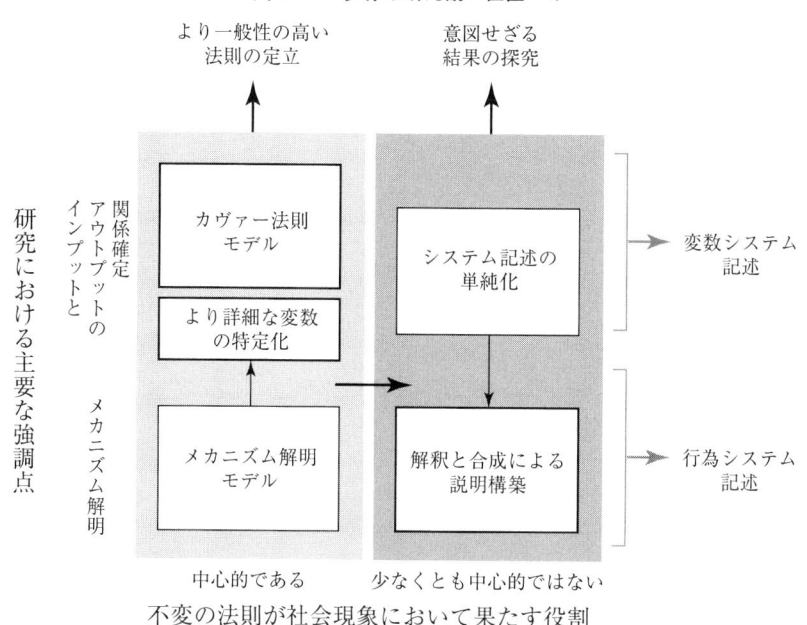

第5章　行為システム記述の復権に向かって　135

図5-1　多様な研究観の位置づけ

```
                  より一般性の高い          意図せざる
                   法則の定立             結果の探究
                       ↑                    ↑
研  ┌──────────────────────┬──────────────────────┐
究  │  ┌──────────┐         │                       │
に  │  │ カヴァー法則 │         │  ┌──────────┐       │ ┐
お関│  │  モデル   │         │  │ システム記述の│       │ │→ 変数システム
け係ア│  └──────────┘         │  │   単純化   │       │ │    記述
る確ウ│  ┌──────────┐         │  └──────────┘       │ ┘
主定ト│  │ より詳細な変数 │───→│         ↓           │
要  プ│  │  の特定化   │         │                       │
な  ッ│  └──────────┘         │  ┌──────────┐       │ ┐
強  ト│  ┌──────────┐         │  │ 解釈と合成による│       │ │→ 行為システム
調  の│  │ メカニズム解明 │         │  │  説明構築   │       │ │    記述
点  イ│  │   モデル   │         │  └──────────┘       │ ┘
    ン│  └──────────┘         │                       │
    プ└──────────────────────┴──────────────────────┘
    ッ    中心的である              少なくとも中心的ではない
    ト
    と     不変の法則が社会現象において果たす役割
    メ
    カ
    ニ
    ズ
    ム
    解
    明
```

数のシステム〉として記述するのではなく，〈行為のシステム〉として記述すること，あるいは読み解きなおすこと．これが必要なのである．

　図5-1には，われわれが現時点でたどり着いた地点を明確にするべく，これまでの議論で取り扱われてきた研究観の位置づけが描かれている．横軸には法則に対する基本的な考え方の相違を採り，縦軸には研究作業において強調される社会現象の側面の相違を採っている．企業環境のような，ひとつの社会システムを考察対象とする際に，その社会システムにおいて不変の法則が中心的な役割を果たしているという立場は図の左半分に位置づけられ，不変法則は存在しないとは言わないが少なくとも中心的な役割を果たしているわけではないという立場が図の右半分に描かれている．また研究対象を記述していく際に，何らかのブラックボックスを想定し，そのブラックボックスの中身は分からなくても，常に同じインプットに対して同じアウトプットを産出するという安定的な関数関係を見いだすことを強調する立場が縦軸の

上半分に置かれている．この安定的なブラックボックスを強調するよりも，むしろその中身を行為主体の意図や行為に注目して開示していくことを強調する立場が図の下半分に示されている．

　英米系の経営学における正統派は，物理システムと同様に社会システムでも不変の法則が中心的な役割を果たしているという考え方を採っていた．この点は，カヴァー法則モデルを採用しようと，メカニズム解明モデルを採用しようと，基本的には共通であったと思われる．しかし，法則定立的な立場を共有したままであれば，社会システムを行為者の意図や行為にさかのぼって読み解いていく作業は繁雑であり，「科学的」ではないと認識されるようになっていった．その結果，法則定立的アプローチにおいては，メカニズム解明モデルは経営学の経験的研究において徐々に影響力を弱め，カヴァー法則モデルが支配的な地位を確立していった．カヴァー法則モデルが支配的な地位を確立するに伴って，かつて行為者の意図と行為を読み解くこととして考えられていたメカニズムの解明作業が，より詳細な変数の特定化のことを意味するかのように変わっていった．すなわち，法則定立的アプローチを維持するかぎり，行為システム記述は変数システム記述に支配権をゆずって行かざるをえないような状況が生まれていたのである．

　このような正統派のカヴァー法則モデルによる統一に対して，不変の法則が社会システムに作用していないとは言わないまでも，その確立可能性は非常に限られており，また社会システムに規則性が観察されたとしても，その規則性の基盤には不変法則が存在するのではなく，人々の安定的な信念が存在すると考えた方が適切である，という主張をわれわれは前章で展開した．これは図5-1で言えば，経営学研究の中心を左半分から右半分に移行するべきであるという主張にほぼ等しい．しかし法則定立を至上目的としないとは言っても，これまで支配的な環境記述様式であった変数システム記述がまったく無用になるわけではない．既に前章でも述べたように，たとえば「これほど多様なシステムにわたって同じパターンが観察されるのは何故か」とか，また逆に「同じような社会システムであるのに，異なるパターンが観察されるのは何故か」といったような，社会研究を行なう重要な1ステップとしての記述の簡略化と，その簡略化を通じた問題設定を促進するという意

味では，変数システム記述には十分な意義があるとわれわれは考えている．これまで変数システム記述を採用し，法則を定立しようとしてきた既存研究の成果は，その所期の目的であった法則定立には成功しないと思われるが，われわれの研究にとって非常に重要な単純化されたシステム記述を蓄積してきたのだと位置づけることができるであろう．

また同様に，法則定立を目的としていたメカニズム解明モデルは，やはり法則の定立に成功することは非常に困難であろう．しかし，これまでのメカニズム解明モデルは，行為システム記述を採用し，その行為システム記述には行為主体の意図や行為などが豊富に含まれていた．それ故，法則の定立という所期の目的を，意図せざる結果の探究という目的へと変更するだけで，われわれは既存のメカニズム解明モデルに基づいた研究の成果を摂取していくことが可能になるはずである．以下では，法則定立的なメカニズム解明モデルという立場から，法則定立的な要素を除いたものを，メカニズム解明努力とかメカニズム解明作業などと表現していく．法則定立が成立しないとしても，メカニズムの解明は，行為システムを解釈・合成していくことであり，われわれの立場からしても，最も重要な研究作業なのである．

しかし，〈行為のシステム〉としての環境記述を採用し，環境という社会システムのメカニズムを解明していく努力が必要であるとしても，より具体的には，いったいどのような作業を行なえばよいのだろうか．この研究活動を導くための基本的な指針を探る作業を次に展開することにしよう．

## 2．行為システム記述の研究指針

より具体的に〈行為のシステム〉として企業環境を把握するための研究方針について確認作業を行なうために，図5-2のような単純な状況を想定しておくことにしよう．この図は前章で紹介された産業組織論の図をやや一般化し，2つのマクロ変数を行為者の行為が媒介していることを示したものである．先行するマクロ変数を$M_1$，後続するそれを$M_2$と示すことにする．われわれがこの図を手がかりにして考察を加えていく〈行為のシステム〉としての環境把握の思考法は，(1)超合理的な行為者による説明法，(2)共感と集

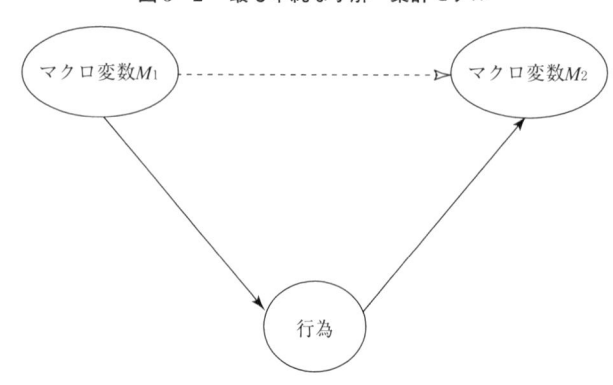

図 5-2　最も単純な了解・集計モデル

計による説明法，(3)解釈と合成による説明法という 3 つに分けられている．

## (1)　超合理的な行為者による説明法——陰謀説——

　最も単純な説明法は，現象の推移を注意深く確定した上で，当初から行為者が最終的なマクロ状態を目標としていたと考えるものである．いまあるマクロ変数（$M_1$）の後にマクロ変数（$M_2$）が観察されたとしよう．最も単純な説明のやり方は，その社会システムを構成するメンバー（少なくとも一部）にとっては，$M_1$ の下で $M_2$ を生起させようと意図するのが合理的であり，その合理的な行為の結果として $M_2$ が生起したという解釈を加えるものである．

　このような考え方はあまりにも単純すぎていて，多くの社会研究者ばかりでなく，一般の人々からも即座に批判されるものであることは明らかであろう．だが，実際にはこのようなタイプの説明を加える信念が出現することは希ではない．一般に，ある社会的事件に関してその事件の決着がついた後で流通する「陰謀説」は，超合理的な策士を仮定して，このような説明様式を採っている．つまり最終的なマクロ変数の状態 $M_x$ を確認した後で，その $M_x$ がそもそも初めからその策士によって望まれていた状態であると仮定し，その間の事象の推移がすべてその策士によって「仕組まれたもの」だったと解釈する発見法（heuristics）である．

よりアカデミックな研究においても，社会的行為者（あるいは社会システムの設計者）に対して過度の合理性を仮定した研究が実際に存在し，それに対する批判が加えられている（Hayek, 1952）．たとえば古典的な例としてスペンサーとデュルケムの社会的分業（social division of labor）に関する見解の相違を見てみよう（Boudon, 1981 ; Durkheim, 1893）．スペンサー（H. Spencer）は，社会的分業が大きな便益を生み出すので，その便益を実現するために人々が分業を行なったと主張する．これに対してデュルケムは，一旦成立した分業によって便益が生まれることを人々が認めるようになり，その後分業がさらに進められたということを認めながらも，最初に社会的分業が出現したそもそもの理由は，社会的行為者が分業の便益を得ようとして合理的に選択したことではないと主張する．彼は，社会の密度（moral density）が増したために人々の間の競争が激化し，皆が相互に生き残るべく同質的な競争を避けて様々な差別化を行なった結果として，社会的分業が発生したと説明するのである．つまり，当初から構想された目標として分業を説明するのではなく，それとは異なる意図に基づいて行為した結果として分業が創発したと説明するのである[76]．

われわれは，過度に合理的な個人を仮定した説明様式がまったく成立しないと主張するつもりはない．ある策士とその他の行為者の間に〈読み〉の能力の著しい格差が存在する場合や，状況をコントロールするパワーの著しい格差が存在する場合，あるいはその両方が存在する場合であれば，超合理的な策士を仮定した説明法が成立するであろう．たとえば組織内の権威関係に取り込まれている場合や下請け企業と元請け企業の関係などについては，このような説明法が有効かもしれない．また，潜在的能力の差はないけれども，合理的たろうとするために費やす努力の程度が異なる場合もあるだろう．同じ人間でも，1個200円の歯磨き粉を買う消費者の立場に立ったときと，その歯磨き粉を年間50万個生産する生産者の立場に立ったときでは，その商品の評価に際して異なる水準の努力を投入すると考えられる．

---

(76) 過度に合理的な個人の存在を仮定することに対する同様の批判は，Hayek（1945 ; 1946 ; 1978）による市場メカニズムの説明などにも見てとることができる．

しかしながら，企業環境を〈行為のシステム〉として記述する際には，最終的に達成されるマクロ変数の状態を当初から予測できるほど人間は合理的ではない，と考える方が適切な場合が少なくない．企業環境では，パワー関係に入ってはいない，さまざまな行為者の行為が集計されたり合成されることによって最終的な状態が成立する場合が多く見られる．この場合には，$M_1$ の下で $M_2$ を意図したとしても必ずしも $M_2$ が達成されるとはかぎらない．同様に，$M_1$ の後で $M_2$ が観察されたとしても行為者たちがそもそも $M_2$ を達成しようとしていたとは限らないのである．

しかも，超合理的な行為者を登場させる説明法は，果たして社会研究として独自の貢献であると主張できるのか否かという点でも問題を抱えている．ここではこの超合理的な行為者による説明法として2つの極について考えておこう．ひとつは，社会システムを構成するすべての人間が超合理的であると仮定する説明法であり，もうひとつはそのうちの1人のみが超合理的な策士であったという説明法である．すべての人が超合理的であると仮定するならば，研究者がその事象の推移を説明することに，いったいどのような意味があるのだろうか．すべての人々がそのように意図し，その意図通りに結果が推移しているのであれば，その説明を加える作業は皆が既に知っていることを，多少異なる言葉遣い（専門用語）で敷衍するだけだということになる．逆に，1名のみが超合理的であったという場合には，残りのすべての人々に対する啓蒙に貢献することが可能である，という主張は成立する．しかし，その場合でも，社会研究者が公表している知見は既に1人の実践家が保有していたものであるのだから，その知見はその実践家の貢献であって研究者の貢献ではない，という主張に対する反論は見あたらない．すなわち，〈行為のシステム〉として環境を記述するとしても，そこに超合理的な行為者を仮定するのであれば，社会研究者の独自の貢献があったと主張することは困難なのである．

(2) 〈意図せざる結果〉の探究①——共感と集計——

社会的分業の発生に関するデュルケムの説明の例に見られるような，後続するマクロ変数 $M_2$ を行為者たちの意図せざる結果（unintended consequence）として説明しようという志向は，マートンやブードンなどの社会学者が追求しているものである．特にブードンは意図せざる結果としてマクロ変数の関係や推移を説明する作業に社会研究の本質的な貢献を見いだそうとする努力を精力的に展開してきた（Boudon, 1981；1982；1986）．

ブードン（1986）は〈了解〉と集計をカギにしたマクロ現象の社会学的説明の仕方をウェーバー主義パラダイム（Weberian paradigm）と呼び，ウェーバーの考え方に自分なりの修正を加えて次のように定式化している（記号は本稿の文脈に合わせて変更してある）．

① 説明対象のマクロ現象を $M_2$ とすると，それはその現象に関与する人（$i$）の行為 $B_i$ がすべての人について集計された結果として説明される．これを $M_2 = m(B)$ と表わしておこう．ここで $B$ はすべての行為者の $B_i$ が集計されたものである．$m$ はそれを $M_2$ に変換する関数のようなものである．
② 個々の社会的行為者の行為 $B_i$ は，彼が直面している状況（彼自身を含む）$S_i$ によって説明されるので，$B_i = b_i(S_i)$ と表すことにする．
③ さらに個々の行為者の直面する状況の構造 $S_i$ は，$M_2$ が観察される前の時点での $M_1$ によって説明される．これを $S_i = s_i(M_1)$ と表すことにする．
④ 3つの説明のステップをすべてたどると，マクロ現象が個人の行為と相互行為から生み出されてくる論理を説明することができる．全体としては，$M_2 = m\{b[s(M_1)]\}$ という構成になる．つまりマクロ変数 $M_1$ の下で個々人の直面する状況 $S_i$ が影響され，その状況 $S_i$ の下でさまざまな行為者がそれぞれ意図の上では合理的な行為 $B_i$ を行ない，それが全体として集計されて $M_2$ が生起する，という説明の仕方をするのである．

$M_2 = m\{b[s(M_1)]\}$ は，関数の形をしているけれども，個々の「関数」は決定論的な関係を指しているわけではない．そのように解釈するのであれば，この図式は $M_1$ と $M_2$ との間の不変のカヴァー法則が成立すること

を意味してしまい，個々の関数について解明作業を展開する必要がなくなってしまう．ブードンはどのような状況においても個人の主体的な選択の余地が残されていることを強調している研究者であるから（Boudon, 1981），この図式的理解は説明作業を展開するべきポイントを示唆するものであって，決定論的な関数関係を示したものではないという点に注意を払っておく必要がある．

ブードンは，個々人の行為が集計されることによって実は個々人がその行為 $B_i$ を行なう際に目標状態としていたものとは異なる事態，すなわち〈意図せざる結果〉が発生しているような現象が特に重要だと指摘する．当事者たちの当初の目標状態が，その予想した通りの経路で予想通りに達成されているのであるとすれば，わざわざ社会研究者がその説明を行なう必要はない，と彼は主張している．

(3) 〈意図せざる結果〉の探究② ──解釈-合成による説明──

〈意図せざる結果〉の探究というブードンの示した研究指針は，環境を〈行為のシステム〉として捉える環境観の復権を目指すわれわれにとって非常に示唆に富んでいる．〈行為のシステム〉として企業環境を捉えることによって，通常の人々が必ずしも明確に意識していない社会のメカニズムやダイナミクスを明らかにすることができる，ということを示唆しているからである．だが，企業環境を〈行為のシステム〉として捉える視点は，このブードンの立場をさらに一歩進めて，企業環境のより深い理解に到達できるように思われる．経営学の領域で，企業の環境とそれに対する意思決定者の思考とを分析するためには，ブードンの〈了解〉と集計という2つのステップでは，まだ十分ではないように思われるのである．

(a) 実践家の主体性

まず，ブードンは社会的行為者が意図的に因果的な経路に介入する主体性（agency）を認めているけれども，その主体性の基本的な特徴について深い考察を展開しているわけではない，という点に注目しよう．彼の定式化では，状況（$S$）が反省的実践家によって主体的に概念化されたり操作されたり，

積極的に利用されたりするという点に関して十分には注意が向けられていなかった．しかし，実践家に反省能力と主体性が備わっているのだと仮定するならば，実践家の直面する環境状態は，その行為を決定論的に規定するような制約条件の集合としての環境ではないことになる．もちろん実践家がすべて自分の意志通りに行為できるわけではない．しかし環境状態は制約条件であると同時に，社会的行為者が積極的に自分の目標を達成していく際に，それに基づいて自らの行為を組み立てるためのルールやパワーなどの資源を提供する源泉でもある（Giddens, 1984；Whittington, 1988；1992）．主体性をもつ実践家は，環境の状態を制約条件とすると同時に，そこから資源を得て，自らの目標を追求している．環境が制約条件であると共に資源でもある，ということは次のような例を考えれば理解しやすいはずである．たとえば自分が特定の状況の下で制約を受けているように，その競争相手なども特定の制約を課されており，それ故に事前に分析しなければならない状態の数が縮減できる．あるいは，顧客の要求という環境条件が存在しているために，本来は権威関係にあるはずの組織内上位者を説得することができる，といった例が挙げられるだろう．〈行為のシステム〉として環境を捉える上では，これらの資源を用いながら，状況の定義が操作されたり，新たな環境状態が創発するという側面があることを忘れてはならないのである．環境の状態は制約であると同時に資源でもある，という2重性をもち，行為の条件であると同時に行為の結果として生産されるという2つの2重性（duality）をもつのである（Bhaskar, 1978；Giddens, 1984）．それ故，〈行為のシステム〉として環境を把握する上では，この実践家たちの主体性が環境の状態とどのように相互作用しているのかに注目する地道な調査が必要になるのである．

(b) 〈読み〉の解釈

ブードンの枠組みでは，行為者たちの行為を〈了解〉するステップ（$b_i(S_i)$）を言わば共感（sympathy）や単なる感情移入（empathy）のみに求めるという単純な議論しか行なわれていなかった点も，〈行為のシステム〉としての環境把握の復権を目指すわれわれにとっては展開を加えておく必要がある部分であろう．ブードンは，実践家がある状況である行為を行なったことを

〈了解〉するためには，研究者が自分も同じ状況であれば同じ行為をするであろうと考えられるように，実践家が直面した状況を記述すれば事足りると考えていた．しかしこの点は経営学者には十分な説得力をもたないように思われる．一般の社会人の行為であれば，経営学者もまた社会人であるので単純な共感可能性を仮定できるとしても，経営学者は限られた大学運営を除けば経営者でもあるという場合が多いとは言えない．ブードンは他者の行為が「理解できる」(comprehensible) ものになればよいと主張する．たしかにこの理解可能性は，社会が成立するためにも，また社会研究が成立するためにも重要な契機であり，どのような厳密な装いをまとった研究でも最終的にこの部分を仮定しなければ経験的研究活動は成立しない．しかし，文化人類学やシカゴ学派の社会学が異文化理解を行なう際に参与観察法 (participant observation) を使って示しているように，この理解可能性を得られるか否かという部分は，それ自体で1つの研究作業を形成するほど重要な部分である（佐藤，1984；1992）．

同じ民族的背景をもつ実践家とのインタビュー調査を行なうことが多い経営学の領域では，実践家の考え方を単純に〈了解〉できるはずだと一見思われるかもしれない．しかし実際には，経営の実践家の思考は同じ民族的背景をもつ経営学者と根本のところでは異質ではないとしても，単純な共感を拒むのに十分すぎるほどに複雑である．もちろん相手の全人格をすべて理解する必要があるわけではない．経営学者の行なう了解作業は，論理的に〈了解〉できるような形で実践家の思考経路を言語化して把握する作業である．しかし，マクロ現象の背後にある経営の意思決定に関して，そのマクロ現象の説明を行なうのに十分な程度に〈了解〉するには，〈了解〉する側にもある程度の前理解と解釈作業が必要である．実践家の中には，「なるほど，このような戦略の組み立て方，考え方があったのか」というような目から鱗の落ちるような思考を展開する人々がいる．彼らの立案した戦略を〈了解〉したり，組織・制度などの計画案を〈了解〉する作業は，それ自体で研究者の理解の地平を広げる作業である．企業の現場で働いている人々もまた知識を創造しているのだという視点に立てば（野中，1990），彼らとの対話を通じて経営学者もまた学んでいるのであり，理解の地平を広げて合理性の制約を

乗り越える作業を展開しているのである．それ故，ブードンの言う〈了解〉よりも遙かに高い重要性をもつ作業として，〈読み〉の解釈を行なう必要性があることを，強調しておく必要があるのである．またこの点は法則定立的なメカニズム解明モデルの典型である経済学の正統派が，かなり標準化された（既製品の）合理的行為者のモデルを使用しているのと，われわれの立場が異なるところでもある．

### (c) 合成と相互依存関係

ブードン（1986）は集計と合成のプロセスについて，単純な加算的集計を中心に議論を展開しており，この集計と合成のプロセス自体が，もうひとつの大きな研究領域であることを十分に議論してはいないように思われる．他の著作で記述されている彼自身の教育社会学系の業績や彼の紹介する他者の研究業績（Boudon, 1981 ; 1982）では，この合成プロセスの時間的な展開が重要な役割を演じているにもかかわらず，その方法論そのものを定式化した部分においては，ワンショットの加算的集計以外の合成プロセスが存在することを明示的に議論していないのである．われわれが単純な産業組織論のモデルに基づいて展開した前章の議論でも，実はこの集計プロセスについては注意を向けないままに放置しておいた．

たしかに加算的集計は論理経路の組み方として単純であるが故に，研究者にとって扱いやすく，また応用範囲の広いものではある．たとえば，共有地の悲劇（tragedy of commons）の研究が示しているように，この単純集計が意図せざる結果をもたらすのは共有相互依存関係（pooled interdependence）が存在する場合である（Kramer, 1991）．たしかにシステムの構成要素の間には常にシステム全体の状態を介した共有相互依存関係が存在するため，単純な加算的集計が有効な場合が多いであろう．だが相互依存関係にはこの他にも，相乗効果やシナジー効果と呼ばれるような効果（伊丹，1984）や，順序的相互依存（sequential interdependence）や相互作用的相互依存（reciprocal interdependence）など多様な相互依存関係のパターンが存在する（Thompson, 1967）．社会現象で観察されるさまざまな相互依存関係を発見すること自体が非常に重要な研究課題であると思われるとともに，

その相互依存関係に基づいた諸行為の合成方法を考える必要もある．

しかも加算的集計以外の相互依存関係には，常に時間的な展開が含められている．順序的相互依存関係や相互作用的相互依存関係を備えた社会システム（行為システムとしての社会システム）を把握するためには，これらの複雑な相互依存関係をワンショットの意思決定の単純集計に還元すればよい，とは言えない場合がある．むしろ時間の流れの中で行為と解釈が積み重ねられるプロセスそのものが重要な場合があるのである．いわば，時間的な流れに関する全体主義（プロセス重視）と要素還元主義（意思決定ポイント重視）の対立が存在し，前者の立場に立つと後者は妥当性を欠いていると位置づけられることになる．特に，実践家の主体性やその〈読み〉の解釈を強調する立場に立つのであれば，時間の流れとそこで展開される行為の連鎖や，解釈に解釈が幾重にも重ねられていくプロセスを厚く記述（thick description）することが重要である（Geertz, 1973）．このような時間展開を記述し，厚い記述を遂行していくという方向は，まさに事例研究法の得意とするところである．カヴァー法則モデルが必ずしも妥当なモデルでないことが示されたいま，事例研究法を適切な指針をもって注意深く遂行することによって，社会研究に対して重要な貢献ができることを，われわれは自信をもって主張することができるのである．

## 3．要約と結論

ここまでの方法論的な議論はやや抽象的であり，本書のこの中間段階で第2章から第5章までの議論の要約とそれがたどり着いた結論を提出しておくことは，読者がさらに本書を読み進む上で有益であろうと判断し，本章のみでなく，第2章から第5章までの要約をここに記しておくことにしよう．

①まず第2章では，企業環境を研究する基本視点とそれが表出された記述様式に関して2つの理念型が呈示され，それぞれにかなりの程度対応する研究業績が実際に存在することが示された．ひとつは意図をもった行為主体の行為と相互行為に注目して企業環境を把握し，〈意図せざる結果〉の解明を行なう環境記述様式であり，もう一つは企業環境を複数の構成概念が

連結されたものとして把握する環境記述様式である．前者を〈行為のシステム〉としての環境記述，後者を〈変数のシステム〉としての環境記述と本書では呼ぶことにした．

② 英米系の経営学，特に経営組織論の領域では，1970年代以前には行為システム記述が多数存在したにもかかわらず，その後，変数システム記述が支配的な記述様式となってきたように思われる．この経営組織論における記述様式のヘゲモニーの変遷は，第3章において，まず表層的には事例研究法批判を原動力として進められたことが確認された．しかしこの変化は，より深層的には企業に関する存在論と認識論の諸仮定における変化として捉えるべきである，と第3章でわれわれは主張した．かつて，組織を多頭システムとして措定し，メカニズム解明モデルに基づいて，組織に関する法則を定立していこうとする考え方が存在していたのに対し，1970年代以後，組織をコントロール・システムとして措定し，カヴァー法則モデルに基づいて法則を定立していこうとする考え方が支配的になっていったのである．

③ しかし，本当にカヴァー法則モデルは妥当な，あるいは適切なモデルなのであろうか．この点を考えるために，カヴァー法則モデルの存立基盤である不変のカヴァー法則の確立可能性について簡単なゲーム理論の概念と用具を用いて第4章で考察を加えた．その結果，不変のカヴァー法則を確立することは，原理的に不可能とは言えないまでも，事実上はほぼ不可能であるという見解が示された．社会において規則性や安定性が観察されたとしても，その根本に存在するのはカヴァー法則ではなく，信念の安定性であることが確認された．したがって，カヴァー法則モデルは妥当でもなければ，適切でもない．

④ カヴァー法則モデルが妥当でないのだとすれば，法則定立的アプローチの進展の中で徐々に排除されていった〈意図〉の〈了解〉といった概念が妥当性を欠いた非科学的な概念であるという批判は，その批判自体が妥当でないことになる．〈行為のシステム〉としての環境記述を復活させるための障壁は取り除かれたのである．その上で，われわれは〈行為のシステム〉としての環境記述を復活させるための積極的な指針を探るべく，ブー

ドンの研究を検討しながら，行為システム記述を復権させるための具体的な研究指針を提示した．すなわち，実践家たちの主体性に注意を払い，彼らの複雑な思考経路あるいは〈読み〉を解釈して，より広く一般に理解可能な形に転換し，そこから生み出される行為が合成されていくプロセスを，まさに時間展開を伴ったプロセスとして把握すること．これらは結局のところ，事例研究法を用いた歴史的プロセスの厚い記述が社会研究において重要な役割を果たすことを示唆している．

#  第6章

## 説明法の事例研究
―― 〈柔軟性の罠〉の説明原理 ――

　われわれが第3章と第4章で展開した存在論的な仮定や認識論的な仮定の問題を巡る議論は，明らかに抽象度が高いものであった．このような抽象的な議論は，一見，具体的な研究作業とは異質の，誰かが勝手に言葉遊びで展開していれば良いものであるかのように思われるかも知れない．しかしながら，本書で取り扱ってきた行為システム記述と変数システム記述という対比や，多頭システムとコントロール・システム，メカニズム解明モデルとカヴァー法則モデルなどは，現実に研究者が獲得する知見のタイプを大幅に左右する重要な分岐点を提供するものである．どちらの側に立って研究を進めるのかに応じて，実は遂行するべき研究作業が異なり，得られる知見のタイプが異なり，知見の妥当性を評価するスタンスが異なってくる．一見抽象的で，通常の研究作業とは無縁に見える前章までの議論が，実は研究者にとって現実的に直面する問題であることを示すために，本章と次章とで，これまでの方法論上の見解の相違を，より具体的な研究作業あるいは知見と対応させ，われわれの方法的な立場に立った研究がもたらす知見が経営の実践家に対してどのような意味をもちうるのかを確認する作業を行ないたい．まず本章では，実際の経験的研究を行なう際に，メカニズム解明モデルとカヴァー法則モデルがそれぞれどのような研究作業を要求し，得られる知見にどのような違いを生み出すのかを，著者自身の行なった研究をひとつの事例として採り上げて分析することにしたい．その上で次章では，解釈と合成という研究作業を行なうことで，実践家たちにとっても意義のあるような知見

を生み出せることを示すことにしよう．

　本章は，解釈と合成の作業を通じてひとつの事例を考察する．より具体的には，1970年代～80年代初頭における日米の液晶ディスプレイ（LCD：Liquid Crystal Display）産業を事例として，取引システムの柔軟性が技術転換のタイミングに及ぼす効果を分析する．この作業を通じて，自由な市場取引によって特徴づけられる取引システムは固定的・継続的な取引関係によって特徴づけられる取引システムよりも技術転換のタイミングが遅れる可能性がある，ということが示される．

　本章の役割は，解釈と合成という研究スタンスが具体的にどのようなものであり，どのようなメリットがあるのかということを，より具体的な形で読者に伝達することである．そのため，LCD産業の事例分析を行ないながら，適宜，方法論上のコメントを加えて議論を進めていく．

## 1．取引システムの柔軟性と技術転換への適応力

　一般に抱かれているイメージでは，アメリカの取引システムは日本のそれよりも柔軟である．まず第1に，アメリカの大規模企業は，事業の買収や売却を通じて資源展開のパターンを比較的柔軟に変更可能であると考えられている．日本の大規模企業は，供給業者や流通業者や従業員などと長期的・固定的な関係を構築しており，柔軟な資源展開を行なうことは難しいと言われている（加護野他，1983）．第2に，たとえアメリカの大規模企業が新規の技術機会に迅速に適応できないとしても，アメリカにはベンチャー・ビジネスを生成する諸制度が備わっており，日本に較べれば圧倒的に速いスピードでこの技術機会へと適応することが可能である，と考えられている（Hannan and Freeman, 1977, 1984；加護野他，1983；伊丹・伊丹研究室，1988；Mowery, 1992）．

　もちろん日本の取引システムは完全に固定的なわけではない[77]．日本の大

---

(77)　近年の実証研究では，アメリカ企業も部品供給関係を以前よりも長期相対取引の色彩が強いものに変更していたり，従業員との関係についても長期勤続者については日本企業にみられるのと同じタイプの関係が構築されていると主張されており，上の

規模企業は最も望ましい人材を採用するとか，最も望ましくない人材だけを解雇するといった意思決定の自由度についてはアメリカ企業よりも制約を受けているかもしれないが，自社従業員の社内配置転換に関しては逆にアメリカ企業よりも自由度が高い（加護野他，1983；Kusunoki and Numagami, 1998；津田，1977；1981）．

また供給業者や流通業者との長期相対取引は，日本企業間の濃密な相互作用を通じて技術能力の蓄積を促進するという側面があるという主張も展開されてきた．たとえば今井他は，日本企業による製品開発プロジェクトにおいて，親会社と子会社の間で頻繁な試作品開発を巡る相互作用があり，その頻繁な相互作用が新製品開発のスピードを高めると指摘している（Imai et al., 1985）．アサヌマや伊丹も，日本の自動車産業における取引ネットワークの調査を通じて，積み上げ的な技術革新（incremental technological innovation）を促進するインセンティブ・メカニズムが組み込まれていることを指摘している（Asanuma, 1989；1992；伊丹，1989）．すなわち，日本企業は完全に固定的ではないのだけれども，日本企業のもっている「柔軟性」は，細かい技術改善の積み上げや実行学習の成果蓄積などに適したものであって，支配的設計（dominant design）の交代などの大規模な技術変化に対する適応力を保証するものではない，ということを既存研究は示唆してきたのである（Aoki, 1988；Cusumano, 1985；加護野他，1983；Hayes and Wheelwright, 1984）．

---

ようなステレオタイプがそのまま成立するわけではないと主張されている（Cusumano and Takeishi, 1991；小池編，1991；Takeishi, 1997）．しかし，それでもなお，日本の取引システムと較べれば，以前ほど極端ではないにせよ，アメリカの取引システムは相対的に柔軟であり，日本のそれは相対的に固定的・長期継続的である，という相対的位置づけそのものについては大幅な変更を必要とはしないように思われる．しかも，バブル経済崩壊後の長引く不況下では，長期相対取引という特徴をもつ日本の取引システムが大胆な企業変革の足かせとなっており，大規模な技術変化への適応を阻害している，というタイプの議論すら見られる．その意味では，日本の取引システムがアメリカのそれと比較すると相対的に固定的である，という点については多くの人々の一致するところであろう．しかも本章の議論は主として1970年代から80年代初頭までの事例を扱っており，その時期にはアメリカが柔軟な取引システムであり，日本が固定的な取引システムであると位置づけても大きな問題はないと思われる．

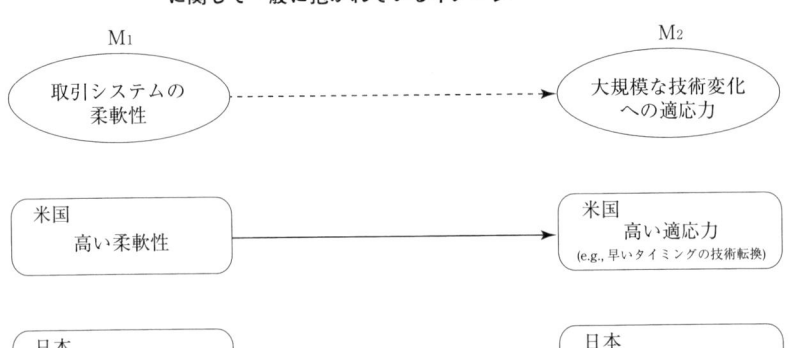

図6-1 〈取引システムの柔軟性〉と〈大規模な技術変化への適応力〉
に関して一般に抱かれているイメージ

```
        M₁                                    M₂
  ┌──────────┐                         ┌──────────┐
  │ 取引システムの │ ─ ─ ─ ─ ─ ─ ─ ─ ─ ─→ │ 大規模な技術変化 │
  │   柔軟性   │                         │  への適応力   │
  └──────────┘                         └──────────┘

  ┌──────────┐                         ┌──────────────────┐
  │   米国    │                         │      米国          │
  │  高い柔軟性 │ ──────────────────→ │    高い適応力        │
  │          │                         │(e.g., 早いタイミングの技術転換)│
  └──────────┘                         └──────────────────┘

  ┌──────────┐                         ┌──────────────────┐
  │   日本    │                         │      日本          │
  │  低い柔軟性 │ ──────────────────→ │    低い適応力        │
  │          │                         │(e.g., 遅いタイミングの技術転換)│
  └──────────┘                         └──────────────────┘
```

　これに対してアメリカの取引システムは大規模な技術変化に対する適応力の点で日本のそれよりも優れているという指摘が多数見られる．アメリカ型の柔軟な取引システムは，大規模企業による大胆な戦略的変革や多数のベンチャー企業の創設を可能とし，その結果として大規模な技術変化への適応力を備えている，と考えられているのである．逆に，日本型の長期安定的あるいは固定的な取引システムは，小規模な技術改善などの微調整には適しているけれども，大規模な技術変化に対しては適応的ではない，と言われている（Finan and Frey, 1994；榊原，1995；吉川・JCIP, 1994）．

　議論の理解を促進するために簡略化して図示するならば，上の議論は図6-1のようにまとめることができるであろう．図の上段には，取引システムの柔軟性→大規模な技術変化への適応力という2つの変数の間の関係が示されている．これは本書の言葉で言えば，変数システム記述であり，カヴァー法則モデルに基づいた変数間関係の言明である．なお，ここでは簡便のため，複数の異なる技術的アプローチ間の技術転換のタイミングが早いか遅いかという次元に注目して，大規模な技術変化への適応力を捉えておくことにする．製品の品質と価格を一定とすれば，技術転換をスピーディに行なう取引システムの方がそうではないシステムよりも適応力が高いと言えるであろう．適応力そのものについては他にも重要な次元があるけれども，技術転換のタイ

ミングが早いか遅いかも,非常に重要な1つの次元であることは間違いない.それ故,以下では,取引システムの柔軟性→大規模な技術転換のタイミングという2つのマクロ変数間の関係をめぐって議論を展開していくことにする.

## 2．経験的研究の2つのアジェンダ

　取引システムの柔軟性→大規模な技術転換のタイミング,という2つのマクロ変数間の関係は,明らかに,変数システム記述に基づいた因果論的な仮説である.カヴァー法則モデルに基づいて考えるのであれば,この仮説を経験的な作業を通じて肉付けしていくためには,取引システムの柔軟性の変動と技術転換のタイミングの変動を相互に関係づける作業を行なうべきである,というアジェンダが設定されるはずである.そのアジェンダを実行するためには,たとえば,大規模な技術転換を経験した多数の産業をサンプリングすることが最初のステップとして必要になるであろう.その上で,新しい技術が研究開発段階で明らかになってから市場で支配的な設計になるまでの時間幅を測定するなどのやり方で,技術転換のタイミングの遅速を測定し,また同時に,それぞれの産業の取引システムの柔軟性を測定する.このようにして得られた柔軟性と技術転換タイミングの遅速という2つの変数間の相関を確認する作業を行なう.これがカヴァー法則モデルの提示するアジェンダであろう.

　もちろん現実の世界は複雑であり,多様な変数をコントロールしなければ,この2つの変数間の関係を純粋な形で確認することはできない.たとえば自動車のエンジンと半導体と医薬品では技術そのものの複雑性が異なるのだから,技術複雑性を統計的にコントロールした上でなければ,問題となっている2つの変数間の相関関係を確認することは難しいであろう.またサンプルが日米欧など複数の文化圏にまたがっているのであれば,取引システム以外にも,企業集積の密度や国土面積の相違を反映して企業間の時間距離が大幅に異なり,その時間距離の長短が情報伝達や危機意識の伝播に影響を及ぼし,技術転換のタイミングを左右する,というような別種の経路を考えることが可能になる場合がある.このような対抗仮説が存在するのであれば,その仮

説を表わす変数もまた統計的にコントロールする必要があるであろう．それ以外にも多様な変数を統計的にコントロールした上で，①十分な統計的自由度を確保し，②取引システムの柔軟性と大規模な技術転換タイミングの遅速の間に統計的に有意な相関を確認し，③因果の方向が確定できるとすれば，カヴァー法則モデルにおいては反証されなかった仮説として暫定的に法則のような位置づけを与えられるであろう．

構成概念の測定に問題がないと仮定するならば，カヴァー法則モデルに基づいて因果推論を行なっていくプロセスで最も重要なのはサンプル数である．サンプルの数は，①2つの変数の間の相関関係が統計的に有意であるという確率判断を行なう上で重要であると共に，②多様な変数をコントロールできるか否かを左右する．同じサンプル数であれば，多様な変数を統計的にコントロールすればするほど統計的自由度が低下してしまうからである．それ故，カヴァー法則モデルに基づいて研究を進めている人々は，大量サンプルの質問票調査を重視し，サンプル数が少ない事例研究を妥当性を欠いたものとして扱うのである．

だが，サンプルの数を増やして，多数の変数を統計的にコントロールしていったからといって，取引システムの柔軟性と大規模な技術転換のタイミングという2つの変数の間の因果の連鎖そのものは明らかにならない．このことは，この2つの変数の間にあり得る関係を次のように記述してみることでなお一層明白になる．前者は一般的に信じられやすい関係であり，後者は逆に一般には直観に反する関係である．

①「柔軟な取引システムは，固定的な取引システムよりも，技術転換のタイミングが早い」
②「固定的な取引システムは，柔軟な取引システムよりも，技術転換のタイミングが早い」

ここで，前者（①）のような関係が想定されているのだとすれば，柔軟な取引システムの方が技術転換のタイミングが早いことの理由を殊更に問われることはないであろう．ところが，逆に，固定的な取引システムの方が技術

第6章　説明法の事例研究　155

転換のタイミングが早いという後者（②）のような関係を見いだした場合には，おそらく多くの人々が「何故」という問いを投げ返してくるに違いない．これは，社会研究が獲得した知見に対して，一般世間の常識がどのようなものであるのかに応じて，対応するための努力が大幅に異なってくることを示す一例である．「何故」という問いは，実は，仮説や命題そのものの属性に応じて投げかけられるばかりでなく，聞き手の側が共有している常識に依存して発せられるものなのである．

　研究者が前者（①）の仮説を抱いているのであれば，おそらくその人は多数のサンプルを収集して，カヴァー法則モデルに基づいた研究作業のアジェンダに従っていっても，理論上はともかく，研究実生活上は問題に直面しないであろう．ところが後者（②）の仮説を抱いている研究者は，多様な変数の統計的コントロールを行なったにもかかわらず，やはり固定的な取引システムの方が技術転換タイミングが早いという変数間関係そのものを多くの人々に説得する上で困難に直面するに違いない．変数間関係を行為のシステムとして読み解き，ひとつひとつの行為の連鎖を多くの人々に了解可能な形へと転換する行為システムのメカニズム解明努力が必要とされ，またそのようなメカニズム解明の結果が有力な言説として受け容れられるのは，まさにこのような場合であろう．

　以下では，②の仮説を前章で確認した解釈と合成によって説明する作業を行なう．だがその前に，まず柔軟な取引システムの方が固定的な取引システムよりも技術転換のタイミングが遅かった事例を次の第3節で確認しておくことにしよう．単に①の仮説を反証するためだけであれば，形式的には，反証事例を1つ挙げれば十分であるのだから，それ以上の「何故」に答える必要はないであろう[78]．しかし本章が目指しているのは，解釈と合成によるメカニズムの解明努力がいかに説得力を持ちうるかということを実例で示すことにある．それ故，この反証事例を事実の記述を通じて大まかに確認した上で，その背後のメカニズムを解明する努力を第4節で展開する．

---

[78]　現実にはこのような場合に操作定義に問題があるとか，サンプリングにバイアスがかかっている，等々の批判が提出され，その結果として元の理論命題そのものに対する信念は維持されてしまうことが多い．

## 3．記述——反証事例の確認——

### (1) 事例の概要

　LCDは，1968年に発明され，70年代初頭から主としてデジタル・ウオッチ用ディスプレイとして事業化が開始された．1970年代初頭には，日本にもアメリカにもLCDの事業化を活発に推進する企業が存在した．しかし，アメリカの大規模なLCDメーカーもしくはデジタル・ウオッチ・メーカーは1981年頃にこの事業から撤退し，それ以後，日本企業が世界市場で支配的な地位を維持してきている．

　日米LCDメーカーの命運を分けた変数は多様に存在すると考えられるが，詳細な事例研究を行なうと，代替的な技術との競合期間の長さ（あるいは技術転換のタイミング）が重要な要因であったことが明らかになる．アメリカでは，国内のデジタル・ウオッチ向けディスプレイの市場においてLCDは発光ダイオード（LED: Light Emitting Diode）との間で予想よりも長い期間にわたり，激しい競争を展開し，その結果十分な販売量・生産量を確保できず，LCDメーカーによる生産経験の蓄積や部品・材料メーカーの育成などを1970年代前半から末にかけて達成できなかった．これに対して日本では，LEDウオッチはほとんど発売されず，初期段階から日本のLCDメーカーはLCDの生産経験の蓄積と部品・材料メーカーの育成を行なうことができた（沼上，1999）．すなわちアメリカのLCDメーカーはアメリカのデジタル・ウオッチ市場における技術転換が当初の予想よりも大幅に遅れたために日本のLCDメーカーよりも競争力が低くなってしまったのである．

　日本よりもアメリカの方がLCDへの技術転換が遅れた理由にも多様な説が存在する．だがその多様な説の中でも，アメリカにおける部品取引および最終製品取引の柔軟性が重要な要因であったように思われる．アメリカでは参入・退出が比較的自由に行なえるという信念が存在したが故に，短期的にコスト・パフォーマンス比で優位にあったLED事業に多数の企業が取り組み，その結果，LCDの技術進歩が相対的に遅くなってしまったというメカニズムが背後に存在したと考えられるのである．

(2) 技術転換のタイミング

　まず日米で技術転換のタイミングが異なっていた点を確認しておこう．日米ともにデジタル・ウオッチが発売された直後にはどちらの国でも LCD が優位に立っていた．ところが1974年以後，アメリカの LED ウオッチが急速に売上を伸ばしていく．図6-2には1975年から78年までの日本とアメリカのデジタル・ウオッチの販売数量の推移がディスプレイのタイプ別に描かれている．この図から日米の技術転換のタイミングに関するものも含めて次の3つの点を指摘しておく．

① 日本とアメリカでは，1976年まで LCD ウオッチの販売数量はほとんど同程度であった．
② アメリカ市場における LED ウオッチの市場規模は際だって大きいのに対し，日本では LED ウオッチの市場はほとんど立ち上がらなかった．
③ アメリカにおける LED ウオッチと LCD ウオッチの市場における転換点は1978年であり，78年にも決して無視できない数量の LED ウオッチ

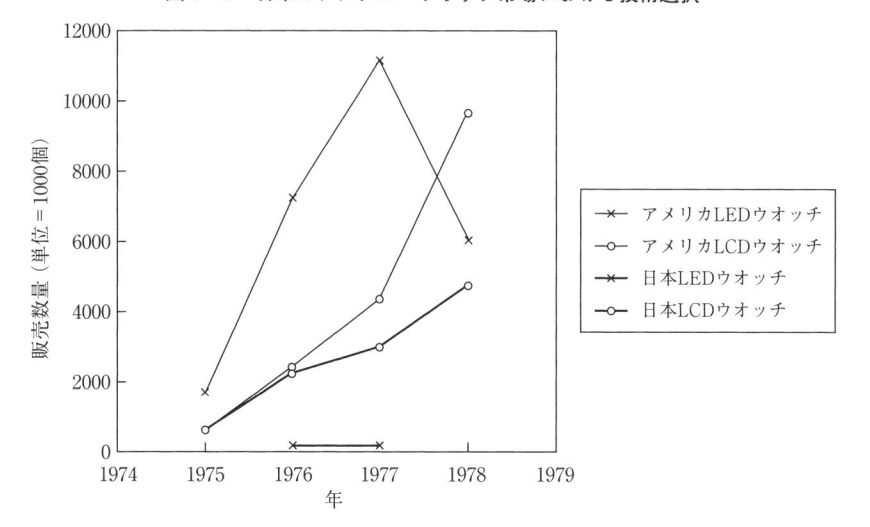

図6-2　日米のデジタル・ウオッチ市場における技術選択

［出所］　リエボ（1980），47ページのデータに基づいて著者が作成．

が販売されていた。実際には1977年からアメリカ市場ではLEDウオッチからLCDウオッチへの転換が加速度的に進行するのだけれども、売上数量では78年まで転換が生じていない。

デジタル・ウオッチ自体が、その前までのアナログ・ウオッチに比較して主要な技術変化であった点はシンタク&クワダ（1989）などの先行研究も指摘している。同じクオーツ式ではあったとしても、針を動かすためにモーターなどを必要としたアナログ式に比較すると、デジタル・ウオッチは水晶発振素子と回路とディスプレイが電子的に連結されており、部品点数の点でも、その部品の供給業者のバックグラウンドの点でも、大きな技術転換であった。またLEDとLCDは、同じ電子ディスプレイ・デバイスとはいえ、技術的には明らかに異なる。LEDは固体素子であるのに対して、LCDは有機物質の液晶を2枚のガラス基板の間に挟んで電圧をかけることで分子配列を変えて文字や図を表示するディスプレイである。それ故、LEDを積み上げ的に改善していけばLCDができるようになるとか、LEDを作り続けていればLCDを作るのが容易になる、ということにはならない。しかも、その後に展開される技術開発によって、LEDもLCDも共に独自の応用分野を広げるような技術進化を遂げてきている。その意味では、ウオッチ用ディスプレイとしてLEDを採用するか、LCDを採用するかという選択は、その後異質ではあるが大幅な進化を遂げていく2つの技術アプローチの間で行なわれた、最初の重要な選択機会の事例であると考えられる。

(3) 取引システムの柔軟性

取引システムの柔軟性に関しては、まず取引システムの全体像を理念型で示し、その理念型そのものとまで言えないとしても、日米の取引システムの実態が十分にそれに近似できる状況にあったことを確認する作業を行なうことにしよう。

まず図6-3に見られるように、デジタル・ウオッチを最終消費者に対して提供する活動を2つの部分に分けて考えておこう。ひとつはウオッチやウオッチのモジュールなどの完成品または半完成品の製造・販売であり、もう

図6-3　2つの取引システム

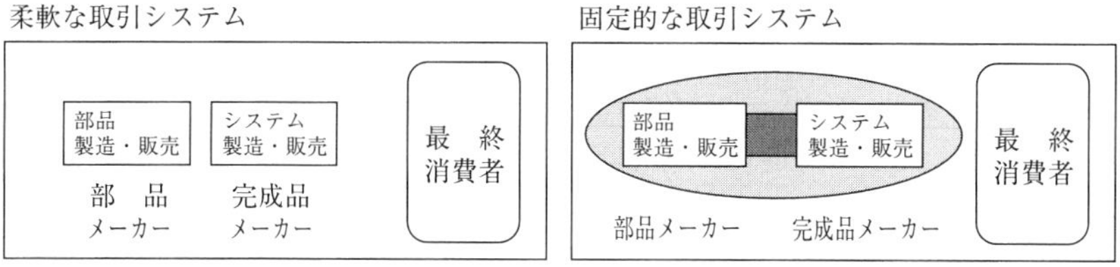

柔軟な取引システム　　　　　固定的な取引システム

ひとつはそこに組み込まれるディスプレイのような部品の製造・販売である．これら2種類の活動を，同一企業が行なうことも可能であり，また別々の企業が行なって部品の取引を行なうことも可能である．

　このような活動の全体像をおさえた上で，柔軟な取引システムと固定的な取引システムという2つの理念型を特徴づけておくことにしよう．柔軟な資源動員の可能な取引システムでは，ウオッチ・メーカーは，LEDでもLCDでも外部の企業から比較的自由に調達することが可能であり，また同時に，その部品を製造・販売している事業を比較的自由に売買することが可能であるという特徴をもっていると考えよう．また資本の調達や技術者や労働者などの採用と解雇，流通システムへのアクセスも，同様にかなり自由に行なうことが可能である取引システムであると特徴づけておこう．

　もうひとつの取引システムは資源動員が柔軟ではない，固定的なシステムである．この取引システムでは，自由な部品取引も自由な事業の売買も非常に難しいとしよう．固定的な取引システムの下では，将来の時点でLCDを使用したいとウオッチ・メーカーが考えるならば，現在の時点から特定の部品供給業者と固定的な取引を開始するか，自社内で内製を開始しなければならない．しかも日本型の取引システムでは，いったん特定の部品供給業者と取引を開始したり，内製を始めると，自由に取引先を変えたり，製造設備を売却したりすることが難しいとしよう．また資本の調達や人的資源の採用及び解雇も，流通システムへのアクセスもそれほど自由には行なえないと考えておこう．

　このような柔軟な取引システムと固定的な取引システムという特徴づけは，もちろん細かい点では必ずしも現実の日米の取引システムの姿とすべての点

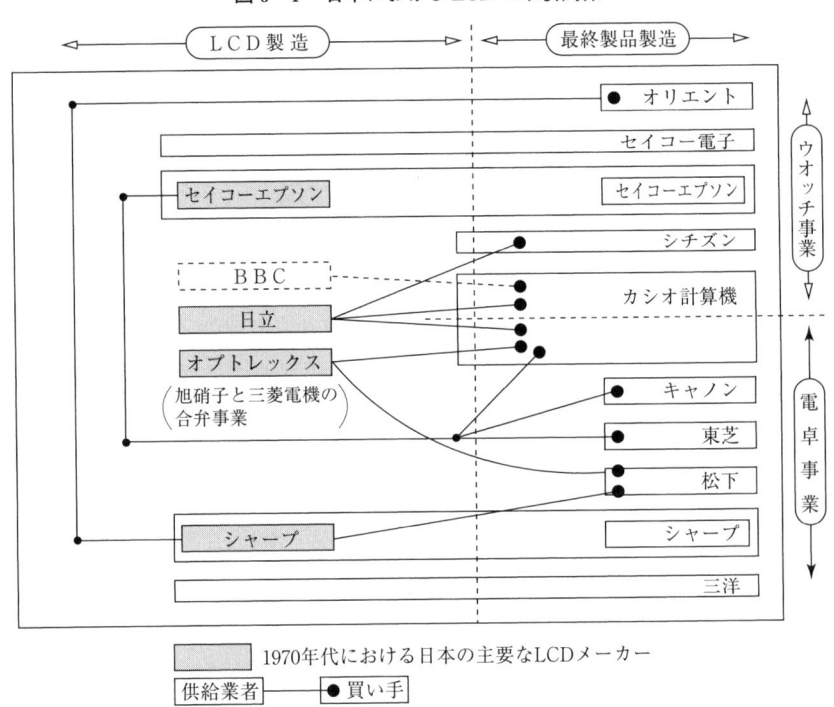

図 6-4 日本における LCD の取引関係

```
←―― LCD製造 ――→ ←―― 最終製品製造 ――→
```

- オリエント
- セイコー電子
- セイコーエプソン ─ セイコーエプソン
- シチズン
- BBC
- 日立 ─ カシオ計算機
- オプトレックス（旭硝子と三菱電機の合弁事業）
- キヤノン
- 東芝
- 松下
- シャープ ─ シャープ
- 三洋

ウオッチ事業 / 電卓事業

▭ 1970年代における日本の主要なLCDメーカー
供給業者 ──●買い手

で一致しているわけではない．だが，実際の事例を見てみると，上で簡単に対比した柔軟な取引システムと固定的な取引システムに近い実態を日米それぞれが備えていたように思われる．たとえば，図6-4には1978年頃の日本のウオッチ・メーカーとLCDメーカーの取引関係が示されている．日本のウオッチ・メーカーがLCDを内製していたか，もしくは少数の供給業者との継続的な取引関係を保有していたことが図から見てとれる．セイコー・グループは当初から内製し，シチズンは日立からの供給を一部受けながら，徐々に内製へと向かった．またオリエント時計はシャープからモジュールの供給を受け，カシオは当初はBBCと日立，後には日立1社から供給を受けるようになっている[79]．

これに対してアメリカでは，活発な買収や自由な市場取引が行なわれてい

た．たとえばアメリカ最大のLCD供給業者だったベックマン・インストゥルメント社はスペリー社のディスプレイ部門を買収することで1974年にLCD産業に参入し，その後は比較的自由な市場取引を行なっていた．同社の顧客リストは年間に85パーセントも移り変わっていたと言われている[80]．またLCDもしくはLCDウオッチのベンチャー・ビジネスが1970年代の初めに多数出現し，それらのベンチャー・ビジネスを半導体メーカーなどの大規模企業が活発に買収していた．細かい点では多少不適合な部分があるとしても，日本の取引システムを固定的な取引システム，アメリカのそれを柔軟な取引システムと特徴づけたとしても，大きな間違いはないように思われる．

### (4) 要約

　一般に共有されているイメージ（図6-1）とは異なり，柔軟な取引システムの方が固定的な取引システムよりも技術転換のタイミングが遅れるという変則（anomaly）が存在したことがここまでの記述で明らかになったと思われる．すなわち，柔軟な取引システムによって特徴づけられるアメリカのLCD業界が，固定的な取引システムによって特徴づけられる日本のLCD業界よりも，システム全体レベルでの技術転換のタイミングが遅れた，ということである．柔軟な取引システム→遅い技術転換，固定的な取引システム→早い技術転換というマクロ変数間の関係を確認した上で，次節ではそのようなマクロ変数間の関係が，企業人たちの抱いた意図やその意図に基づいた行為と相互行為の結果として，何故，どのように創発したのかを明らかにする作業を行なうことにしよう．

---

[79] 各社の取引関係については，『日経産業新聞』(1977年5月13日), p.2と著者の調査に基づいている．

[80] ベックマン社の記述については次の文献を参照した．*Electronics* (February 17, 1977), pp. 65-66 ; *Electronics* (January 6, 1977), p. 67 ; *Electronics* (September 8, 1981), pp. 50-51.

## 4. 解釈と合成

### (1) 当事者たちの直面した技術の選択肢

　デジタル・ウオッチ用電子ディスプレイの選択は，今から振り返って見ると，技術的には明確な「正解」のある問題だったように思われる．表6-1にはウオッチ用各種電子ディスプレイの特性比較が示されている．ウオッチに要求されるさまざまな性能，すなわち(a)小型のボタン電池1個で1年間以上作動し（消費電力28$\mu$W以下），(b)体積が小さく，(c)動作温度範囲がマイナス10度からプラス60度で，(d)最低5年の耐久性をもつ，などを考えれば，この表からLEDの消費電力の大きさが致命的であることが分るように思われる[81]．LEDウオッチは表示自体は見やすいが，消費電力が大きいため常時時間を表示しつづけることができない．そのためLEDウオッチは時間を確認するためにボタンを押さなければならなかった．これに較べるとLCDウオッチの表示は見にくいけれども，消費電力が小さいので常時時間を表示しつづけることができる．LEDウオッチは，少なくとも時間を確認するというウオッチ本来の機能から見るかぎり，技術的に不完全な商品だと考えられる．

　LCDの第1世代と呼ばれているDSM（Dynamic Scattering Mode：動的散乱モード）のLCDは消費電力ではLEDに圧倒的に優っているけれども，駆動電圧が高いので昇圧回路を必要とし，その分だけコスト高になってしまう．したがってDSM-LCDとLEDの比較ならば，必ずしもどちらが

表6-1　LCDとLEDの特性比較

| ディスプレイ・タイプ | 駆動電圧 | 消費電力 | 寿命 | 応答速度 | 動作温度範囲 |
| --- | --- | --- | --- | --- | --- |
| DSM-LCD | 10〜15V | 10〜100$\mu$W/cm² | 10,000時間以上 | 10〜200ms | 0〜70度C |
| TN-LCD | 2〜6V | 1$\mu$W/cm²以下 | 50,000時間以上 | 10〜200ms | −5〜70度C |
| LED | 1.5〜2V | 〜10mW/cm² | 5,000,000時間以上 | 100ns以下 | −30〜80度C |

［出所］山崎淑夫（1979年），107ページに変更を加えて掲載．

---

(81) 山崎（1979），pp. 106-107.

正解だったということを強く主張することは難しいかもしれない．しかし，第2世代のLCDであるTN（Twisted Nematic Mode：ねじれネマティック・モード）の場合には，駆動電圧についても消費電力についても優れたパフォーマンスを示している．

　歴史的な過去の事象に関して，現時点から振り返って行なわれる推論では，しばしばタイミングの問題について見過ごしが生じやすい．ここではこれら3つの技術の選択肢が同時に出現したのではなく，時間差をもってひとつずつ新聞発表や技術学会，専門誌などを通じて人々に知られるようになっていったことに注意しておきたい．そうすることで，新規に開発するべきデジタル・ウオッチのディスプレイとして何を魅力的だと当時の意思決定者たちが考えたのかについて，より妥当な解釈を行なうことができるはずである．

　発明そのものに関して言えば，この3つのうち最も古いのはLEDである．LEDは既に1923年には発明されていた．ただし実際に産業界で応用が進むのは1960年代である．LCDの主要な材料である液晶物質そのものの発見については1888年にまでさかのぼることは可能であるが，それがディスプレイの材料として応用可能であることが示されたのは1960年代の末であった．1968年にDSM-LCDの発明がRCAによって公表され，その後，71年までにはTN-LCDが発明される．発明や発見の時期についてはかなり食い違っているけれども，本格的な商業生産の開始についてはそれほどの差はない．LEDは初めはモンサント社とヒューレット・パッカード社によって1968年に商業化され，DSMは70年にベンチャー企業のオプテル社によって，またTNは72年にイリクスコ社というベンチャー企業によって市場導入された．

　TN-LCDは遅くとも1971年2月にスイスのホフマン・ラ・ロッシュ社のシャットとヘルフリッヒが論文発表しており，またそれ以前に発明を完成させていたと言われているアメリカのファーガソンは72年頃から自ら設立したベンチャー・ビジネスのイリクスコ社で既に生産活動に入っていたと言われている[82]．したがって，やはり，少なくとも1973年頃の技術選択を，マーケティングなどの立場からではなく，純粋に技術者の立場から考えるならば，

---

(82) 沼上（1991）．

表6-2 デジタル・ウオッチに関する初期の技術選択

| 会社名 | 供給業者名 | 回路 | ディスプレイ | 価格 |
|---|---|---|---|---|
| ベンラス<br>(Benrus, アメリカ) | 公表せず | CMOS | 通常の文字盤<br>(Conventional) | 来月発表予定 |
| ブローバ<br>(Bulova, アメリカ) | インターシル<br>(Intersil) | CMOS | 通常の文字盤 | $250-$1,200 |
| ジェネラル・タイム<br>(General Time, アメリカ) | RCA | CMOS | 通常の文字盤<br>とデジタル | 今秋発表予定 |
| ハミルトン<br>(Hamilton, アメリカ) | RCA,<br>アムペレックス(Amperex) | CMOS | LED | $2,100 |
| マイクロマ<br>(Microma Universal, アメリカ) | 社内, モトローラ(Motorola) | CMOS | LCD | 未発表 |
| タイメックス<br>(Timex, アメリカ) | ヒューズ(Hughes), RCA | CMOS | 通常の文字盤 | $125 |
| エボーシュ/ロンジン<br>(Ebauches/Longines, スイス) | TI | バイポーラ | LCD | $300 |
| ジラール・ペルゴー<br>(Girard Perregaux, スイス) | モトローラ | CMOS | 通常の文字盤 | $250 |
| オメガ<br>(Omega, スイス) | ユーロシル(Eurosil), インターシル, オプテル(Optel) | CMOS | LCD | $185 |
| ウォルサム<br>(Waltham, スイス) | オプテル | CMOS | LCD | $185 |
| スミス<br>(Smith's Industries Ltd., イギリス) | 社内 | CMOS | 通常の文字盤 | 開発中 |
| セイコー<br>(Seiko, 日本) | インターシル | CMOS | 通常の文字盤 | $400-$600 |

[出所] *Electronics*（May 22, 1972, p. 60）を若干修正の上，転載．

TN-LCDが「最適」なディスプレイとして選択されていたはずである．実際，1972年時点で多くのウオッチ企業などが研究開発ターゲットとしていたのはLCDウオッチであった．表6-2にはアメリカの『エレクトロニクス』誌がまとめた各社の技術選択が示されている．多くの企業がまだ通常の文字盤を選択しているけれども，デジタル・ウオッチの中ではLCDが主流であったことが，この表から明らかである．したがって，1973年頃に参入意思決定を行なった企業の意思決定者たちにとって，既にTN-LCDがLEDやDSM-LCDと同列に並んだ選択肢のひとつであったと解釈するのが妥当であろう．

## (2) 技術進化シナリオ

　しかし，現実には既に図6-3で見たように，1974年以後に始まるデジタル・ウオッチの本格的市場成長期にアメリカで支配的なディスプレイとなるのはLEDであり，日本ではLCDであった．日米のデジタル・ウオッチの市場で技術選択に顕著な差が現れた理由として，様々な理由が実務家からあげられている．たとえばアメリカ人は赤い色をした発光型のディスプレイ（LEDやプラズマ・ディスプレイ）を好み，日本人は黒とグレーのモノトーンのディスプレイ（LCD）を好むというような，地域や文化に根差した色の嗜好が大きく影響したという見解や，当時のデジタル・ウオッチを生産していたアメリカ企業の技術者の中で固体物理学を学んでいた人が多く，彼らは「有機物質は信頼性が低い」という偏見をもっていたため，技術選択にバイアスがかかったという見解などである．たしかにこれらの見解は一面で説得力のある説明を与えている．だが，以下で述べるように日本でもアメリカでも，1975年にはLCDがウオッチ用の電子ディスプレイとして支配的な部品になるという予測がかなり強く存在していた．それ故，市場のバイアスや技術者のバイアスなどが存在したためにアメリカにおける初期の技術選択が多少ともLEDに有利に働いたとしても，なぜアメリカでは1978年頃まで現実の技術転換が生じなかったのかを考える必要がある．この問題を考える上で，まず日米の企業人たちが当時，LEDとLCDの技術進歩について，どのようなシナリオを描いていたのかを了解する作業を行なっておこう．

　まず日本の企業人たちはどのようなシナリオを描いていたのだろうか．1970年代の前半の時点でも後半でも，日本の技術者の間ではウオッチ用の電子ディスプレイとしてはLCDが支配的になるという予測がかなり広く共有されていた．たとえば1972年の『日経エレクトロニクス』誌には次のような文章を見いだすことができる．

　　日本電子工業振興協会が派遣した新機能デバイス海外調査団の報告によると，1975年にはLED市場は液晶の台頭で飽和するとの予測を出している．「液晶が最終的にどうなるかはわからないが，まずポータブルなものから使われ始め，それが新技術の土台になり，さらに新しいニー

ズの土台にもなっていくだろう」との見方が一般的だ[83]．

だが興味深いことに，アメリカにおいても1973年までの時点では，長期的にはLCDが支配的になり，その転換点が75年だという予測が強く主張されていた．たとえば，1970年末，つまりまだTN-LCDが知られておらず，DSM-LCDのみに基づいて予測を立てなければならなかった時期に，『米エレクトロニクス』誌は，RCAやTI社などの半導体に強いメーカーの見解を次のように記している．

> その低い製造コスト故に，長期的にはこのタイプの表示がLEDよりもより多くのウオッチに使用されるかもしれない．RCAもテキサス・インストゥルメンツ（ダラス）も，ウオッチに使用できるような液晶ディスプレイを開発中である[84]．

また1972年の同誌では，RCAの固体素子事業部のMOS製品担当マネジャーがLCDの将来性について，「LCDが1975年までに，またそれ以後にもわたって支配的なディスプレイとなることに関して，私の頭の中には一片の疑念もありません[85]」と述べている．さらに1973年に提出されたアメリカのデジタル・ウオッチ市場に関する調査報告書はLCDの将来性を高く評価し，LEDとLCDの技術転換が1975年であろうと予測している．

> LCDは技術的にも経済的にも主流となる運命にある．液晶に関する製造の問題は，'72年には解決されるだろうし，'75年には数字1個当りの単価は，LEDの半分になるだろう．消費電力も少ないので，'75年には，デジタルの主要な位置を占めるだろう[86]．

---

(83) 『日経エレクトロニクス』（1972年5月8日），p. 33.
(84) *Electronics* (December 21, 1970), p. 84.
(85) *Electronics* (May 8, 1972), p. 73.
(86) Comité Professionnel Interregional de la Montre (1976), p. 11.

**図6-5 日米の意思決定者の1973年時点の技術進歩シナリオ**

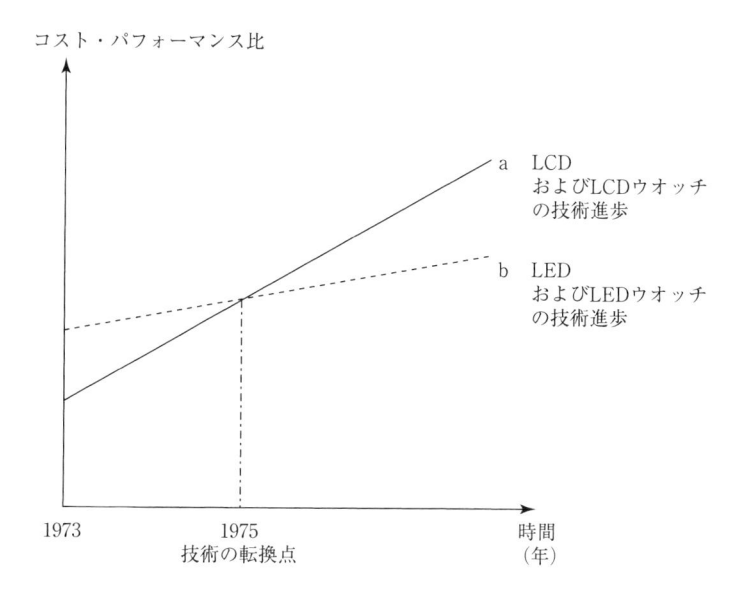

```
コスト・パフォーマンス比
│
│              a  LCD
│                 およびLCDウオッチ
│                 の技術進歩
│
│              b  LED
│                 およびLEDウオッチ
│                 の技術進歩
│
└─────────────────────→ 時間
  1973  1975              (年)
        技術の転換点
```

　もちろんLCDに関して，信頼性や動作温度範囲が狭いことなどを指摘する批判的な見解も存在したけれども，1970年代の前半にはウオッチや電卓に関してLCDが長期的には支配的なディスプレイになるという見解が多かったように思われる．しかも1973年頃までの予測によれば，LCDウオッチとLEDウオッチの技術選択の転換点は1975年頃のはずであった．

　以上のような技術予測に基づいて考えると，1973年頃の日米の技術者たちは共に，基本的には図6-5のような技術進歩シナリオを持っていたと了解できる．すなわち，1975年までは信頼性や色に関する嗜好などの問題も含めて，LEDがLCDよりもコスト・パフォーマンス比の高い電子ディスプレイであるけれども，それ以後はLCDのコスト・パフォーマンス比がLEDのそれを凌駕する，という信念を両国の技術者がもっていたと考えられるのである．

### (3) ウオッチ・メーカーの戦略

 異なる取引システムの構成員であるウオッチ・メーカーが，1973年頃にLCDとLEDという2つの部品技術の選択肢に直面しているとしよう．このとき，それぞれの取引システムに属している企業はどのような技術選択を行なうのが最適な戦略であろうか．企業は少なくとも意図の上では合理的に行動すると想定して，2つの異なる取引システムに所属していた企業の意図を解釈していこう．

 まず，個々の企業は技術進歩が与件（適応するべき環境要因）であると考えていると仮定しよう．つまり，1973年時点ですべてのウオッチ・メーカーがどのような部品選択を行なっていても，自社の行動が取引システム全体のたどる技術進歩の速度に影響を及ぼさないと想定していると考えるのである[87]．このような信念をもっているウオッチ・メーカーはどのような技術選択の戦略を考え，取引システム全体の技術進化経路をどのように予想するだろうか．当時の意思決定者たちの思考経路を簡単につかむために，2つの追加的な仮定を置いておこう．まず第1に，最終消費者はその時点のコスト・パフォーマンス比だけを見て購買の意思決定を行ない，その結果，コスト・パフォーマンス比の高い製品を提供している企業は利潤を獲得し，コスト・パフォーマンス比の低い製品を提供している企業は損失を被ると考える．また第2に，1973年の時点から75年の時点までよりも，75年時点以後の方が時間的に長いと考えておく[88]．事例に即してより具体的にいえば，LEDウ

---

[87] たとえばアメリカでは市場の需要が現時点では存在しなくても研究開発には予算がつく場合がある．その意味では日本企業よりもはるかに長期志向の研究開発管理が行なわれていると言った方がいいだろう．実際，IBMやゼロックス社の研究所などでは，自社でLCDの事業化を当面の間行なう意図がなくても，LCDの研究開発が長年継続されていた．したがってアメリカのウオッチ・メーカーが自分でLCDを採用しなくても，いつか何らかの発明がこれらの研究志向の企業から生み出され，LEDよりも優れたコスト・パフォーマンス比をもつLCDが生まれるに違いない，という信念をもったとしても不思議ではない．同様に1973年時点の日本企業の技術者たちにとっても，技術進歩の少なくとも一部が自分たちの努力とは関係なくアメリカ企業から生み出されるという信念を形成したとしても不思議ではない．

[88] 本章で「時間的に長い」という表現は，個々の企業の獲得する利潤が時間の長さに比例していると仮定し，時間選好率がそれぞれのシステム内では一定であると仮定

オッチは1975年までは支配的な設計だろうが，75年以後はかなり長期にわたって（たとえば1985年以降にもわたって）LCDウオッチが支配的な設計になり，しかもその時点までにもっと市場が成長しているだろう，と多くの企業が予想していたと考えるのである．

　まず比較的自由な取引と自由な参入・退出で特徴づけられるアメリカ型の取引システムの場合には，ウオッチ・メーカーは何時(いつ)でも自由に望んだ部品を手に入れることが可能であると考えているから，1975年まではLEDを採用し，75年以後はLCDを採用するのが長期的に最適の戦略である[89]．したがって一部には初めからLCDを採用する「非合理的」なウオッチ・メーカーが存在するとしても，大半の企業はまずLEDを採用し，LCDのコスト・パフォーマンス比がLEDのそれを上回ったらLCDに転換しようと考えるであろう．

　これとは対照的に，日本のような固定的な取引システムでは，将来時点でLCDを用いた完成品を提供するためには，1973年時点で自ら固定的な投資を行なうか，部品供給業者と特定的な供給契約を結ばなければならないと意思決定者は考えるであろう．より現実に即して言えば，LCDの研究開発プロジェクトを開始したり，生産ラインをつくったり，部品会社に生産をお願いしたら，後で中止とか撤退という意思決定を行なうのはなかなか難しい，と意思決定者が感じたということである．したがってほとんどの企業が1975年の技術転換を信じている限り，当初からLCDを採用するのが長期的に合理的な戦略である．もし自社がLEDを採用し，しかも他の企業が1社でもLCDを採用する意思決定を1973年に行なったとすれば，75年以後に長期的な損失を被るからである．もしほとんどのウオッチ・メーカーが1973年に

---

　　した上で，ある時点までの利潤よりもある時点以後の利潤の現在価値の方が大きいような場合を想定している．
(89)　この時，LEDに対する需要は，迅速に満たされると考えられるし，1975年以後に完成品メーカーが技術選択をLCDに代えれば，またそれに即座に反応してLCDの製造業社が迅速に生産設備を増強するはずである．選択されなくなったLED部品を供給していた企業も社内の部品事業部も，生産設備を他の用途向けに転用したり，他の用途向けの転用を考えている企業（この産業システム外に存在する）に売却できるだろう．

LCDを採用し，ごく一部の企業がLEDを採用するのであれば，日本における技術進化経路は75年まではLEDウオッチ，それ以後はLCDウオッチとなる．

以上のように，どちらの取引システムについても，多少の「長期非合理的」な企業が存在するのであれば，1975年まではLEDウオッチが市場で支配的になり，それ以後はLCDウオッチが市場で支配的になる，というシステム全体レベルでの技術選択パターンが予想されるはずである．

### (4) 生成される技術進化経路

ウオッチ・メーカーが前節のような予想を形成したとしても，現実には，その予想に基づいた行動の結果として異なる事態が発生する．ウオッチ・メーカーの行動しだいで，部品メーカーに経験効果が生まれたり，部品供給産業周辺の産業基盤が向上したりするからである．LCDやLEDが既に確立された大規模な産業であり，ウオッチ用の需要がこの部品産業の全売上に較べて無視できるほどに小さいのであれば，これらの効果も同様に無視できるかもしれない．しかし，1977年時点で，個数ベースでみると全世界のLCDの57パーセントがウオッチ用であり，残りが電卓用であった[90]．LCDがウオッチや電卓以外に主たる応用を広げていくのは1980年以後であるから，70年代にはウオッチ用ディスプレイとしてどちらのディスプレイが支配的な設計となるのかによって，部品産業の達成可能なイノベーションや経験効果は大幅に変わったのである．

また，LCDがウオッチのディスプレイとして支配的になれば，マーシャルの外部経済が生まれる．つまり，液晶材料やガラス，LCD製造装置などを製造・販売する企業がウオッチ・メーカーの意思決定の結果を見て，部品等の供給産業に利潤機会を見いだし，そこで実際に生産活動を創始することで技術力を向上させ，LCDのコスト・パフォーマンス比が向上し，ひいてはLCDウオッチのコスト・パフォーマンス比が向上する，という意思決定と学習の連鎖が生まれるはずである．実際，初期の液晶材料分野の日本メー

---

(90) 電波新聞社編 (1981), p.603.

カー（大日本インキ化学工業とチッソ）は，どちらもLCDメーカーから物性の評価方法などについて濃密な指導を受けており，そのLCDメーカーとの相互作用を通じて初めてエレクトロニクスのデバイスに部品として組み込まれる有機物質の評価方法を学び，技術力を向上させていったと言われている[91]．

　以上のようなウオッチ・メーカー自らの行動によって「環境」に生み出される〈内生的技術進歩〉は，より支配的な部品技術には大きく作用し，よりマイナーな部品技術には小さく作用すると予想される．つまりこのような効果は，多数の企業が同じ部品技術を選択した時に発生するのであって，極端にいえば小規模な企業が1社だけで行なった部品技術の選択のみによっては発生しない．ここでは作図上の便宜を考えて，支配的な技術の側に毎年一定の内生的技術進歩が発生し，他方の技術には一切の内生的技術進歩が発生しないものと仮定しよう．すべての企業が同じ規模でスタートすると仮定すれば，より多くの企業が選択したものが支配的な部品技術になる．もしアメリカ型の柔軟な取引システムが新古典派経済学の完全競争モデルの想定するようなものであれば，厳密に言うと無限の数の企業が参入し得るので，無限の企業数の過半数を考えなくてはならないという事態に陥ってしまう．しかし現実のアメリカ型の取引システムは，比較的柔軟なのであって，完全に柔軟なわけではないので，このような問題は現実解釈の上では重要ではない．

　またやはり作図を容易にするため，LCDとLEDのどちらが支配的なアプローチになっても，同じレベルの効果が発生するものと考えておこう．図6-6でいえば，直線aとa′の成す角度がbとb′の成す角度と同一であると仮定するのである．なお，ここでもまた1973年から78年よりも，78年以後の時間の方が長いと皆が考えていると仮定しておこう[92]．

---

(91) ロディック株式会社・藤田豊インタビュー記録（1988年12月2日）．
(92) ここで置かれた作図上の便宜のための諸仮定を多少変更しても議論の本質はほとんど変わらない．たとえば，〈内生的技術進歩〉の大きさが，その技術を選択した企業数に比例するように変更したとしても，柔軟な取引システムでは外部効果が産業システムによる技術選択と同時に即座に発生し，固定的な取引システムでは時間と共に増えると仮定しても，両技術で多少〈内生的技術進歩〉の発生率が異なるとしても，議論の本質はほとんど左右されない．

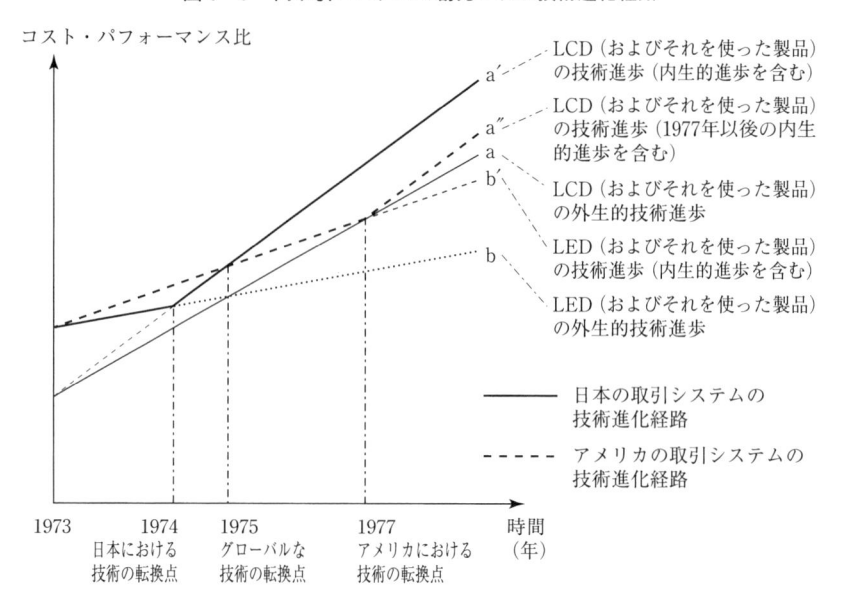

図6-6 両取引システムで創発される技術進化経路

コスト・パフォーマンス比

a′ ⋯ LCD（およびそれを使った製品）の技術進歩（内生的進歩を含む）
a″ ⋯ LCD（およびそれを使った製品）の技術進歩（1977年以後の内生的進歩を含む）
a ⋯ LCD（およびそれを使った製品）の外生的技術進歩
b′ ⋯ LED（およびそれを使った製品）の技術進歩（内生的進歩を含む）
b ⋯ LED（およびそれを使った製品）の外生的技術進歩

―― 日本の取引システムの技術進化経路
---- アメリカの取引システムの技術進化経路

1973　1974　1975　1977　時間（年）
　　日本における　グローバルな　アメリカにおける
　　技術の転換点　技術の転換点　技術の転換点

　さて，このような仮定の下では2つの取引システムはどのような技術進化経路を創発するであろうか．アメリカのような柔軟な取引システムでは，まず大半のウオッチ・メーカーがLEDを選択するから，LEDが支配的な技術アプローチとなり，皆が事前に予想していた技術進歩経路bよりも，少し技術進歩スピードの速いb′が実現されるはずである．他方，LCDの技術進歩は，スタート時点で支配的な技術アプローチとなりそこねたため，技術進歩経路aのままにとどまり，a′は実現されない．

　これに対して日本のような固定的な取引システムの下では，大半のウオッチ・メーカーは当初からLCDを選択するので，LCDの内生的技術進歩が創造され，直線a′が実現される．LEDウオッチを生産・販売する企業はごく少数しか存在しないので，LEDの内生的技術進歩は発生せず，直線b′は実現されない．

　どちらの取引システムにも若干数の「非合理的」な企業が存在すると考えれば，日米それぞれの取引システム全体がたどる技術進化経路は図6-6の

太実線と太破線のようになる．つまりアメリカ型の取引システムでは1977年までLEDが支配的な技術アプローチとなり，それ以後はLCDが支配的になる．日本型の取引システムでは技術転換点は1974年である．図6‐6は，現実に生じた日米の技術転換の事例にかなり近付いていることが明らかであろう．この図とこれまでの議論から得られるインプリケーションをまとめておこう．

① 図6‐6から明らかなように，内生的な技術進歩が存在するのであれば，日本的な取引システムではアメリカ的な取引システムよりも早いタイミングで技術転換が生じる．しかも図6‐5と図6‐6を比較すれば分るように，日本的な取引システムでは当初に各企業が予想したよりも早いタイミングでLCDウォッチが利潤を上げる事業になり，逆にアメリカ的な取引システムでは当初の予想よりも遅れた時点までLCDウォッチは損失を生み続ける事業となってしまう．

　実際に，アメリカでは1970年代の初めに設立されたLCD及びLCDウォッチのメーカーの多くが77年までの間に経営不振に陥っている．たとえば，RCAのLCD開発チームのメンバーが参加したオプテル社は，1976年から77年までアメリカの会社更生法（Chapter XI）の適用を受けて大幅な人員整理を行なったし，72年にマイクロマ社を買収してこの事業に参入したインテル社は77年に撤退している[93]．やはり1972年にイリクスコ社からTN-LCDの供給を受けてLCDウォッチの生産を開始したグルエン社も77年に会社更生法の適用を受ける事になった[94]．図6‐3に見られたように，アメリカにおけるLCDウォッチの需要は1976年ないし77年から急速に増大しはじめるのだから，76～77年頃にこれらの企業が経営不振に陥ったり，退出したりするのは直観に反するように思われるかもしれない．しかし，(a)当初の予想よりも技術転換のタイミングが大幅に遅れ，しかも(b)1977年から始まる急激な技術転換故に

---

(93) オプテル社については *Electronics* (July 8, 1976), p. 40を，インテル社については *Electronics* (September 15, 1977), p. 34をそれぞれ参照した．

(94) *Electronics* (Ausgut 16, 1973), p. 33および *Business Week* (May 2, 1977), p. 78.

LED ウオッチ・メーカーが倒産し，在庫処分などの投げ売りが行なわれ，それによって非常に密接な代替品である LCD ウオッチの市場価格も低下した[95]．実はこの技術転換点は古い技術を使っている企業にとっても新しい技術を推進している企業にとっても，財務的には苦しい時期となってしまったのである．

② モデルの示すところによれば，1975年を境にして２つの取引システムの競争優位は逆転する．1975年まではアメリカ型の取引システムが，それ以後は日本型の取引システムが優位に立つ．このモデルの設定からすると，アメリカのウオッチ・メーカーは1975年以後にも LCD の供給業者を見つけだせれば世界的なコスト・パフォーマンス比のフロンティアに位置し続けることができる．しかし部品産業はそうならない．アメリカ型の取引システムに属す LCD メーカーは1975年以後，日本の LCD メーカーにコスト・パフォーマンス比で追い付くことができなくなる．長期的にはアメリカの取引システムから LCD メーカーが消えるはずである．

　実際，1976年までは，アメリカと日本のウオッチ生産量はほぼ同程度であったが，アメリカのウオッチ生産量はその後81年までにはほとんど無視できる水準にまで急速に低下していった．この生産量の推移は，アメリカ企業の海外生産が増えたことを示しているのであって，この時点でアメリカ企業のブランドをもつ製品が世界から消えたことを意味しているわけではない．たとえばタイメックス社は台湾に生産拠点をもち，1982年の時点でもアメリカのデジタル・ウオッチ市場の20パーセント以上を保有していたと思われる[96]．

　しかしアメリカの LCD 産業は1981年までにほとんど消失したといっても過言ではない．日本企業による LCD の対米輸出は1976年～77年頃から徐々に始まる．この時点から，たかだか数年の間に，日本製の LCD がアメリカ製の LCD を急速に駆逐することになった．アメリカ

---

(95)　*Business Week* (May 2, 1977), pp. 78-79.
(96)　日野 (1982), p. 450.

には1981年まで，その時点での日本の大規模メーカーと同程度の生産量をもつ企業が2社（ベックマン・インストゥルメント社とフェアチャイルド社）存在したが，市場における激しい価格競争と技術競争についていくことができずに81年に2社ともにウオッチ用LCD市場からは撤退した[97]．ここで展開されているモデルに基づいて考えると，アメリカのLCDの大量生産メーカーが1981年に退出する原因として，70年代後半の日本メーカーとの競争だけに言及するのは不十分であろう．むしろベックマン社やフェアチャイルド社は，1970年代の前半には自国のLEDメーカーに市場を奪われ，その結果十分な経験効果や外部効果を生み出せなかったのであり，そのことが70年代後半からの日本のLCDメーカーとの競争に十分に対処できなくなった重要な理由のひとつであると思われる．

## (5) 超合理的な企業

ここまでの議論では，各企業の集合的な技術選択の結果として発生する内生的技術進歩については，各企業は意識していない状況を考えていた．この仮定は，アメリカのベンチャー・ビジネスのような小規模な企業については成立すると思われる．だがアメリカのウオッチ産業には，TI社やフェアチャイルド社などの大規模企業が存在した．これらの企業が，内生的な技術進歩をも考慮に入れ，しかも日本の取引システムで生じていることも調査し，グローバルな視野をもって技術戦略を構想していたと仮定すると，これまでのモデルの分析にどのような変更が必要になるのであろうか．ここでは，このような広い視野をもった企業を簡便のため超合理的な企業と呼んでおく．

本章で用いられた簡単なモデルをベースにすると，超合理的企業は次の2つの戦略の選択肢に直面していたと解釈できる．このようなグローバルな視野を持ち得た企業の意思決定者の思考経路を読み解き，その結果として選択される戦略がアメリカ型の取引システムにどのような影響を及ぼすのかを考えてみよう．

---

(97) *Electronics* (September 8, 1981), pp. 50-51.

①戦略代替案1　超長期戦略：

　　　　　　　　　　当初からLCDウオッチの大規模な事業化を行なう

モデルの設定に基づいて考えれば，アメリカでは過半数の企業がLEDを選択してしまい，そうすることでLEDに内生的技術進歩を生み出してしまう．したがって長期的には日本のLCDメーカーにアメリカのLCDメーカーが対抗できなくなる．ここまで予期した上で更に，LCDが発明後20年以上の年月を経て今日のような大規模な産業に成長するのだと信じている企業が存在すると考えよう．1990年以後のLCD産業から得られる利潤が1970年代の損失を埋め合わせても十分な額だとこの企業は信じているとしよう．このとき，この企業の追求するべき戦略は，当初から大規模な投資をLCDそのものとLCDウオッチに対して行なうことであろう．つまり他の企業のLEDウオッチに対する投資合計額を上回るような投資をLCDウオッチに対して行ない，そうすることでLCDの側に経験効果やマーシャルの外部経済が発生するように取引システム全体を方向付けるのである．しかし数多くのベンチャー・ビジネスや大規模な半導体メーカーのいくつかがLEDウオッチを製造・販売していた当時の状況を考えると，その合計を上回るだけの投資をどこか1社だけでLCDウオッチに投入できると考えることは難しい．しかもこの企業は，それだけの投資を行なった上で，さらに1974年までは損失を甘受しなければならないのである．アメリカ型の取引システムのように短期利潤追求行動をとることが比較的容易だという信念が存在するかぎり，超合理的な企業がもし長期的な視野をもっていたとしても，本当に長期的な戦略を実行できる可能性は限られたものでしかない．短期的な業績評価を行なう株主などが存在しなくても，このような取引システムの下では長期的な戦略は採りにくいのである．

②戦略代替案2　中期戦略：

　　　　　　　　　1978年時点までで利潤最大化するような設備投資を行なう

　いまかりに設備投資の規模が耐用年数に応じて変わり，より耐用期間の長い設備が生み出す製品は，耐用期間の短い設備の生み出す製品より

**図6－7　超合理的企業の戦略代替案2**

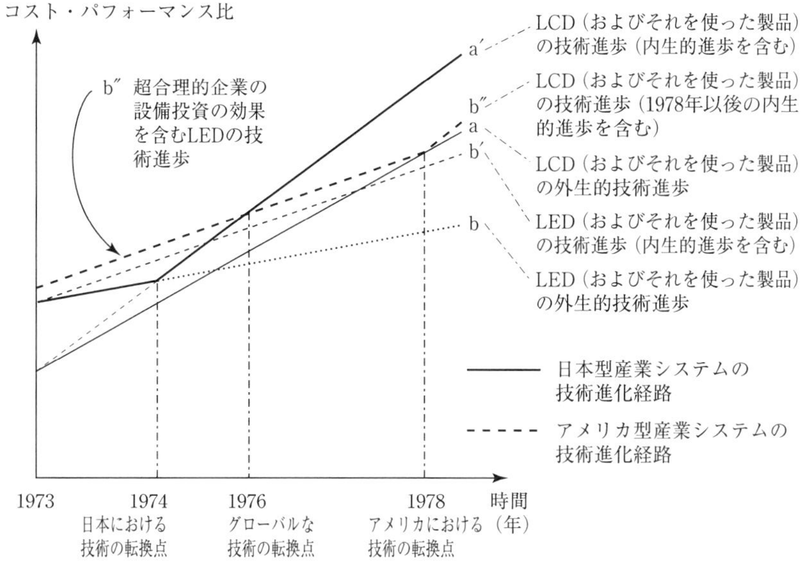
コスト・パフォーマンス比
b″ 超合理的企業の設備投資の効果を含むLEDの技術進歩
a′
b″
a
b′
b
LCD（およびそれを使った製品）の技術進歩（内生的進歩を含む）
LCD（およびそれを使った製品）の技術進歩（1978年以後の内生的進歩を含む）
LCD（およびそれを使った製品）の外生的技術進歩
LED（およびそれを使った製品）の技術進歩（内生的進歩を含む）
LED（およびそれを使った製品）の外生的技術進歩
日本型産業システムの技術進化経路
アメリカ型産業システムの技術進化経路
1973
1974
日本における技術の転換点
1976
グローバルな技術の転換点
1978
アメリカにおける技術の転換点
時間（年）

も，コスト・パフォーマンス比が若干高いと考えてみよう[98]．このように考えると，超合理的な企業の直面するもうひとつの戦略が見えてくる．

仮定から，他の企業の多くはたかだか1975年時点までの利潤を最大化するような規模の設備投資を行なっている．これらの企業の設備投資が集計された効果としてLEDメーカーに経験効果が発生し，またその周辺の産業基盤が向上している．この創造された技術進歩に加えてやや規模の大きい設備投資を行なうとLEDウォッチの技術進歩は図6－7の直線b″のようになる．つまり自社が行なう追加的な設備投資によってグローバルな技術転換がやや遅れて1976年になるのである．したがってこの超合理的企業は1976年までの利潤を最大化するような設備投資を行ない，76年までのアメリカ市場を支配しようとするであろう．

(98)　ただし，この投資は収穫逓減的であると仮定する．

超合理的な企業にとって，この戦略には明確なメリットがある．LED産業の経験効果やその周辺の産業基盤の向上は，高々1975年までしか視野におさめていない多数の企業が創り出したものである．これらの企業が意図せず創造してくれた外部効果にかなりの部分フリーライドし，しかもこれらの企業よりもコスト・パフォーマンス比の高いLEDウオッチを提供すれば，非常に安上りで効果の大きい戦略が実行できる．

現実の事例でこのように解釈できる行動を採ったのは，TI社であろう[99]．TI社は既に1970年代の初めからムーブメントを生産してはいたが，LEDウオッチの最終製品市場に本格的に参入するのは75年であった．同社は経験効果を追求し，積極的に自動化を進めて攻撃的なコスト・リーダーシップ戦略を採用した．当初から業界平均よりもかなり低めの価格設定で参入し，次々に低価格モデルを導入していった．1976年には20ドル以下のモデル，77年には10ドル以下のモデルを同社は市場に導入している．1977年に生じた数多くの米国ウオッチ・メーカーの倒産によって，77年以後のアメリカには大規模なウオッチ・メーカーは3社（TI社とタイメックス社，フェアチャイルド社）しか存在しなくなった．このようなLEDウオッチとLCDウオッチの両方のメーカーの徹底的な選択淘汰は，LEDからLCDへの需要の変化という要因ばかりでなく，TI社による低価格化の戦略実行によっても引き起こされたと考えられる．

現実にはTI社は1977年頃からLCDモデルを導入して技術転換を進めようとするのだが，結果的には十分な効果を達成できないまま80年代の初めにウオッチ事業から撤退してしまう[100]．したがってTI社の戦略が必ずしも上で記述したような合理的なものだったのかどうか疑わしいようにも思われる．だがもしTI社の非常に攻撃的なLEDウオッチ

---

(99) *Business Week* (May 2, 1977), pp. 78-79および *Business Week* (September 18, 1978), pp. 66-92.

(100) *Business Week* (June 15, 1981), p. 52および *Business Week* (June 22, 1981), pp. 62-64.

市場での戦略を合理的なものだと考えるのであれば，ここで示された解釈がひとつの有力なてがかりを与えるものとなるであろう．

③超長期戦略と中期戦略の相互影響

　上の2つの戦略をそれぞれ超長期戦略と中期戦略と呼ぶならば，アメリカ型の取引システムでは超長期戦略よりも中期戦略の方が採用されやすいというのがここでの結論である．長期的な技術進化経路を考えずに，その時点で最適な技術を採用する短期戦略が可能な（あるいは可能だと信じられている）取引システムでは，まず短期戦略をとる企業が多数参入する．これらの短期戦略をとる企業が多数存在するために超長期戦略をとることが難しくなると同時にその短期戦略の実行によって生み出された効果にフリーライドする中期利潤追求戦略が魅力的になる．中期戦略をとる企業が出現すれば，技術転換のタイミングが更に遅れる傾向が出てくるはずであり，その結果，さらに超長期戦略を追求することは難しくなるのである．

　日本の取引システムにここでいうような超合理的な企業が存在するならば，その企業は単に1974年までの損失を覚悟し，他企業とともに共同で創り出す内生的技術進歩に一部フリーライドすることができる．これに対してアメリカの取引システムでは長期的な技術進化経路に適応しようとする企業は，たとえば1986年以後の産業の成長まで想定しなければ自らの意思決定を合理化できないのである．言い方を換えれば，アメリカ型の取引システムで長期的な技術進歩にとって適切な行動をとろうとする企業は，日本企業よりもはるかに長期の視野をもっていないとならないのである．

## 5．基本論理構造の整理

　本章では，解釈と合成という研究スタンスをより具体的に読者と共有するために，筆者自身が行なった事例分析を採り上げて，解釈と合成の基本的な思考経路をたどる作業を呈示した．本章では，歴史上の，ある一時点で生じ

たマクロ変数間の関係を題材として用い，そのマクロ変数間の関係を創発させる背後のメカニズムを，行為者の意図や，その意図に基づく行為と相互行為に注目して考察し，経験的な事象との対話を通じたモデル構築を行なってきた．まず，このモデル構築の結果として得られた知見をまとめ，その上でこのモデル構築へと進んでいく際に著者がたどった解釈と合成のプロセスについて解説を加え，最後に残された課題を整理しておくことにしよう．

## (1) 柔軟性の罠の直接的な含意

　本章で採り上げられた取引システムの特徴と技術転換の遅速に関する分析から得られる主たる論点は，技術転換が生じることが比較的明確で，内生的な技術進歩が大きく左右するような場合には，柔軟な取引システムは固定的な取引システムよりも技術転換が遅れる可能性がある，ということである．しかも，この取引システム・レベルでの技術転換の遅れは，企業の意思決定者たちが外生的な技術進歩のみでなく内生的な技術進歩まで考慮に入れ，グローバルな競争まで視野に入れていたとしても，生じる可能性が高い．それどころか，柔軟な取引システム内に，たとえば20年とか30年というような超長期の構想をもった意思決定者が存在するのでないかぎり，柔軟な取引システムにおける技術転換は更に遅れる可能性すら存在する．アメリカのような柔軟な取引システムをもつ社会では，そのフレキシビリティ故に生まれたポテンシャルの高い技術が，その取引システムのフレキシビリティ故に圧殺される，という柔軟性の罠が生じ得るのである．

　本章のモデルに基づくと，技術転換のタイミングに関して評価するかぎり，固定的・継続的な取引関係で特徴づけられる日本型の取引システムは，柔軟な取引システムよりも適応力の高いシステムだと考えられる．1970年代にはまだ圧倒的な技術力を多様な産業領域にわたって保有していたアメリカ企業・産業に，少なくともいくつかの領域で日本企業・産業がキャッチアップし，またいくつかの領域ではより優れた技術力をもつに到った背景には，本章で考察したような取引システムの固定性とその結果として得られた早期の技術転換という要因が存在した可能性がある．

　日本における部品取引市場や労働市場が自由な取引とはかけ離れた固定的

な関係によって特徴づけられ，それらが固定的であるが故に「過当な競争（誰も撤退しないなど）」や「非合理的な慣行」が永続しているといった批判が加えられることがある．極端な場合には，技術環境を初めとして今後益々変化のスピードが加速する時代には，日本の経済システムがよりフレキシビリティを増したものになっていくべきだという議論すら聞かれることもある．しかし本章のモデルに基づいて考えるならば，これらの「過当競争」や「非合理的取引慣行」によってもたらされるムダは，長期的な技術転換への適応力から得られる便益と比較して考慮されるべきであるように思われる．固定的な取引関係をベースに組み立てられた日本の取引システムの評価については，まだ多くの側面から検討が加えられるべきであろう．

(2) 基本的な論理の構造

図6-8には，本章がたどってきた議論の基本的な構造が描かれている．
まず本章では，アメリカ型の柔軟な取引システムは迅速な技術転換を促進

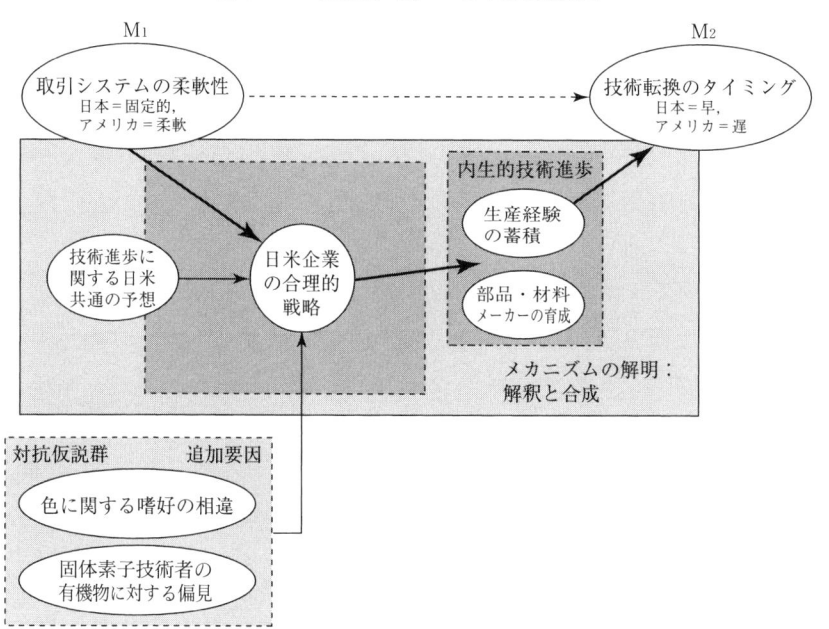

図6-8 〈柔軟性の罠〉の基本論理概観図

するが，日本型の固定的な取引システムは技術転換のスピードが遅いという，2つの変数間関係に関する基本的なイメージが広く共有されていることを確認した．その上で，この共有されたイメージを確認するためであれば，カヴァー法則モデルに基づいて，技術転換の観察単位数を多くして2変数間の相関を分析するという作業があり得ないわけではないのだが，とりわけ人々の常識に反する議論を展開する上では「何故」あるいは「どのようにして」という問いに答えるような行為システムのメカニズム解明努力が強く要請されるであろうということを示唆した．

　本章では，一般に考えられているのとは逆に，柔軟な取引システムの方が固定的なそれよりも技術転換のタイミングが遅れることがあり得ることを，まず経験的な作業を通じて明らかにした．いわば，〈柔軟な取引システム→早い技術転換〉という「カヴァー法則」に対する1つの反証事例を提出したのである．

　柔軟な取引システムに近似できるアメリカのウオッチ産業が，固定的な取引システムに近似できる日本のそれよりも，LEDからLCDへの技術転換に大幅に遅れたということを事実として確認した上で，われわれはその背後にあるメカニズムの解明努力を遂行していった．当時の技術者や経営者などの意思決定者たちが直面したと推測される技術的アプローチを，その時間的な展開に注意を払いながら整理して，本来1973年の時点であればTN-LCDが支配的な設計の1要素として組み込まれるはずであったことを確認した．また，それぞれのデバイスに関する技術進歩シナリオが日米で大きく異なったわけではないことも，当時の雑誌記事等のデータを基礎にして確認した．ついでながら，日米企業が1970年代半ばからデジタル・ウオッチ用ディスプレイについて異なる技術選択を行なっていくことを説明する可能性のある見解を2つほど紹介し，それらの見解（対抗仮説）が1978年頃までアメリカの技術転換が遅れることを必ずしも十分に説明しきれるものではないと主張した．このような確認作業を経て，取引システムの柔軟性が異なる状況下で，ウオッチ・メーカーの意思決定者たちがたどるであろうと推測される思考経路を，やや簡略化して再構成していった．その際，意図の上での合理性を仮定することは，当時の意思決定者たちの思考経路の解釈を行なう上でカギで

あった．この仮定と，当時の意思決定者たちの常識とを把握しなければ，われわれは彼らの思考経路を読みとることができないのである．このような仮定を置いた上で，アメリカではまず LED を選択する企業が多数になりうること，また日本では当初から LCD を選択する企業が支配的になることを，われわれは確認した．これらが，解釈のステップであった．

当時の LCD と LED が市場導入の初期段階であったことなど，実際の状況を考慮に入れるのであれば，多くの企業がどちらかのディスプレイ・デバイスを採用するという意思決定を行なうことで，必ずしも意思決定時点では意識されていないような派生的な効果が生まれる可能性がある．ウオッチ・メーカーの意思決定と行為をうけて，その川上に位置する部品・材料メーカーなども意思決定と行為を行なうのであり，この意思決定と行為の連鎖はさらにその上流へとさかのぼっていく．また人間はひとつの活動に従事して，その活動を繰り返すことで自然に学習していく．このような意思決定と行為の連鎖および実行を通じた学習によって，当初デジタル・ウオッチ・メーカーが必ずしも強く意識してはいなかったような経験効果の蓄積やマーシャルの外部経済などが生み出される．このような相互依存した行為の連鎖を綜合した結果として，内生的技術進歩が創発する．この創発された内生的技術進歩を考慮に入れると，アメリカのような柔軟な取引システムでは短期的にコスト・パフォーマンス比の高い技術的アプローチの側に「追い風」が吹いてしまい，逆に日本のような固定的な取引システムでは遠い将来にコスト・パフォーマンス比で勝るようになるはずの技術アプローチが前倒しで性能向上するという事態が発生しうることが示された．単純ではあるが，これが本章で示された合成作業であった．

行為者たちの合理性には，もちろん優劣があるはずである．上のような事態を予期しえたプレーヤーが存在した場合には，どのような事態が生じうるのかをわれわれはさらに検討した．その結果，アメリカのような柔軟な取引システムの下では，かえって短期合理的な企業が生み出した公共財的な経済効果にフリーライドしようとする中期戦略が採られやすいこと，またその結果としてさらに技術転換のタイミングが後ろにずれ込む可能性があることが示された．このステップは，それまでの基礎的な解釈と合成をベースとして，

より高度の解釈・合成作業の実例として本章で展開されたものである．

### (3) 変数システム記述と行為システム記述

　本書の基本的な分析枠組みに基づいて考えれば，本章の前半は企業の環境を変数のシステムとして記述したものである．取引システムの柔軟性→技術転換のタイミングという図式は，自社の行為をも含めた企業環境全体の挙動を把握するための変数システム記述である．もしこの変数システム記述が多数のサンプルにわたって妥当な記述として成立することが確認可能であれば，その変数システム記述は暫定的にカヴァー法則として扱われるであろう．

　しかし既に前章で明らかにしたように，不変の法則が存在すると想定できる条件は際だって厳しい[101]．それ故，われわれは不変の法則を追求するという認識目的を是としているわけではない．もしカヴァー法則の定立を目的とするのであれば，1970年代から80年代初頭のLCD産業以外にも観察対象を増やしてゆき，できるだけ多数のサンプルにわたって，多数の変数を統計的にコントロールしながら，取引システムの柔軟性と技術転換タイミングという2変数間の関係を確認する作業を遂行するべきであろう．しかし，カヴァー法則モデルに基づいて不変の法則を定立するという活動が実り豊かなものではないというのが前章までの結論であった．

　われわれの目的はむしろ，一般に共有されているのとは逆に，1つの産業で歴史上1回しか生じなかった事象だとしても，柔軟な取引システムが固定的な取引システムよりも技術転換のタイミングが遅れる場合があることを示し，その背後にあるメカニズムがどのようなものであったのかを解明することであった．この背後のメカニズムを解明するためには，単一事例の事例研究によって詳細なデータを収集し，行為主体の意図と，その意図に基づく行為と相互行為の解釈を行ない，また行為主体の行為を綜合してシステム全体の挙動を把握する，という作業が必要でありかつ意義深かったように思われる．

---

　(101)　本章における柔軟性の罠の議論は，実は，そのゲームの構造を子細に検討すると，支配均衡の条件に際だって近いことが分かる．詳しくは沼上（1993）の付録を参照せよ．

ここで「意義深かった」というのは，まず第1に，変数のシステムとしての環境記述を，自らの行為まで含んだ行為のシステムとしての環境記述によって読み解くことで，われわれは「なぜ」また「どのようにして」上のような事態が生成したのかを理解できたということである．たとえどれほど多くのサンプルにわたって変数間の相関関係を確認したからといって，最終的にはメカニズムの解明努力によって補完されないかぎり，「なぜ」また「どのようにして」という点に関しては十分な理解は得られないのである．第2に，不変の法則を定立できる可能性が非常に限られていたとしても，このようなメカニズムの解明努力を行なうことによって，少なくとも変数システム記述が陥りがちな，極度に単純化された政策的な議論の問題点を指摘できるようになると思われる．日本の取引システムを柔軟なものに変革するべきだといった，際だって単純素朴な変数間関係の把握に基づいた示唆には十分な注意を払うべきであろう．背後にあるメカニズムの深い理解がなければ，社会システムの変革を目指した社会的な対話のプロセスは陳腐で浅薄なものになってしまうおそれがある．

社会システムについて理解を深めていくためには，変数システム記述とカヴァー法則モデルに基づいていては十分ではない．この点は本章の行為システム記述を使用したメカニズムの解明努力によって十分に示唆されたことと思われる．また同時に，単一事例の事例研究法でも社会研究として重要な知見をもたらしうることも本章の議論は明らかにしたように思われる．事例研究法が，あらゆる点から見て従属的な位置しか占めることのできない研究法であるという見解は，変数システム記述とカヴァー法則モデルがその支配権を英米系の経営学において確立する過程で伝播させていった誤った見解なのである．

# 第7章

## 間接経営戦略
―― 行為システム記述の
戦略論に対するインプリケーション ――

　行為システム記述を用いたメカニズム解明努力という研究指針がアカデミックには意義があるという点に合意が形成できるとしても、なお経営学には重要な課題が残っているように思われる。日頃から経営の実践家との相互作用を続けているわれわれ経営学者にとって、経営の実践家に向けてどのような情報を発信していくべきなのか、という点は極めて重要な問題だからである。第4章で論じたように、不変の法則を探索し、それを実践家に教示していくという役割を果たすことがほぼ不可能であるのだとすれば、いったい、われわれ経営学者は行為システム記述を用いたメカニズム解明努力を通じて、どのような情報を実践家に投げかけることができるというのであろうか。この問題を本章で検討する。結論を先取りして言えば、われわれは、行為主体の意図せざる結果を解明していくことによって、経営の実践家が日々直面している世界の背後にあるメカニズムを論理的に解明し、その解明によって次の社会システム生成に向かう筋の通った対話（reasoned discourse）を促進することが可能である。以下では、このような対話を促進する可能性のある研究テーマの具体例として、他者の行為の意図せざる結果を活用する間接経営戦略を紹介することにする。

## 1. 事業成功の論理

　経営学者が経営の実践家からたびたび寄せられる疑問がある。ヒット商品

には論理があるのか．あるいはもっと一般的に言って，事業の成功には論理があるのか．場合によっては，どうすれば成功するのか教えてほしい，と問われる場合もあるだろう．

　本書をここまで読み進まれた読者にとって，この問いに対して経営学者に許されている答え方が1通りしかないということはもはや明らかであろう．すなわち，「法則はないけれども，論理はある」という答え以外に，社会研究の1分野としての経営学は用意できるものがないのである．法則が存在し，将来の予測が可能であるならば，その法則が世の中に広まってしまう前に自分で事業を始める方が得である．すべてが非合理的であり，論理など存在しないのであれば，経営学者の研究活動，特にその執筆・講演はほとんど無意味である．論理がない，ということを論理以外の何に頼って他者に伝えることが可能なのかを考えてみればよい．

　問題は，いったいどのような論理か，という点にある．もし経営学者の開発した論理が，実際にその事業に携わっている人々にとって自明なものであるのだとすれば，経営学者がわざわざ説明を繰り広げる必要はない．たとえば，ある企業の意思決定者が特定の目的（A）を達成しようとして何らかの施策（B）を導入し，その施策が意図通りの効果（A）をもったとしよう．その現象を経営学者が調査して，施策（B）→効果（A）という因果的連関が存在することを確認したとしよう．このBとAの変数間関係に関する知識は，明らかに経営学者のオリジナルな貢献ではない．オリジナルな貢献は実践家に帰属するべきであって，経営学者はそれを追認しただけである．それ故，経営学者が社会に対して何らかのオリジナルな貢献をしようと考えるのであれば，日々の仕事に追われている人にとってはなかなか思いつかない，しかし同時に，言われてみれば彼らにも「なるほど」と思われるような論理を組まなければならないのである．

　本章では，このような論理の組み方のヒントを軍事戦略論における「間接的アプローチ」に求め，経営戦略論において間接性の概念がもつ有効性を検討する．本章の基本的な主張は，社会的行為の意図せざる結果を考慮に入れた戦略として「間接的アプローチ」を捉え直すことによって，これまで経営戦略論者たちが扱いかねていたこの軍事戦略論のコンセプトが経営現象の分

析についても有効性を発揮するということである．

## 2．間接的アプローチ

　軍事戦略の領域では，直接的な全面戦争よりも，間接的アプローチ（indirect approach）が優れているという指摘は古くからなされている．たとえば，直接戦うことなく勝利するのが最善の兵法であるという孫子の主張は，経営の現場で戦略を練っている実践家であればほとんどの人々が知っているはずである．この孫子の兵法に影響を受けた英国の軍事史家・戦略研究家のリデル・ハート卿は，ギリシャ・ローマ時代から第二次世界大戦までの西欧における主要な戦争・戦闘の事例を分析して，間接的アプローチが軍事戦略の成功にとって決定的に重要であると主張している．たとえば次の2つの引用を読めば彼の主張をおおよそ理解することができるであろう．

　　このサーベイを通じてひとつの印象が徐々に強くなってきた．すなわち，様々な時代を通じて，こちらの攻撃に対して敵が備えていない状態を確実に創り出すような，間接性をもったやり方でないかぎり，有効な戦果はめったにあげられない，ということである．この間接性は通常物理的なものも伴っているが，常に心理的な要素をもっている．戦略においては，最も迂遠な道がしばしば最短経路になるのである[102]．

　　最も有効な間接的アプローチは，敵の不意をついたり，誘い込んだりして，相手に間違った手を採らせることである．柔術のように，相手自身の努力が相手の転倒する梃子となるような具合に，である[103]．

　直接戦うのではなく，相手の戦闘意欲を殺いだり，ロジスティクスを混乱させたり，敵が自ら墓穴を掘るような行動を採るように罠を仕掛け，誘導するなどの間接的アプローチが決定的な勝利をもたらす．また，戦略に間接性

---
(102)　Hart（1967），p. 5.
(103)　Ibid., p. 146.

の要素を加える上で人間の心理的な要素が常に重要な役割を果たす．誤解を恐れずに単純化していえば，これがリデル・ハートの主張である．

軍事戦略の領域であれば，直接的なアプローチよりも間接的なアプローチの有効性が高いという命題の具体的な内容をイメージすることは比較的容易である．たとえば同等の軍事力を持つ相手と直接的な全面戦争を行なう（直接的アプローチ）よりも，まず相手国内に内乱を生じさせて，その隙をついて自軍による相手領地の占有を行なった方（間接的アプローチ）が優れている，というようなイメージを抱けばよい．また，全戦全勝の意気揚々とした敵と戦うよりも，敵兵に様々な不安を呼び起こすような揺さぶりをかけた上で，敵の自滅を促し，あるいは弱体化した敵を敗走させる方が優れた軍事戦略だというのは理解しやすい．

だが経営戦略論の領域では，間接的アプローチという言葉で何をイメージすれば良いのか，必ずしも明らかではない．本章ではその理由として次の3点をあげておくことにしよう．

まず第1に，経営戦略は軍事戦略よりも複雑であるということが，経営戦略論における間接的アプローチの研究がなかなか進まなかった理由であろう．軍事戦略では基本的には味方と敵という人間集団が地域という物的なものの支配権をめぐって相互作用を行なうのに較べ，経営戦略では自社と他社という人間集団が顧客の選好という，これもまた人間的な集団の特性をめぐって相互作用を行なう．いわば企業は自分の行為によって変化してしまう地形の中で相手企業と競争しているようなものである．それ故に，経営戦略は軍事戦略よりも複雑性の高い事象であり，間接的アプローチを確認する作業が進展しにくかったのではないかと考えられる．しかし，じつはこの複雑性は，後に述べるように，経営戦略における間接的アプローチの有効性を支える基盤となりうるものである．

実際には間接的アプローチが有効性を持ちうる要素をふんだんに抱えながらも，経営戦略論においてこのような考え方が浸透してこなかった第2の理由は，この複雑さ故に，企業戦略において何が間接的アプローチで何が直接的であるのかを区別する概念的な指針を研究者たちが開発する努力を怠ってきたという点であろう．経営戦略論の研究者たちは，簡単に答の見つかりそ

うな研究は行なっても，概念的に深く思考しなければ糸口が見いだしにくいというような研究を遂行してこなかったということである．この方向に向けた努力を本章で展開するのである．

さらに上の2つの理由に加えて，本書が全体として主張してきた方法論上の変化も，経営戦略論において間接性が重視されてこなかった要因であると思われる．行為主体の心理的な要素を解釈し，それらの行為主体の行為が生み出す社会システムの挙動を重視しないのであれば，ハートの言う間接的アプローチは見えてこないはずである．変数システム記述によってコントロール・システムとして環境を捉え，カヴァー法則モデルに基づいて法則定立的な研究を進めていくという近年の英米系の組織論・戦略論の基本スタイルを前提とすれば，議論の俎上に上ってくるのは直接的な経営戦略であり，公式の戦略計画である．経営戦略論においてもカヴァー法則モデルが支配的な地位を確立したことと，間接的アプローチの研究が進まなかったこととの間には偶然以上の重要な連関があるように思われる．おそらくこれらの理由から，間接的アプローチという軍事戦略の概念は，これまで経営戦略論に本格的に導入されてこなかったのであろう．

しかし，軍事戦略における間接的アプローチのもっていた基本的な特徴，すなわち(a)人間の心理的な要素に基づいた効果を利用する，(b)直接的・全面的な消耗戦を回避する，(c)相手の努力がこちらの勝利に結びつくようなトラップに誘い込むなどを考えてみれば，実は経営戦略論にとってはさらにこの間接的アプローチの概念が有益であることが分かるはずである．まず第1に，経営戦略論が対象にするのは，顧客や取引相手という心理をもった行為主体をめぐって行なわれる競争なのだから，戦略家や戦略論者が利用することのできる人間の心理的な要素に基づいた効果は軍事戦略・軍事戦略論の領域よりも潜在的に多様である．競争相手ばかりでなく，顧客や取引相手の心理を十分に考慮に入れた多様な間接的アプローチを経営戦略の領域では考えることができるはずである．第2に，現実の経営戦略論やマーケティング戦略論の教科書はまだ間接的アプローチの概念を体系的に扱ってはいないけれども，このリデル・ハートの考え方に対応するような戦略の事例が「うまい戦略」あるいは「洗練された戦略」の例としてこれらの教科書の中に現実に

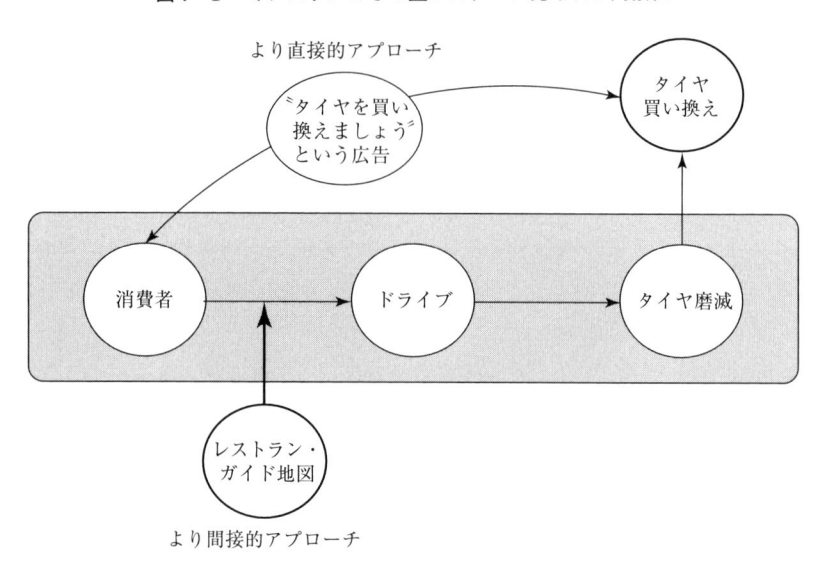

図7-1 ミシュランの3つ星システムに見られる間接性

より直接的アプローチ

"タイヤを買い換えましょう"という広告

タイヤ買い換え

消費者 → ドライブ → タイヤ磨滅

レストラン・ガイド地図

より間接的アプローチ

散見される．たとえば次のような使い古された模範例を見てみればよい．

①ミシュランの3つ星システム[104]

　タイヤ・メーカーのミシュランは，タイヤの消費量を増やすためにフランス全土のレストランを紹介するガイドブックを作った．南仏に多数の3つ星レストランがリストアップされ，それを目指してパリジャンたちの自動車の走行距離が増え，タイヤの磨滅量が増えた．概念的には図7-1のように示すことができるであろう．図にも示されているように，タイヤの消費量増加を目的とした大規模なプロモーションや価格引き下げなどであれば直接的アプローチであろうが，3つ星システムの作成は間接的アプローチであろう．

②ジョンソン&ジョンソンの歯ブラシ「リーチ」[105]

---

[104] Kotler (1980).
[105] 嶋口 (1986), p. 118.

図7-2　ジョンソン&ジョンソンの歯ブラシ「リーチ」

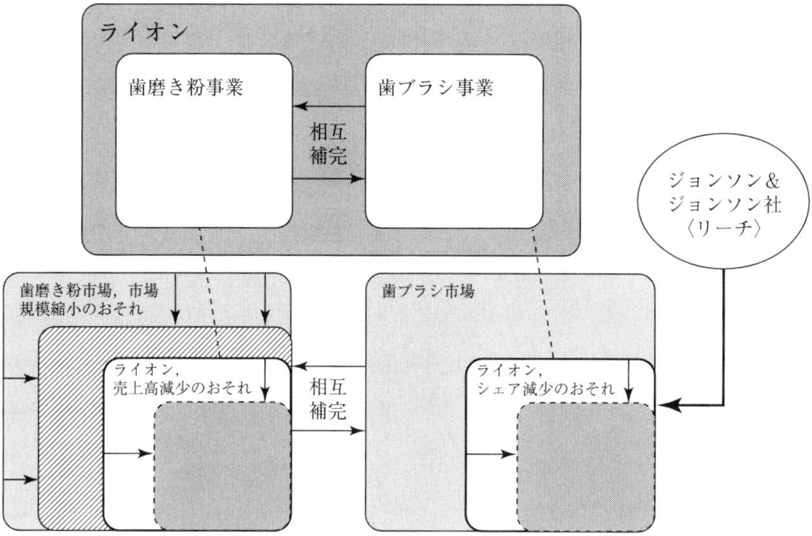

　ジョンソン&ジョンソンは日本市場における市場シェアを高めるために、ブラシ部分の小さな歯ブラシ、「リーチ」を導入した。この歯ブラシを模倣することは技術的には困難ではなかったが、業界リーダーのライオンはなかなか同質化することができなかった。このときの事情を図7-2に概念的に描いてある。ライオンがブラシ部分の小さな歯ブラシを市場に導入できなかった理由は、同社が歯磨き粉分野でもトップ・シェアだったことにあるといわれている。容易に想像できるように、歯磨き粉の消費量は歯ブラシのブラシ部分の大きさに依存しているからである。差別化商品を市場導入してリーダー企業のシェアを奪おうとする際、リーダー企業が即座に追随してこないような差別化を行なうことが肝要だと言われる。ジョンソン&ジョンソンはパテントや登録商標などの障壁を使うなどの直接的なアプローチをとったのではなく、ライオンが社内的に抱えている事情を利用して同質化を遅らせたのである。これは間接的アプローチと呼べるであろう。

図7-3 カシオ計算機の電卓競争

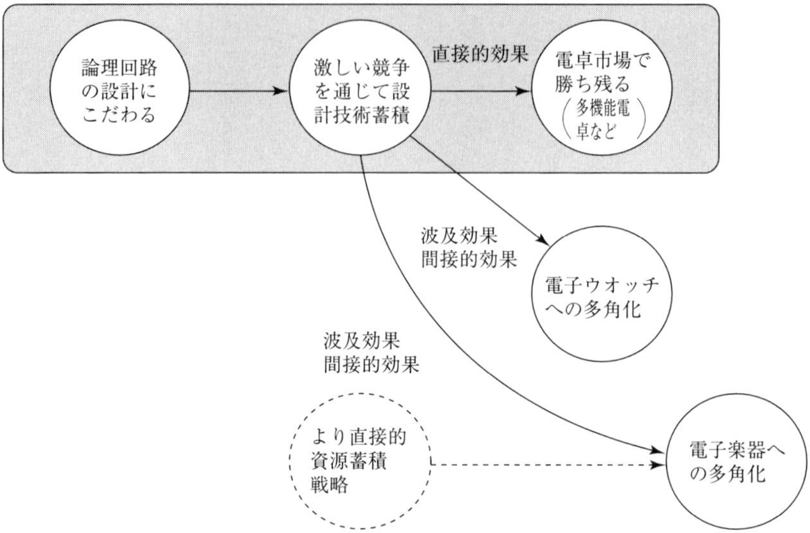

```
┌─────────────────────────────────────────────────────┐
│  ┌──────┐    ┌──────┐  直接的効果  ┌──────┐      │
│  │論理回路│   │激しい競争│─────────→│電卓市場で│    │
│  │の設計に│──→│を通じて設│          │勝ち残る │    │
│  │こだわる│   │計技術蓄積│          │(多機能電│    │
│  └──────┘    └──────┘            │卓など) │    │
└─────────────────────────────────────────────────────┘
                      │
                      │  波及効果
                      │  間接的効果
                      ↓
                  ┌──────┐
                  │電子ウオッチ│
                  │への多角化│
                  └──────┘
         波及効果
         間接的効果
        ┌┄┄┄┄┐
        ┆より直接的┆
        ┆資源蓄積 ┆┄┄┄┄┄┄┄┄┄→ ┌──────┐
        ┆戦略   ┆                │電子楽器へ│
        └┄┄┄┄┘                │の多角化 │
                                  └──────┘
```

③カシオ計算機の電卓競争[106]

　カシオ計算機は厳しい電卓競争に直面しながらも，半導体の論理設計については社内で行なっていた．既に安価な標準品が市場取引を通じて手に入る時代になっても，同社は社内に論理設計の技術者を抱え続けたのである．高い人件費とその結果としての高い製品コストをカバーするために，同社は，四則演算のみの標準的な電卓ばかりではなく，機能によって差別化された電卓を開発していかざるを得なかった．バイオリズム電卓や時計機能付の電卓などがその例である．その結果，図7-3に見られるように，この電卓競争を通じて，同社は半導体の論理設計技術を蓄積することになり，その技術がデジタル・ウオッチや電子楽器などの事業分野への多角化を進める際の経営資源となった．初めからデジタル・ウオッチや電子楽器の開発に必要な技術を研究開発投資などによって蓄積していく方法が直接的な資源蓄積戦略であるのに対して，現在の

---

[106] 伊丹 (1984), pp. 41-44.

事業領域で生き残るために努力することが次の事業展開に必要な経営資源の蓄積をもたらす方法は間接的である．

類似の例を教科書から拾い上げてくる作業はたやすい．味方の組織メンバーや競争相手ばかりでなく顧客や取引相手など，心理的な要素をもつ多数のプレーヤーから構成されるビジネスの世界では十分に間接性を観察できる可能性があり，現実に多数の間接的アプローチの事例が存在し，「うまい戦略」や「洗練された戦略」として評価されている．なによりも，本来，われわれが戦略とか戦術という言葉でイメージしてきたのは，公式の戦略計画などではなく，むしろ上記のような間接的アプローチであったのではなかろうか．それ故，これまでバラバラに発見されていたこれらの事例をひとまとめにくくるための概念的な基盤を創ってやれば，間接経営戦略というひとつの領域が自然に浮かび上がってくるはずである．

## 3．経営戦略における間接性

結論を先取りして言えば，既に本書のこれまでの部分で論じてきたように，プレーヤーたちの行為がもたらす〈意図せざる結果〉が，前節で見たような経営戦略の現象に見られる間接性の源泉であり，この〈意図せざる結果〉を意識的にとり込んだ戦略が間接経営戦略である，と位置づけることが可能だとわれわれは考えている．できるだけ簡潔に説明してみよう．

経営戦略における間接性を考える際の第1歩は，まず行為主体としての人間の心理・意識の状態に注目することである．図7-4には本書を通じて想定されている社会的行為者の意識のモデルが示されている．個人によって程度の差はあるものの，消費者であれ企業人であれ，人間には2つの意識の状態があり，人間はその2つの意識の状態を行ったり来たりすることができる，と考えられる．2つの意識の状態とは実践的意識と反省的意識である[107]．

---

[107] 同様の意識についてギデンズはそれぞれ実践的意識（practical consciousness）と比量的意識（discursive consciousness）と呼んでいる．本稿では，比量的意識という言葉があまり実践家にとって馴染み深くないことを考慮して本文中のような用語法にしている．ギデンズの議論についてはGiddens（1984）を参照せよ．

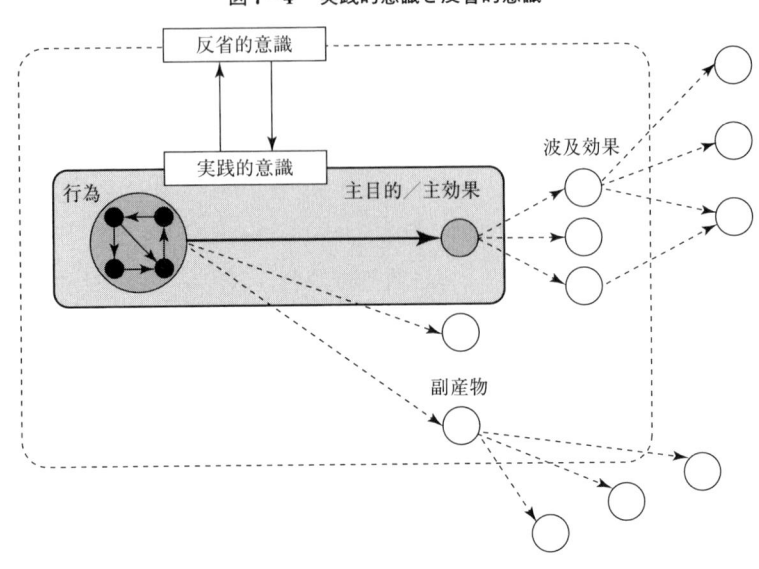

図7-4 実践的意識と反省的意識

　実践的意識は図中の太線で囲まれ，薄い網掛けが行なわれている領域に対応する．人間は何らかの意図を抱き，自らのもつ知識などの多様な資源を動員して，何らかの目的を達成しようとして行為する．その目的の達成のために，意図の上では合理的たろうとして，さまざまな思索と行為を人間は行なう．たとえば自動車を購入し，使用しようとしている消費者であれば，高速の空間的移動であれ，自分の社会的地位の顕示であれ，自分の欲求を最もうまく満たすクルマを選択しようとして様々な情報を探索するだろう．また一旦購入すれば，レジャーであれ仕事であれ，自分の目的に合わせてできるだけ合理的にそのクルマを使用しようとするであろう．このときの，特定の目的の達成に注意が集中している状態を実践的意識と呼ぶことにしよう．

　これに対して目的と手段の関係について自分のもっていた信念に反省のまなざしを向けたり，自らの実践的意識をより大きな社会的・歴史的コンテクストの中に位置づけて相対化してみる，などといった思索を展開しているときの意識を反省的意識と呼ぶことにしよう．たとえば自分がクルマを使用すれば大気中の二酸化炭素濃度がほんの少し上昇するだろう，というような見

解はこの意識の下で現われる．図中では点線で囲まれた，より大きな領域として示されている．

　いま，ほとんどの人々が特定の目的を追求する実践的意識の下にいるとしよう．彼（彼女）らが実践的意識の下で展開する〈意図の上では合理的な社会的行為〉は，ほとんど常に，自らが当初設定していた主目的以外の効果をもたらす．実践的意識の下で行なわれた行為は，当初から狙っていた効果以外に，〈意図せざる結果〉として多様な副産物や波及効果を生むであろう．たとえば，走行中に家族4人が感じる快適さを第1に考えてクルマを選べば，同時に社会的なステータスを近所の人に示すことにもなるとか，真剣にクルマ選びをした直後は特に他人の乗っているクルマの種類に敏感になる，などがその例である．

　これらの〈意図せざる結果〉の中には，行為者にとって望ましいものもあるであろうし，また望ましくないものもあるであろう．行為者は，自らの行為の結果としてもたらされたこれらの多様な〈意図せざる結果〉のうち，反省的意識の下で認識可能であり，しかも緊急性が高いと認知されるものを，知識として学習して実践的意識の下に組み入れていくであろう．たとえば高額のクルマを購入するとその分だけ夕食の食卓が貧しくなるとか，大きなクルマを維持するには自宅の駐車スペースも広くなければならないなどという効果については，ほとんどすべての人が実践的意識の下で認識しているに違いない．

　しかし，意図の上では合理的たろうとしている人間の行為がもたらす波及効果や副産物は，どれほど個人が学習を積み重ね，実践的意識の下に統合する知識を豊かにしても，決して無くなることはない．その理由は多数存在するけれども，ここでは2つ挙げておくことにしよう．まず第1に一旦反省的意識の下で正しく把握されたとしても，行為主体にとってほとんど不利益にならない効果は，実践的意識の下では注目されないからである．たとえば，目的地まで自分のクルマで移動しようという行為そのものによって，街を歩く人々がそのクルマのブランド名やメーカー名を新たに知ったり，再認識したりすることになる．つまり，消費者の消費行為自体がメーカーの広告活動に間接的に貢献している可能性が高いのである．しかしこのことを意識した

からといって，消費者はクルマを使用するのを止めたり，メーカーに広告費を要求したりすることはないだろう．また意識して避けることが極度に困難な波及効果もある．たとえば自動車会社が自社のクルマを広告することは，どれほど競争相手との差別化を強調したとしてもクルマそのものに対する興味を喚起する要素を含まざるを得ないであろう．他社のクルマが同じ「クルマ」というカテゴリーに含まれている限り，自社製品の広告は業界全体の需要喚起に貢献してしまう．第2に，ひとりひとりの〈意図の上では合理的〉な行為が多数集計されたり，合成されることによって生じる〈意図せざる結果〉は，通常はなかなか正しく認識するのが難しい．たとえば，より多くの人々に高速移動を利用可能にすることを目指して首都高速の料金をタダにすれば，一般道と高速道路が同程度に混雑し，結果的には目的地まで高速で移動するという選択肢が消え，消費者の選択の多様性が減少してしまうかもしれない．このような〈意図せざる結果〉は，通常，複雑な社会的相互依存関係によってもたらされる故に，詳細な調査と深い思索によらないかぎり解明するのが難しく，間違った社会的信念を生み出してしまうことさえあり得る．本書が繰り返し強調してきたように，行為者たちの意識を解釈し，その相互行為を時間を通じて合成していく作業が必要な所以である．

以上のように，〈意図の上では合理的〉たろうとしている人間の行為は，〈意図せざる結果〉を「自然」に生み出してしまう場合が多い．すべての人が，指摘されれば分かるだろうけれども，自分が行為を遂行する際には，その行為のもたらす〈意図せざる結果〉をことごとく実践的意識の下で意識し，合理的な計算に組み込んでいるわけではないからである．

この「自然」に生み出される効果が経営戦略の現象に見られる場合に，われわれはその経営戦略に間接性が観察されたと言うことにしよう．また，優れた戦略家は，その必要があれば，実践的意識と反省的意識との濃密なやりとりを重ねた上で，自社の行為ばかりでなく他社や顧客などの行為が生み出す〈意図せざる結果〉を意識的に取り込んだ戦略を構築することが可能であろう．ここでは，戦略家が様々なプレーヤーたちの「自然」に生み出す効果を利用した戦略を間接経営戦略と呼ぶことにしよう．間接経営戦略は，周りの人や企業が「自然」に生み出すものを利用するのだから，いわば，自社が

コスト負担をしなくても周りが勝手に助けてくれる,というような安上がりな戦略なのである.

　本書のこのあたりで,人間の合理性について若干の注意をしておく必要があるであろう.われわれはすべての人が自らの行為の結果をすべて見通せるわけではないという程度に合理性が限定されていると想定している一方で,同時に,すべての人は意図の上では合理的に行為しようとしており,しかも,たとえば事前には自らの行為の諸結果をすべて意識していたわけではないとしても,事後的に他者から説明されれば何が生じたのかを認識することは可能である,という程度には合理的である,と想定している.人間という行為主体は,定義的に,意図の上での合理性と反省能力を保有する,と仮定しているという意味では,行為者たちを同じタイプの合理性を保有する者たちとして考えている.しかし,ここでいう「同じタイプの合理性」を保有している行為者たち個々人と現実に直面した場合,より多くの知識を持っている行為者もいれば,より深く相手の意図を読みとる能力をもつ行為者も,より強大な権力をもつ行為者も存在する.知識や権力に関して,人間が平等だとは残念ながら本書では考えていないのである.大まかに見れば,人間であるかぎり意図の上での合理性と反省能力を保有すると特徴づけることは可能だが,現実の人間どうしの間では合理性に差がある,というのが実態だとわれわれは考えているのである.このような知識と権力の相違が存在するために,間接経営戦略もまた成立するのである.なお,いうまでもないことではあるが,個々の間接経営戦略の事例は常に成功する「勝ちパターン」を示唆するようなものではない.間接経営戦略が利用している個々の具体的な〈意図せざる結果〉は不変ではないからである.

## 4. 間接性の事例研究
### ——モスフードサービスの企業成長——[108]

　間接性あるいは間接経営戦略という考え方をより具体的に理解するために,

---

(108) モスフードサービス社の事例については,主として慶應ビジネス・スクールのケース『株式会社　モスフードサービス』(出版年不明)に基づいている.

間接性が観察された典型的な成功事例としてモスフードサービスの企業成長を考えてみよう．この分析によって，これまでの経営戦略論の諸概念による分析と間接性という概念を利用した分析が，どのように違うのかが明確になるであろう．ここでは実際に経営者が意識的に間接経営戦略を策定したか否かは重要な問題ではない．間接性や間接経営戦略という概念が事象の説明にどのような違いをもたらすかという点が重要である．また同時に，本書全体を通じた変数システム記述と行為システム記述，あるいはメカニズム解明努力とカヴァー法則モデルに基づく研究といった異なるタイプのスタンスが，現実の事例解釈上どのような相違をもたらすのかも，以下で明らかになるであろう．しかも，変数システム記述（あるいはカヴァー法則モデル）のみでは，意図せざる結果の探究が十分ではなく，逆に行為のシステムに注目してメカニズムの解明努力を行なうことが，意図せざる結果を見いだし，間接経営戦略の研究を進めていく上でいかに有効かも，2つの事例解釈の相違を見ることで明らかになるはずである．

モスフードサービス社は1972年に第1号店をオープンして以来，約10年の間に240店舗を越えるチェーンへと成長し，さらに20年後の92年時点には1147店舗（92年10月時点）の大規模ファーストフード・チェーンとなった．92年の売上高は457億1300万円，営業利益は44億7400万円であった．しかもこの間，当初200万円に過ぎなかった資本金は113億8500万円にまで増加している．業界リーダーのマクドナルドはモスフードサービスとは非常に対照的である．当初から資本金2億円でスタートし，大型店舗を急速に展開していった．マクドナルドやロッテリアという大規模企業が激しい競争を展開しているハンバーガー業界において，小規模資本のモスフードサービスは上記のような高い経営成果を達成してきたのである．

モスの成功は，典型的な教科書的解釈によれば，同社のニッチ戦略あるいは差別化戦略によるものである．ここでいう「典型的な教科書的解釈」というのは(a)ターゲット市場のニーズとマーケティング・ミックスがフィットしており，しかも(b)そのフィットが競争相手との関係というコンテクストの中に置かれたときに更に明確に際だつ，というタイプの解釈である[109]．簡単に教科書的解釈を示しておこう．

(1) **教科書的解釈**

　まず競争のコンテクストを考えることから始めよう．日本のハンバーガー業界は1980年代以来，プロダクト・ライフサイクル上でいう成長後期もしくは成熟期の段階にあったと位置づけられる．成長後期や成熟期のマーケティング戦略上の「定石」は，それぞれの企業がその市場地位にフィットするような戦略方針をもって行動することである．導入期や成長初期とは異なって，この時期には企業間の競争が業界全体の需要量を拡大する方向に作用するというよりも，むしろ既に存在する顧客の奪い合いになると考えられる．しかも，既に各企業の市場シェアや保有資源に差が付いてきている．だから自社のもつ経営資源と適合的な戦略指針をもち，他社のブランドよりも自社のブランドを顧客に選好させることが目指される．少なくとも1980年代についていえば，既存店舗数や資金，店舗運営上のノウハウなど，いずれについても，圧倒的な力をもつマクドナルドがリーダー企業であり，このマクドナルドの市場地位を奪おうと懸命の努力を行なっていたチャレンジャーがロッテリアであった．リーダー企業の「定石」は同質化であり，チャレンジャー企業のそれは差別化である．ロッテリアは，最も大きな需要の見込める一等地でマクドナルドと商品やプロモーションの特徴で差別化を行なおうとしていた．マクドナルドは業界平均よりも高い製品品質を維持し，他社よりもやや高価格の設定を行ない，チャレンジャー企業などの発売する新製品のうち成功しているものについては同質化を行なう，というのが「定石」である．

　このような大規模企業と対等な競争を展開するほどの経営資源を保有していないモスは，ニッチ戦略を採る以外に成功する道はない，と「定石」は教えてくれるだろう．まず，ターゲット・セグメントとして異なるものを設定するべきである．マクドナルドとロッテリアは小学生とその家族をターゲットに設定し，この人々が繁華街の一等地に出かけてきたときの需要を狙っていた．これに対して，モスは高校生や大学生，OLなど，より高年齢のセグメントを設定し，しかも繁華街からやや離れた二等地を中心とした中小商圏を主たるターゲットとしていた．このようなターゲット・セグメントに

---

(109)　ここでいう「典型的な教科書的解釈」は，嶋口（1986）や嶋口・石井（1987）に基づいて沼上が行なったものである．

フィットするように，また同時にマクドナルドやロッテリアとは明確に差別化できるように，同社のマーケティング・ミックスは構築されていた．店舗の立地が二等地であることはもちろん，味噌・しょうゆをベースにした日本的な味，子ども向けのプロモーションを行なわない，などである．このようにリーダー企業やチャレンジャー企業とは明確に異なるターゲット・セグメントを採用し，これらの競争相手とは明確に異なると認知されるようなマーケティング・ミックスを構築することで，モスフードサービスは独自のニッチを切り開き，そのニッチにおける支配的な地位を享受するようになったのである．このニッチ戦略こそがモスフードサービスの成功を説明するカギである，というのが教科書的解釈であろう．

## (2) 残された疑問

　製品ライフサイクルや市場地位，マーケティング・ミックスなどの概念を使った教科書的な解釈は，複雑な社会現象の記述を単純化する，という意味で明らかにメリットがある．このような記述の単純化がなされなければ，認知限界のあるわれわれは思考することができないからである．しかし同時に，上で紹介したような教科書的な解釈は，事実を分類して記述しているだけ（その意味でまさに単純化しているだけ）である．この「事実を分類して記述する」という作業と，その分類に従って「定石」という処方箋が出されるというのがカヴァー法則モデルに基づいた見解の典型的な兆候である．リーダーやチャレンジャー，フォロワーといった類型概念（多次元の構成概念）に現実の企業を分類し，その分類に従って，たとえばリーダーであればフルライン政策と他社製品に対する同質化という類型概念に分類できるような施策を採用するのが最も大きい利潤という変数につながる，という考え方なのである．このような考え方に従えば，なぜリーダーであれば同質化が大きな利潤をもたらすのか，という点については，経営資源の豊かさという新たな変数に着目した回答が返ってくるはずである．市場地位と経営資源，戦略の定石，利潤の大きさといった変数の間のシステムとして社会システムを認識しているはずだからである．しかし，このような変数システム記述は，問題の整理にはなっているけれども，本当の意味で「何故（なぜ）」という疑問に社会科

学的な説明を加えているものではない．たとえば次のような疑問には必ずしも上の解釈は答えていないのである．

① 何故モスフードサービスのニッチは維持可能なのか

　リーダーやチャレンジャーとは異なるターゲット・セグメントを採用し，味や立地で差別化すればニッチ市場に対応できるのは理解できると仮定しよう．だが，モスフードサービスが成功しているのを認識したマクドナルドは，なぜ「同質化」しないのであろうか．モスフードサービスの狙う中小商圏がマクドナルドにとって魅力的ではないとしても，モスの商品が高い売上高と利潤をもたらすのであれば，何故同じような商品を製品系列に加えないのだろうか，あるいは加えても成功しないのだろうか．マクドナルドが味噌・しょうゆ味をベースにしたハンバーガーを製品ラインに加え，高校生やOLなどを取り込むプロモーションを行なっても，モスのニッチは存続可能なのか．また維持可能であるとすれば，何故なのか．

② 何故モスフードサービスのニッチは成長したのか

　モスフードサービスのマーケティング・ミックスが特定の時点（たとえば1980年代前半）にターゲット・セグメントのニーズに適合していたとしよう．その時点から現在までの間に同社の売上高は大幅に成長している．マクドナルドがプロモーションに大量の資源投入を行なうのに対して，モスフードサービスは基本的には潤沢な資金を投じたプロモーションを行なってはいない．また同社は新商品開発を活発に行なっていることは確かであるが，その直接的な効果のみによってこれほどの顧客を集められるようになったという説明が果たしてどれほど説得力があるだろうか．逆に，このニッチの成長を，モスの戦略や行動とはまったく独立の「環境の変化」によって説明できるのだろうか．

(3) 解釈と合成による説明——間接性への注目——

　以上の2つのような疑問に対して残念ながら既存の教科書的な解釈あるいは変数システム記述は適切な回答を用意していないように思われる．しかし，

本書で展開されてきている解釈と合成による説明，あるいは間接性という概念を念頭に置いた説明を試みようとするのであれば，これらの疑問に対して暫定的な解答を与えることが可能である．解釈と合成による説明の1例を図7-5に概念的に示してある．この図に解説を加える形でわれわれの回答を記述していこう．

　まず第1にモスフードサービスのニッチ市場はマクドナルドの商品面での同質化に対して頑健である．その理由は，モスの定義したターゲット・セグメントはモスの直接的努力のみによって維持されているのではないからである．マクドナルドの主たる顧客グループとモスの主たる顧客グループは，嫌い合っているわけではないだろうが，互いに同じ場所で食事をすることに「居心地の悪さ」を感じる可能性が高いのである．たとえば女子高生は，中年女性に連れられた女子小学生と同じ店にいると「居心地が悪い」と感じるかもしれない．このような，社会集団が自ら形成する自然な感情に依拠して差別化が行なわれているのであれば，たとえマクドナルドが同じ味の商品を提供したとしてもモスフードサービスの顧客がマクドナルドの店内に入ろうとする傾向はそれほど高まらないであろう．モスは，人々が社会生活を行なっていく際に自然に形成する心理的な要素，しかも彼（彼女）らが必ずしも意識していない，また意識することが本人たちにとって重要ではないような傾向にただ乗りした差別化を，意図の上ではともかく，結果的には行なっているのである．

　第2に，マクドナルドとロッテリアが激しい競争を展開することでモスフードサービスのニッチ市場の潜在的規模が拡大されてきたという面があることに注意しなければならない．もともと1970年代の初め頃には，ファーストフードとしてのハンバーガーは日本人にとっては馴染みの薄い食品であった．だからマクドナルドにとっては，多くの日本人にハンバーガーを認知させ，ハンバーガーを日常的に食べるという習慣を形成することが重要な課題だったと思われる．マクドナルドの積極的なプロモーション政策や子どもを中心としたターゲット設定も，このような背景から考えれば合理的だったと納得できるはずである．ハンバーガー自体が十分に認知されていなかったのだから，当初はモスフードサービスもそれほど順調な成長をしていたわけで

第 7 章　間接経営戦略　205

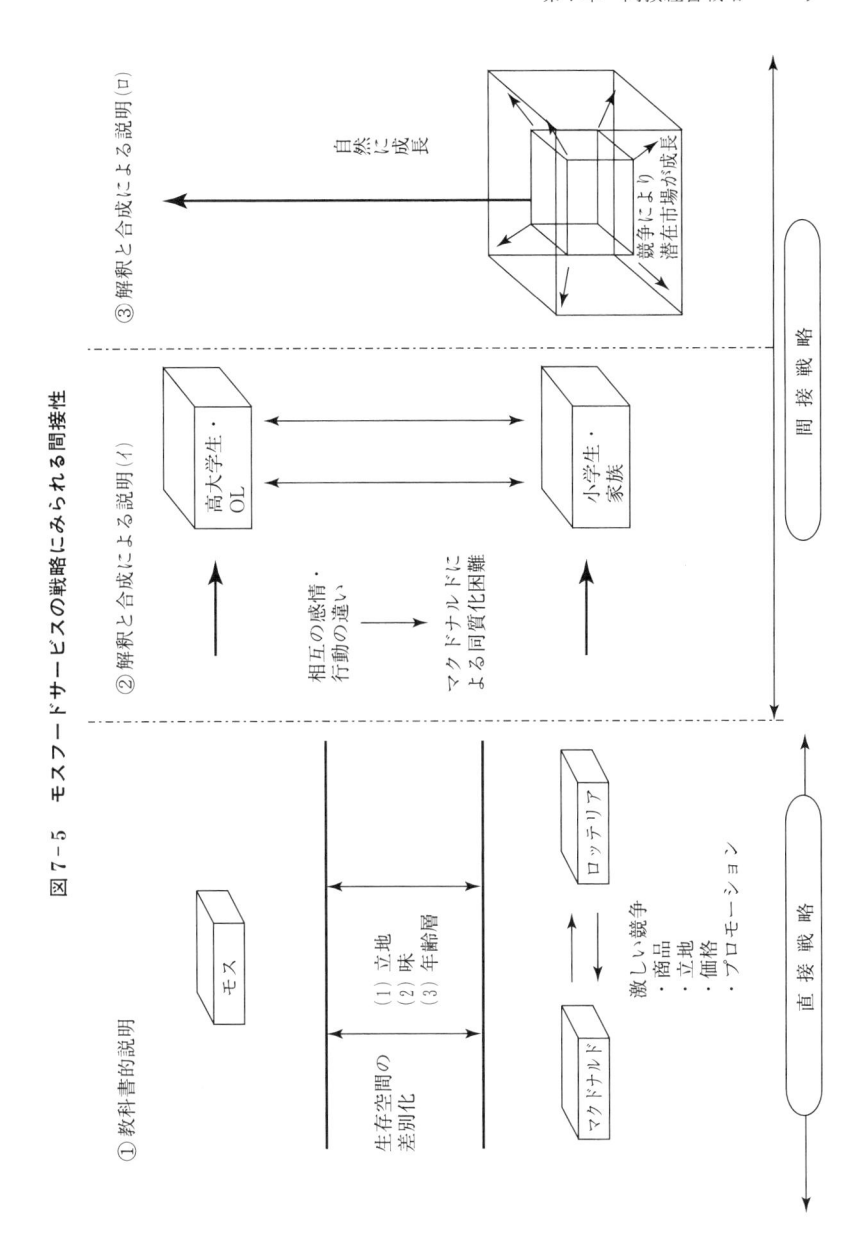

図 7-5　モスフードサービスの戦略にみられる間接性

① 教科書的説明

モス
生存空間の差別化
(1) 立地
(2) 味
(3) 年齢層

マクドナルド ← 激しい競争 → ロッテリア
・商品
・立地
・価格
・プロモーション

直接戦略

② 解釈と合成による説明 (イ)

高大学生・OL ⇔ 小学生・家族

相互の感情・行動の違い → マクドナルドによる同質化困難

③ 解釈と合成による説明 (ロ)

自然に成長 ← 競争により潜在市場が成長

間接戦略

はない．モスフードサービスの巣鴨店の店長も，「今のように，ハンバーガーが定着していれば，あれほど苦労しなくてもよかったかもしれません」と70年代のことを振り返って述べている．

　日本市場におけるハンバーガーの認知を初期に確立する上でモスフードサービスは重要な貢献をしたのだろうか．答えは否であろう．初期の段階ではマクドナルドとロッテリアという2つの巨大企業による競争そのものが，ハンバーガーを定着させていく原動力であったと思われる．この2社は，市場シェアをめぐる激しい競争を展開していると同時に，その激しい競争自体が生み出すプロモーション効果によって市場全体を拡大していく共同作業を展開していたと解釈することができる．

　ここで重要なことは，モスフードサービスがこの両社の直接的な競争とプロモーションの結果として生じる市場拡大効果と年齢別に社会集団が「自然」に形成していく相互感情をうまく利用できるドメイン設定をしていたということである．上位2社が主として競争していたのは，小学生などの子どもとその家族であった．子どもたちは，モスフードサービスが何も努力しなくても，年齢を積み重ねていく．小学生だった子どもは，ほんの数年で高校生や大学生になっていく．マクドナルドとロッテリアができるだけ多くの子どもたちにハンバーガーを食べさせ，ハンバーガーを食べる習慣をその子供たちに身につけさせるのに成功すればするほど，その子どもたちが「もはや自分は子どもではない」という自己意識を持ったときに入りやすいハンバーガー店の潜在的顧客層は拡大することになるのである．

　もちろんモスフードサービスが優れた商品開発を行なったことなどの直接的な戦略が無用だと主張するつもりはない．しかしその直接的な努力が生む直接的な効果ばかりでは，これほどの成功を説明できないのではないだろうか．社会集団が互いに抱く自然な感情をうまく利用したニッチ市場の定義や，他社のプロモーションや競争がもつ効果にただ乗りするようなセグメントの（無意識的）選択などを梃子にして，自社の限られた経営資源と努力とが生み出す効果を何倍にも膨らませることができたのではないか，という説明が示唆されるのである．

　ここで示された論理は，既存の競争戦略論とはやや異なる角度から現象を

分析することを可能にしている．経済学をベースにした競争戦略論の教科書は，「敵にしない戦略」あるいは「競争しない戦略」が最高の競争戦略であるという，ややパラドキシカルな結論を述べてきた（たとえば Porter (1980)）．しかし間接経営戦略の考え方に基づけば，単に競争を避けることばかりではなく，他社間の競争がもたらす〈意図せざる結果〉をうまく利用するのが最高の競争戦略だという結論が導かれるのである．以上のような考察を通じて，解釈と合成という研究スタンスが，存在論的に妥当性の高い説明を提供し，「何故」という問いに対してまさに社会科学的に正面から解答を与えるというメリットをもたらし，さらには既存の戦略論や組織論が必ずしも注目してこなかった重要な経営戦略の一側面，すなわち間接性とか間接経営戦略を明らかにする，というメリットをもっていることが明らかになったように思われる．

## 5．間接性の基本論理

これまでの例示によって示唆されていたように，間接性あるいは間接経営戦略は多様に存在し，それを解釈と合成という作業を通じて豊富に掘り起こすことが可能である．心理をもった人間が存在するかぎり，また人間に行為選択の自由度が存在するかぎり，間接性は必ずといってよいほど発生する．ここでは，実際の経営戦略策定の仕事に携わっている実践家にとって，多少とも間接性に思いを巡らす上で手がかりになることを目指して，間接性の源泉とそれに対応する基本論理を大まかに4つ（細かく見ると5つ）に分類しておくことにしよう．

われわれはまず，「誰の意図せざる結果か」に基づいて間接性を大きく自社の組織メンバーによるものと環境を構成する行為主体によるものとに2分しよう．ここで注意しなければならないことは，本章の議論が常に戦略家個人の視点に基づいているということである．トップであれミドルであれ，あるいはまたロワーであれ，その人が戦略的に物事を考える場合には，組織内の同僚も組織外の顧客も同様に間接性を生み出す源泉となる．

間接性の源泉を分類するためのもう1つの軸は，その間接性が主としてど

図 7-6　間接性の主たる源泉と基本論理

|  | 学習・知識創造 | 相互作用・相互依存 |
|---|---|---|
| 組織外 | (2) 知識創造環境の論理 | (4) 環境メカニズムの論理<br>(a) 自主的<br>(b) 組織・制度的 |
| 組織内 | (1) 経営資源の論理 | (3) 組織慣性の論理 |

行為主体（縦軸）／生成メカニズム（横軸）

のようなメカニズムで生成されているのか，ということに関係している．間接性を生み出す主たるメカニズムの1つは，個人が学習をしたり知識を創造したりするという事実に基づいている．人は生きて経験を積むことによって何かを学習したり，考えついたりする．忘れようと思っても，経験したことは記憶に残ってしまう．思いつくアイデアの質には個人差はあっても，人間は何かを思いつてしまうときがある．もうひとつの源泉は，組織内でも一般社会でも人々は互いに何らかの相互依存関係を形成し，相互作用していることである．このような相互作用や相互依存性が存在するために，彼（彼女）らの行為が合成されて，当初意図していたもの以外の〈意図せざる結果〉が生まれるのである[110]．

行為主体と生成メカニズムによる間接性の源泉と基本論理の分類が図 7 -

---

[110] もちろんこの2つの軸のどちらについても，その2分類が互いに背反するものだと主張するつもりはない．相互作用を通じた学習や知識創造とか，相互依存関係そのものについての学習など，両方のメカニズムの組み合わせを考えることが可能だからである．また実際の事例を間接性によって分析する場合には，組織メンバーの〈意図せざる結果〉と組織外の人々のそれとが両方作用していることが典型的であろう．だが，現実はここで分類されたものが多様な形で組み合わされているとしても，その基本論理をこの程度ラフに分類しておいた方が思考が促進されると筆者は考えている．

6に示されている．それぞれについて簡単に見ておこう．

## (1) 経営資源の論理[111]

典型的には既に例示したカシオの資源蓄積戦略に見られるような，組織メンバーの学習・知識創造によって特徴づけられる経営資源の論理は，これまでにも間接経営戦略的な視点から比較的体系的に研究が行なわれてきた．経営資源に注目した間接経営戦略の論理の組み方は次のようになる．

> まず，(a)人間は実行を通じて学習すること，また(b)人間が学習によって獲得した知識やスキルは特定の作業を越えた応用可能性をもつことを仮定する．この仮定から人間が構成する企業組織は現在のタスクを遂行する過程で他のタスクを遂行するのに必要な知識やスキルを蓄積することになる．そうであれば，将来，新しい事業へと多角化していくためには，(イ)応用可能性が高く，(ロ)競争優位性をもたらす（他社が保有していないとか，顧客が重要視するなど）という特徴をもつ情報的経営資源を産出しそうな製品市場ポートフォリオと価値連鎖を自社のドメインとするべきである，という実践的インプリケーションが導き出されるのである．しかも，このような戦略家の意図が組織メンバーに知れ渡り，真剣な学習意欲がそがれることを回避するべく，現在の能力水準以上の目標を掲げたり，危機意識をあおるようなトップ・リーダーシップが推賞される．

## (2) 知識生成環境の論理[112]

「自然」に学習したり，新しい知識を生み出してしまうのは自社組織内の人間ばかりではない．取引先や一般の消費者も製品の使用を通じて学習し，

---

[111] 経営資源の論理については，既に多数の書物が出版されている．主として次のものが代表的だと思われる．
　(1) 吉原他（1981）．
　(2) 伊丹（1984）．
　(3) 吉原（1986）．
[112] 知識環境の論理については，経営資源の研究者も指摘をしているけれども，その他にも，今井・金子（1988）や榊原（1992）などにもその発想が多く見られる．

新しい使用法などを考え出す．またそのような「自然」な学習の結果が顧客にとって重要な投資に知らず知らずのうちになっているケースもある．学習し，知識創造する環境という間接性の源泉は，経営資源ダイナミクスと同じ学習効果・知識創造効果をベースにもつけれども，企業の側からすると，そのマネジメントはより一層難しい．何故なら，組織メンバーが学習した内容は，その組織メンバーが組織を去らないかぎり，基本的にはその組織の「資産」として留まるけれども，組織外の個人や組織が学習したり生み出した知識は，特定の企業が「自然」に専有できるわけではないからである．それ故，このカテゴリーに見られる典型的な論理は，環境の「自然」な学習・知識創造効果を企業が「自然」に取り込んでいくための巧妙な仕組み作りを中心に組まれている．

　　　顧客は自社製品の使用を通じて自然に学習するものだから，(a)その学習効果が顧客の直面している製品市場における競争で重要性をもつものになるようにすれば，その顧客を「自然」に固定客として維持しやすくなる，また(b)その顧客が製品使用を通じて創造した新しいアイデアを「自然」に社内に取り込めるような，お客様相談室やメンテナンス・サービスや顧客との相互作用の場などを創るべきである．

(3)　**組織慣性の論理**[113]
　組織内の相互作用・相互依存関係を利用する間接性の論理は，必ずしもこれまで積極的に展開されてきているわけではない．これまでの組織論や戦略論は，たとえば意図せざる結果としての逆機能や組織内政治モデルなどの研究を進めてきたけれども，組織のもっている自律的運動傾向を積極的に利用した戦略を構築するという発想にはなかなか到達しなかったように思われる．実践家にとっては馴染み深い「組織の勢い」などのような概念を経営学とし

---

(113)　次のものにこの種の発想が多く見られる．
　(1)　竹内他（1986）．
　(2)　加護野（1988）．
　(3)　野中（1990）．
　(4)　金井（1991）．

て展開した数少ない例外のひとつは，企業の自己革新モデルであろう．たとえば次のような論理がこの領域における典型例であろう．

　　新製品開発プロジェクトは特定の製品市場における企業の競争力を高めるという効果ばかりでなく，企業組織内の既存の考え方や行動様式に変化を導入するという効果をもっている．それ故，トップは，新製品開発プロジェクトの製品市場におけるパフォーマンスに対して十分な注意を注ぐと同時に，その組織変革効果にも注意し，場合によってはその成果をシンボリックに利用することを考えなくてはならない．このような方法で組織の自己革新を行なえば，組織内のさまざまな「勢い」を梃子に利用することができるため，「自己革新が必要だ」と直接訴えかけるよりも効果が大きい．

### (4) 環境メカニズムの論理[114]

　既にミシュランの3つ星システムやジョンソン＆ジョンソンなどの例で紹介したように，環境のもつメカニズムを梃子にした戦略については事例としては知られてきている．しかしこのようなアネクドートの集積が，これまでは必ずしも間接経営戦略という視点から体系的に研究されてきたとは言いがたい．本来は，この環境メカニズムの論理こそが間接経営戦略にとって最も重要なものであるはずなのに，である．というのも，まず第1に，組織外の人々が多様な仕方で相互依存していたり，相互作用していることを考えれば，これをベースにして生まれる間接性は多様に存在しうるからである．環境は間接性の宝庫である．しかも第2に，この効果は，組織外の人々が「自然」に協力してくれる作用を利用しているのだから，最も安上がりな洗練された間接経営戦略を構築する上で不可欠な要素である．環境メカニズムを利用した間接経営戦略が最もコスト・イフェクティブなのである．本書が第2章で組織環境の記述様式に注目したレビューを行なったのも，実はこの環境メカニズムの解釈と合成こそが今後注目するべき間接経営戦略研究の中心である

---

(114)　先行研究として参考になるものは少ないが榊原清則の前掲書にはこの発想の萌芽が見られる．

と考えていたからであった．

　環境メカニズムの論理はそれ自体で多様であるため，(a)組織外の自生的な相互作用・相互依存関係を利用するのか，(b)組織外の設計された相互作用・相互依存関係を利用するのかという違いに注目して，さらに2つのサブカテゴリーに分類しておこう．組織外の自生的な相互作用・相互依存関係の効果とは，たとえば，(イ)1人ひとりの行為の結果が無視可能なほどの効果しかもたなくても，多くの人々が同じ行為を採ることによって集計レベルで出現したり，(ロ)特定の人々が他の人々に対して「憧れ」とか「嫌悪」などの感情を抱いていたり，両者の間に情報やモノの交換関係がある場合に生じるものである．社外の設計された相互作用・相互依存関係とは，代表的には，ライオンの歯ブラシ事業と歯磨き粉事業のような他社の組織内相互依存関係や，教育制度とか年金制度などの制度が規定する相互依存関係などを思い浮かべればよい．

　環境メカニズムの論理の典型は，次のような仮設例に見ることができるだろう．

① 　人件費も固定費であるような，固定費の比率の高い企業が構成している社会では，皆が戦略的に重要だとか成長産業だと信じている市場に参入するのは得策ではない．多数の企業がLCD市場の高成長を信じ，そこに参入するのであれば，自社はLCDの材料や部品の供給業者になるか，LCDの買い手になるのが得策である．何故なら，これらの企業はなかなか撤退せず，貢献利益だけでも出ている限りは生産を継続するからである．もちろんすべての企業がこのことを知っていて，LCDの買い手に回る企業が多いのであれば，やはりLCD市場に参入する方が得であるが．

② 　贈答品や宅急便など，顧客の間の相互作用そのものから需要の発生する市場では，送り手がその財・サービスを利用することによって，「自然」に受取手がその財・サービスの存在を知ることになる．したがって，この種の事業ではすべての潜在的な顧客にその財・サービスの存在を知

らせる場合よりも低い費用でプロモーションを行なうことが可能である．

③　図7-7には日本と英国のホワイトカラーとブルーカラーの賃金カーブが示されている．日本ではブルーカラーとホワイトカラーがほぼ同じ様な賃金カーブを描き，両者の差が少ないのに対して，英国ではブルーカラーの賃金カーブが比較的早い時期からフラットになり，ホワイトカラーと大きな差が開いてしまう．このようなコントラストを見ると，自動車メーカーのフルライン政策が利用している間接性は日本と英国では異なるはずだと予想される．日本ではホワイトカラーもブルーカラーも年齢と共に上級車種へ移行する傾向がより強いであろう．したがって，日本では比較的若い世代に相対的に薄い利幅で大衆車を販売して，彼（彼女）らを顧客名簿に加え，その名簿を管理していくことによって，顧客の上級車種への移行を「自然」に取り込むことが比較的容易であろう．

　図7-6で示されたような既存研究および間接性の探索領域の分類は，まさに分類であり，簡便のための記述であって，経営戦略論研究の何か本質的な部分を「説明」したものではない，という点には注意を促しておきたい．経営の実践家が生み出す経営現象に関して変数システム記述が，まさに記述であって説明ではないと主張しているのとまったく同様に，経営学の実践家である経営学者たちが生み出した業績に関して，ある種の変数システム記述を行なったのが図7-6である．しかし，このような記述によって本書の主たるテーマ，すなわち〈企業の環境に見られる意図せざる結果〉（図の上半分）を探究する作業が，既存の経営学の領域で必ずしも注目を浴びてきたわけではないこと，またその領域の探究が興味深いものであることを示すことができたのではないだろうか．

図7-7 年齢別賃金の日英比較（男）

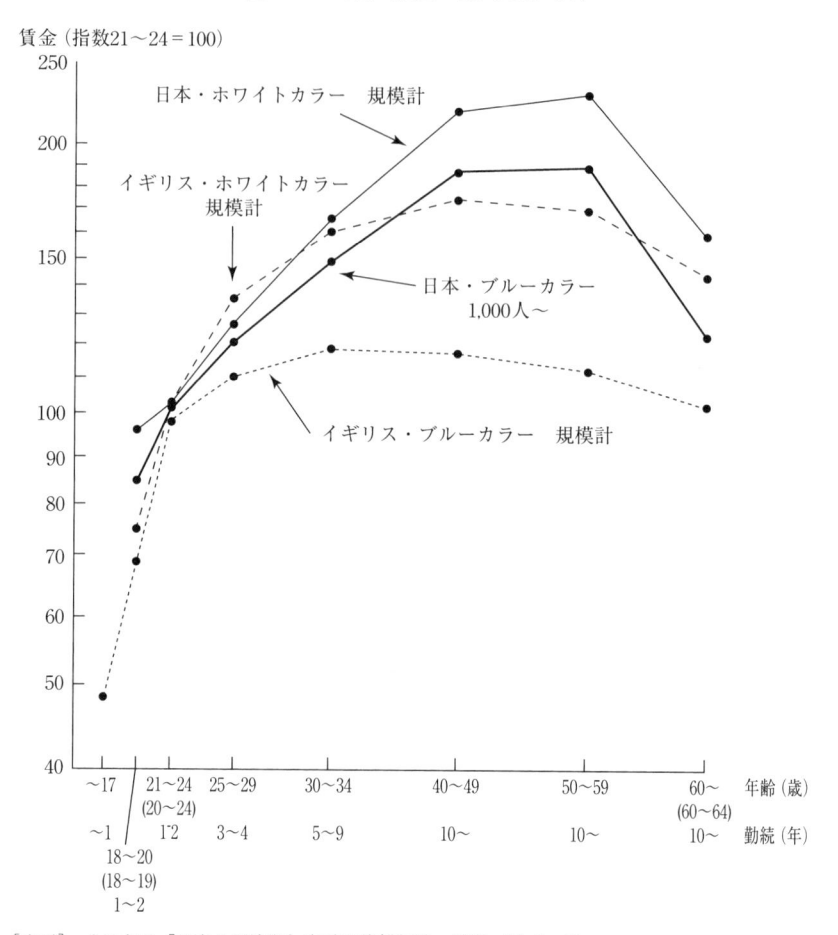

賃金（指数21～24＝100）

日本・ホワイトカラー　規模計
イギリス・ホワイトカラー　規模計
日本・ブルーカラー　1,000人～
イギリス・ブルーカラー　規模計

年齢（歳）：～17　21～24(20～24)　25～29　30～34　40～49　50～59　60～(60～64)
勤続（年）：～1　18～20(18～19) 1～2 / 1～2　3～4　5～9　10～　10～　10～

［出所］　小池和男『仕事の経済学』東洋経済新報社，1991，29ページ．

## 6．間接思考へ向かって

　「ヒット商品には論理があるのか．あるいはもっと一般的に言って，事業の成功には論理があるのか．」この問いから始まった本章の結論は，著しい成功事例の背後には間接性あるいは間接経営戦略の論理がある可能性が高く，その論理を解明していく上で解釈と合成による説明構築が有効であるという

ことである．最後に，間接性あるいは間接経営戦略という概念のもっているインプリケーションを簡単にまとめることで，本章を締めくくることにしよう．

〈意図せざる結果〉を巧みに利用する間接経営戦略は，何よりもまず，コストの安い戦略であることを改めて強調しておきたい．自社の行為が生み出す〈意図せざる結果〉を利用するにせよ，他者の生み出す〈意図せざる結果〉を利用するにせよ，成果を達成するために必要なコストのすべてを自社が直接負担することがないからである．必要なのは，戦略家が反省的意識の下で広く深く考えて工夫を凝らすことだけである．本当の戦略的経営とは，このような深い思考と楽な実行によって特徴づけられるはずである．

経営戦略論という研究領域ばかりでなく，実践家の世界においても長期経営計画や中期経営計画などの公式の戦略計画は，将来のあるべき姿を描き，そのあるべき姿と現状を比較し，両者のギャップを埋めるために自社が採るべきすべてのアクションを細かく策定していくというように，直接的な戦略の論理によって支配されている．だが，もし，あるべき姿を達成するための努力をすべて直接自分たちが負担しなければならないのだとしたら，組織成員は大幅な労働強化の下に置かれてしまうであろう．あるいは，環境メカニズムのもつ間接性を十分に利用できるのであれば，もっと優れたあるべき姿を描くことが可能になるかもしれない．

本章の議論や事例に接して，「そんなうまいこと初めから考えていたはずがない」と思う人もいるかもしれない．その通りである．ここで紹介した事例の多くは，結果的に間接性をうまく利用したものではあっても，初めから意識的に間接経営戦略として策定されたものではなかったと思われる．しかし，それでも，間接性の論理を考え，その論理によって過去の出来事を後付けで説明することには意味がある．何故なら，論理によって説明を加えることで，実践家の反省的意識が深耕され，より筋の通った議論が社内で行なわれるようになり，取り込まれていた間接性に敏感になって事後的に適切な対処ができ，うまくすれば次の機会により洗練された間接経営戦略を思いつく可能性が高くなるからである．

本書は，とりわけ第3章から第4章にかけて，極めて抽象度の高い，複雑な議論を展開している．そのような抽象度の高い論理の展開が，現実の経営学研究の現場と関連があるのか否か，また現実の経営の実践家にとって本当に意味のある対話を行なう際の指針になるのか否か，といった問いに対するわれわれの回答が前章と本章であった．多くの経営学者が実証志向と実践志向を強めている近年の状況を念頭に置いて，前章と本章は，一見あまりにも哲学的で思弁的に過ぎるように思われる方法論的議論が，実は実証研究の現場や企業経営の現場との関連性（relevance）を失っていないこと，逆に，そのような方法論的議論を学ばなければ，少なくとも経営学者はあまりにも単純素朴過ぎる示唆を自らの研究成果から引き出してしまうおそれがあること，また経営の実践家にとっても十分に対話していく意義のある問いをわれわれ経営学者が提供していくためにも，行為システム記述や解釈と合成による説明構築が必要であること，といった一連のメッセージがここまでの議論で明らかになったものと思われる．

# 第8章

# 行為の経営学
——反省的対話の促進に向かって——

## 1. 行為システム観と変数システム観

(1) 議論の整理

　われわれはまず本書の冒頭で，2つの極端な経営学観が実際に存在し，その2つの間で対話が困難になっている状況を確認した．一方は実務家に対して，彼らの実践の成功確率を少しでも高めることを，少なくとも副次的な目的としているような実証研究の立場であった．もう一方の立場は，社会現象の理解を深めるためには人々の共有している意味を解釈し了解していく以外には方法がないと考え，法則的な解釈を経営現象に対して加えることに意義を見いださない立場であった．この2つの極端な立場は，ありきたりの言葉で言えば，社会科学の領域で古典的に見られてきた法則定立的アプローチと解釈学的アプローチに対応する．社会科学の領域において，ウェーバーのような例外を除くと，この2つのアプローチをとる陣営は互いに対話不能な状態にあったように思われる．同様に，現在の経営学の領域でも，この2つのアプローチは互いにほぼ対話不能の状況にあると本書では捉えられている．

　しかし，企業の直面する環境を中心的なテーマとして行なわれた研究をレビューするならば，かつては法則定立を目指していた組織論者・戦略論者も，実はその経験的研究においては解釈学的な要素をふんだんに取り入れていた時期があったことが分かる．企業環境をひとつのシステムとして研究対象と

していた研究の中には，法則を定立しようという意図の下に行なわれていながらも，行為者の意図や行為，相互行為に注目していたものが1960年代には多々見られたのである．この，いわば「失われた伝統」を探り，その伝統が何故失われてしまったのかを明らかにする作業を通じて，法則定立的アプローチと解釈学的アプローチの対話可能性を取り戻そうというのが本書の基本的なネライであった．

　企業環境を対象とした研究を過去にさかのぼって検討していくと，「企業環境をシステムとして捉える」という点では一見同じ観点に立っているように見えながら，そのシステムという言葉の意味が大きく異なる2つの立場が存在することが明らかになる．一方は〈行為のシステム〉として環境を記述するものであり，他方は〈変数のシステム〉としての環境を記述するものである．1960年代にはこの2つの記述様式が双方ともに見られ，50年代と60年代の主流はむしろ行為システム記述の方であったように思われる．しかし，その後1970年代になると，ほとんどの研究は変数システム記述を採用し，さらには組織論の研究対象である実在を問題とするのではなく，むしろ変数システム記述そのものの技法的な問題を明らかにすることをテーマとする研究まで出現してくる．企業環境の記述様式として，行為システム記述から変数システム記述へとヘゲモニーが移っていったのである．

　この行為システム記述から変数システム記述へのヘゲモニー転換の背後には，近年の組織論・戦略論が経験してきた存在論的仮定の変化と認識論的な仮定の変化があった．「人々の創る組織は，たとえば熱追尾式ミサイルのように，コントロール可能な機械的なシステムのようなものである」という仮定を，当初研究の便宜上置いていただけであったはずの研究者たちが，いつの間にかその仮定を実在に関する妥当な見解であると信じるようになってしまった．本来コントロール・システムと呼ぶべきものを開放システムと呼んでしまい，自分たちは開放システムを想定して研究をしていると信じ込むようになったのである．「研究の便宜上」置いた仮定であれば，ある程度研究が進展した際に，その仮定自体をより高度化していく必要性があるはずである．しかし，主として英米系の組織論・戦略論においては，この存在論的仮定の妥当性そのものについては既に議論が終結しているかのような研究の流

れが形成されていった．一部の異端の研究者たちが警鐘を鳴らしたにもかかわらず，多くの研究者たちはいまだにコントロール可能な機械的システムとして組織の実証研究を遂行している．正統派の研究者たちは自分で意識したり，意図したりしてはいないであろうが，結果的には，「実在するのは自己意識をもった行為者ではなく，変数のシステムの方であり，一見主体性をもっているように思われる人間は，実は変数によって操られる人形である」と想定しているに等しい研究を遂行してしまっているのである．

また，この間，同じ法則定立という目的を共有していながらも，その法則をいかにして定立することが可能かという認識論上の考え方についても大きな変化が見られた．かつて人々の意図と行為，相互行為といったものを了解しながら，行為システムのメカニズムを解明していくことで法則定立が可能になるはずだと考えていた研究に代わって，むしろ変数システムの間の安定的な関係を多数の標本を用いて確認していく作業が法則定立には適していると暗黙のうちに想定している研究が主流になっていった．前者をメカニズム解明モデル，後者をカヴァー法則モデルと本書では呼んでいる．

法則定立という目的を共有しているかぎりにおいては，メカニズム解明モデルは徐々にカヴァー法則モデルにその地位を奪われていった．本書の中では詳しく考察を加えなかったけれども，カヴァー法則モデルは近年の統計学の発達や理学・工学領域における成功という追い風を受けながら，より「科学的」であるという印象を人々に与えていったのであろう．あるいは，主としてアメリカにおいて「法則の伝授」を社会から期待されるビジネス・スクールがひとつの社会制度として確立し，普及していったのがこの時期なのかもしれない．あるいはまた，人間が他者の意図を了解することは可能なのかという哲学的に難解な問いに対して，1960年代〜70年代のアメリカ社会が否定的な答えを出すようになっていった，というような時代精神の影響があるのかもしれない．「客観的」に外部から観察可能ではない意識や意図を了解する作業は，「主観的」な要素が入り込みやすく，「科学的」ではない，と考えられたのかもしれない．実際には，研究者たちがその「科学的」な研究ゲームを遂行する上で，他者の意図の了解という作業が不可欠であり，それなしには社会に関する研究自体が成立しないにもかかわらず，少なくとも英

米系の経営学においては，了解に代わって標本数が主要な地位を占めるカヴァー法則モデルが支配的になっていったのである．

　コントロール・システムという存在論とカヴァー法則モデルという認識論が支配的な地位を確立していく過程で，研究技法の評価も大幅に変わっていった．かつてメカニズム解明モデルが多々見られた時代に多用されていた個別事例研究法は，非科学的であると捉えられるようになり，これに代わって大量標本のサンプル・サーベイ調査が主流になっていった．また同時に，誰にでも分かりやすいカヴァー法則を見いだし，そのカヴァー法則を基礎にして経営の実践を合理化するという経営学の役割認識もまた強化されていった．実務家は研究者にデータを提供し，研究者は実務家の提出したデータに基づいて法則を定立して，その法則を実務家に教授する，という〈実践的に役に立つ経営学〉という経営学のイメージがますます強固になっていった．

　不変の法則が社会現象の中心的な部分を左右しており，その法則を見いだし，定立していくという目的を前提とするのであれば，カヴァー法則モデルもメカニズム解明モデルも原理的には同じ法則へと到達する．それ故，何らかの理由でカヴァー法則モデルの方が，研究遂行上あるいは他者を説得する上で研究者の負うべき経済的・社会的コストが低くなるのであれば，両方を同時に追求するべきであるという見解は消えてしまう．実際，英米系の研究技法に関するテキストでは，カヴァー法則モデルのみで十分であり，わざわざメカニズムの解明を行なう必要がないという立場が主張されるようになり，かつて行為主体の意図と行為といった要素から構成されていたメカニズムは，より詳細な変数のシステムとして解釈されるようになっていった．

　法則定立的アプローチと解釈学的アプローチの対話が不能になっていったのは，まさにこのような事態が生起した時点からであろう．かつて同じ法則定立的アプローチのなかに共存していた変数システム記述と行為システム記述が，前者の支配的地位の達成によって，共存しなくなり，行為システム記述は解釈学的な異端のものである，という位置づけがなされていった．法則定立に実際に成功したわけではないのだけれども，法則を定立しようという意図の下に，変数システム記述と行為システム記述が対話可能であった時代は，結果的には豊かな知見を組織論が生み出していた時代であるとわれわれ

は評価している．ところが法則定立的アプローチの内部では変数システム記述が支配的になり，行為システム記述が「解釈学的」な異端であるという位置づけを受けてから，両者は別々のゲームに没頭しているような状況になり，変数システム記述の生み出した知見を行為システム記述によって読み解き直すといった作業が大幅に希薄化したように思われてならない．

　もし本当に社会現象において法則が支配的な役割を演じているのであれば，このような対話の希薄化は学問として嘆くべき事態ではないと考えることも可能である．むしろ「先進的」な手法を用いた研究が，「時代遅れの非科学的」な手法を用いた研究を駆逐し，研究全体の水準が進化しているのだ，という自己認識も正当化できるかもしれない．社会システムにおいて法則が支配的なのであれば，コントロール・システムという存在論とカヴァー法則モデルという認識論は，妥当性を主張でき，しかも人々の認知能力を節約するというメリットをもつと擁護することが可能であろう．コントロール・システムという存在論とカヴァー法則モデルが絶対視されるようになれば，たしかに意図の解釈・了解などといった「煩雑」で「不確か」な作業は不要に思われるからである．カヴァー法則モデルが最も効率的に法則を定立する認識論的モデルであり，本当にそれによって「有用なカヴァー法則」が見いだされているのであれば，「解釈学的アプローチなどいい加減で，無用なものだ」という見解が支配的になり，両者の間の対話が成立しなくなったとしても深刻な問題はないのかもしれない[115]．

　はたして，カヴァー法則モデルを絶対視しても良いのであろうか．行為システムのメカニズム解明という作業は不要なのであろうか．このような問いにどのような解答を出すのかは，社会システムについて不変の法則が存在するのか否か，あるいはそれが社会現象の中心的な部分を説明するものであるのか否かという問いに対する解答に依存している．もし不変の法則が支配的であると考えられるのであれば，カヴァー法則モデルが効率的なモデルであると主張できるはずであり，逆に不変の法則が支配的でないと考えられるのであれば，カヴァー法則モデルを絶対視することは間違っていることになる．

---

[115]　もちろんこの場合には解釈学的アプローチという無意味な研究アプローチが残存していることが問題となるであろう．

本書における，この問題の検討の結果は，社会システムに関して不変の法則を見いだすことは際だって困難であるということであった．しかも，もし不変の法則が見いだせるとしても，カヴァー法則モデルのみではその確証が十分には得られず，メカニズム解明モデルによって補われなければならない，ということであった．支配均衡の存在するゲームの構造の下であれば，カヴァー法則モデルによって不変法則を確立することができるが，観察対象が支配均衡の存在するゲームであるか否かを明らかにするには，やはりメカニズムを解明しなければならないからである．

　不変の法則を定立できる可能性が際だって限られたものであるのなら，メカニズム解明モデルもカヴァー法則モデルも，共に適切ではない．法則定立という項目を少なくとも社会研究の課題集合の中で低いプライオリティを持つものへと格下げする必要がある．

　法則定立が主たる目的たりえないのであれば，カヴァー法則モデルも，メカニズム解明モデルも，それぞれ位置づけを換えて，異なる研究指針の中に組み込み直す作業が必要である．その際，既存の研究成果の価値を全否定する必要はない．意図の上では法則定立を目指した研究も，その〈意図せざる結果〉として，法則定立を目的としない人々に対しても有意義な知見をもたらしている場合があるからである．このような位置づけを行なうことで，われわれは研究という実践の世界で間接戦略を構築することができるはずである．カヴァー法則モデルに基づいて行なわれた研究の成果は，法則としての「至高」の地位を持ち得ないけれども，他の研究者たちが問題設定を行なう際に不可欠な，簡略化された社会システムの記述として有意義であると位置づけ直すことが可能であろう．他方，メカニズム解明モデルに基づいて行なわれた過去の研究の成果は，法則定立を目指したものではないと位置づければ，社会システムの理解を深める上で重要な先行研究として摂取することが可能である．ただし，法則定立を目指さずに行為システムのメカニズム解明を行なうという新しい研究スタンスに関しては，より具体的な研究指針を明示的に展開しておく必要があるだろう．本書の検討の結果に基づけば，その研究指針とは，マクロ変数間の関係を記述した上で，その下における反省的実践家の思考経路を解釈・了解し，さらに彼らの行為と相互行為とを綜合し，

〈意図せざる結果〉を解明していく，というものであった．

これらの検討結果が，経営学者の実践と，経営の実践にとって，それぞれどのような意味があるのかを明らかにする努力も，本書では行なわれた．第6章と第7章の2つの章がそれである．解釈・合成を通じて意図せざる結果を解明していく作業が，日米のデジタル・ウオッチ産業における技術選択の事例研究を通じて明らかにされた．また，他者の生み出す〈意図せざる結果〉を巧みに利用した間接経営戦略の探究という方向性が，経営の実践家たちとの対話を促進する上で意味があるという議論が，それに続く章で行なわれた．第3章と第4章で行なわれていた抽象度の高い議論が，決して経営学者の実践や経営の実践の場面とは別世界のものではないということが，これらの2つの章を通じて明らかになり，また同時に法則定立以外にも経営の実践家と対話していく立場が確立可能であることが十分に示唆されたものと思われる．これまでに本書がたどってきた基本的なストーリーはこのようなものであった．

われわれがたどり着いた地点を自ら確認するために，図8-1が描かれている．右側には，現時点における英米系経営学の正統派の立場が，左側には本書が主張する立場が，それぞれ描かれている．内的に関連しあった1つの観点として一括して呼ぶために，右側を変数システム観，左側を行為システム観と便宜的に名付けておこう．

現在の英米系正統派経営学の見解は右側の変数システム観である．変数システム観は，企業環境などの社会システムの実在をコントロール可能なシステムであると想定し，大量観察を通じてそのシステムの挙動に規則性を見いだすことで法則定立しようという立場である．この存在論と認識論に適合的に，社会システムは〈変数のシステム〉として記述され，できるだけ多数の多様なシステムにわたって観察を行なうことで，より一般化の程度が高い法則を見いだし，その法則を企業経営の合理化に活用できるようにアレンジして実務家に伝授していくというプロセスが変数システム観の想定している標準的な経営学研究である．

これに対して行為システム観は，反省的行為者（反省的実践家）が抱く意図や，彼らの遂行する行為，相互行為といったものが社会システムの実在で

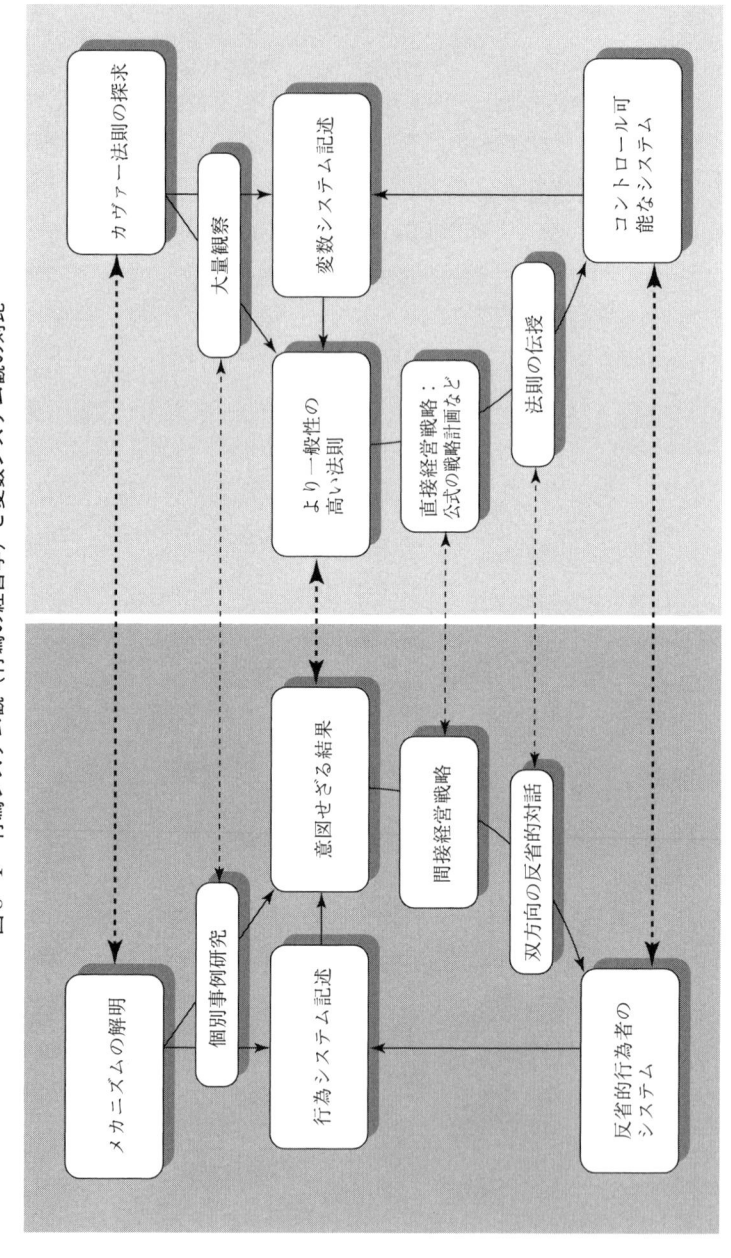

図 8-1 行為システム観（行為の経営学）と変数システム観の対比

あり，その実在としての行為者の意図や行為を解釈・了解し，その行為と相互行為を合成することで社会システムの実在の把握に近づこうという立場である．そこでは，企業環境を初めとする社会システムは，主として個別事例研究を用いて〈行為のシステム〉として記述され，〈意図せざる結果〉の背後に存在するメカニズムの解明が目指される．この立場では個別事例研究以外の方法を用いないわけではない．変数システム記述が法則定立のためではなく，簡略化された記述として活用されるからである．行為システム観では，意図せざる結果は経営戦略に見られた間接性として反省的実践家に伝えられ，経営学研究者と経営の実践家は一方的な法則の伝授ではなく，反省的対話を展開するものと想定されている．本書の題名である『行為の経営学』とは，この行為システム観に基づいた経営学のことである．

## (2) 残された課題

われわれに残された課題は数多い．その全てについて本書の中で解決することは不可能であろう．しかしそれでも2～3の点については，現時点で想定されている課題に対する本書の基本姿勢を記す必要があると思われる．ここではそのような課題の中から2つのものを指摘しておきたい．

ひとつめの課題は，反省的対話に関するものである．変数システム観に立つのであれば，原理的に成り立たないとは言え，法則らしきものを見いだして実務家に伝授するという，英米系の経営学者が慣れ親しんできた経営学の自己イメージをそのまま保存できる．少なくとも2～3年で法則性が消え，同様に2～3年で流行の言葉（コンセプト）が変わっていくような実務家と経営学者の相互関係を悪しきものではないと認めてしまえば，新たに何も考えることなく既存の立場を保持して，あたかも有用な学問であるかのようなフリをしたゲームを続けることができ，その方が楽で良いではないか，というタイプの見解が存在しうる．反省的対話と本書が述べている実践家と経営学者の関係のあり方が，ある程度明確に述べられないかぎり，この種の見解を排除することは難しい．反省的対話という言葉でわれわれは何を想定し，その反省的対話にどのような意義があると考えられるのだろうか．このような壮大な課題を全面的に遂行するには，まだ本書の議論では不十分であろう．

しかし，経営学の新たな存在意義を探る作業を，その端緒の部分だけでも本書の末尾に記すことで，より多くの経営学者との対話が促進される可能性がある．それ故，まだ未熟な議論ではあっても，次節で展開しておく意義があると思われる．

ふたつめの課題は，変数システム記述が社会システムに関する簡略化された記述であるという主張は，同様に行為システム記述に対しても向けられるという点に関連している．行為システム記述も，実在そのものではなく，実在を言語によって表現した言説である．それは変数システム記述が実在ではなく，実在を言語によって表現した言説である，というのと同じである．一方は構成概念と変数という「虚構のシステム」として記述し，他方もまた解釈・合成によって実在そのものではない「虚構のシステム」として記述しているのである．次のような2つの局面を図式的に分けてみるならば，この点が明確になるであろう．

①実在：われわれは行為する
②言説：「われわれは行為する」ということについて語る

すなわち，実在である行為そのものを言語によって捉え直しているかぎりにおいて，変数システム記述も行為システム記述も，実在そのものではなく言説の世界に属しているのである．このとき，実在が行為のシステムであるからといって，言説が行為システム記述である必要はないのではないか，という疑問が生じうる．それ故，実在が行為システムであるのであれば，同じ虚構だとしても，できるかぎり行為システム記述をとるべきであって，変数システム観を主ではなく，従に位置づけなければならないと本書が考えているのは何故なのかを明らかにしておく必要があるであろう．

もちろん本書が解決していない課題はこれ以外にもまだ多数残されている．しかし，現段階でこの2つの課題を設定し，それらの解決の糸口を示した上で，また次なる課題へと進む方が生産的であるとわれわれは考えている．それ故，本書は上の2つの課題をこの最終章で採り上げ，不十分ながらも本書の考え方の基本を示すことにしたい．

## 2．反省的対話

### (1) 反省的実践家

　社会科学の領域で不変の法則を確立することが困難である根本的な理由は，社会を構成している人間に反省能力が備わっている，という点にある．たとえ変数システム観に基づいて社会システムに何らかの「法則的」な規則性を見いだしたとしても，その規則性が公表され，行為者たちに意識化されることで，当初の知見は陳腐化するか，もしくは妥当性を失なってしまうのである．変数システム観の内的な矛盾の最大のポイントは，一方で社会システムを観察対象として考察する際には反省能力のない行為者，あるいは，あたかも変数に操られている人形ような行為者たちを想定していながら，他方で彼らに研究成果をフィードバックする段階では対話と反省の可能な人間として想定している，という点である．このような矛盾はここで採り上げた経営学における変数システム観のみならず，近代の法則定立的あるいは設計志向の社会科学に常につきまとってきたものである．たとえばホッブズの業績を検討したハーバマースの指摘にも，この点を見てとることができる．

> …ホッブズがはじめて，新しい方法をたずさえて，社会結合の物理学を展開する．ひとたび社会状態の力学の洞察が得られるならば，正しい社会的政治的秩序を形成するために技術的な施策は，ただちに講ずることができる――というわけである．
>
> 　それにしても明らかに，「正しい」秩序を建設する技師たちも，やはり「欠陥のある」現状秩序の成員として認識対象にされてきた市民たちの間から出現するほかはなく，この点に困難が生ずるのである．人間は始めには自然的客体として，その行動の必然性が制度的強制と人類学的に定まっている反応様式との間の因果関連から把握されたが，その同じ人間が，今や，この因果連関の認識にもとづいてよりよい施策を講ずるべき主体の地位に就かなくてはならない．同一の人間たちが，研究される事態の客体である同時に，変革される事態の主体なのである[116]．

---

(116)　Habermas (1963)，邦訳，p.54.

法則定立的社会科学は，①一方では社会システムを客観的に観察して法則性を見いだし，②他方ではその観察結果を基にして行為者たちに知見をフィードバックし，より望ましい状態へと社会システムを変革していく，という研究プログラムを前提にしてきたように思われる．しかし後者（②）が可能であるためには，前者（①）の観察の結果として得られた「法則性」は物理的な世界の法則性とは大幅に性質を異にするものであるはずである．基本的なモノの考え方や行動の仕方を原理的に変えなさい，というアドバイスをわれわれは原子や分子にはしない．本書は全体として，経営学の領域において，この反省的実践家と経営学研究者の相互作用を念頭に置きながら，変数システム観が不当に支配的な地位を主張してきたこと，逆に行為システム観が不当に周縁的な地位にとどめられてきたことを明らかにし，その上で両者のバランスと対話可能性の回復を意図してきた．このバランスが回復した場合に，反省的実践家と経営学研究者の間に成立しうる妥当な関係がどのようなものであるのかを明らかにすることが本書に残されている1つめの課題である．この課題を遂行するためには，まず反省的実践家がどのようなものであるのかという点について明らかにする必要があるだろう．

　われわれの想定している実践家は，何もかもすべて知った上で無限の計算能力をもつ，というほどの合理性を備えていたり，起こり得る事象とその主観生起確率をすべて知っていて期待効用を最大化できる，というような合理的な個人ではない．だが同時にわれわれの想定している実践家は，まったく合理的でないとか，意図の上でも合理的たろうとしていないような行為者でもない．このような個人を社会科学の他の領域で仮定することが可能であるとしても，経営学の領域で，しかも戦略論や組織論で通常考察対象となっているような意思決定者に関して想定することは，非常に困難であると思われる．彼らは，意図の上では合理的たろうとしていながらも，その時点の知識や信念の状態に制約されているために，結果的に非合理的な行為を行なってしまうことがあると考えるべきであろう（Simon, 1976）．

　既に第7章において若干触れたような，合理性の制約をもちながらも反省作用を行なう実践家のモデルを，ショーンにならって反省的実践家（reflective practitioner）と呼ぶことにしよう（Schön, 1983）．ショーンは，建築

設計技師や心理療法家などの専門職業家の思考経路を丹念に研究し，有能な実践家が実際に保有し有効に活用している知識および知識獲得の方法が，実証主義的な大学の研究者のイメージしているものと著しく異なることを指摘している．実証主義的な研究者は，実践家の活動は手段的な問題解決であり，それを科学的な理論と技法を適用することで厳密化することが可能だと考えている．だがショーンは，実は両者の知識の間には授受関係を簡単に仮定できないほどの大きな認識論的相違がある，と主張する．彼によれば，有能な実践家たちは自分の行なっていることについて考えることができ，実際に行為の最中に考えることすらある．このような能力が存在するために，反省的実践家は理論の一方的な利用者ではなく，自らかなり複雑な実行理論（theory-in-use）をテストしたり創造したりしているのである．彼らはこのような理論に基づいて予測（仮説）をたて，実行に移し，その結果とその結果がもっている意味を見いだし，評価し，次の行為へと移っていくのである．もちろん反省的実践家の予測に基づいた行為は意図せざる結果を生み出すことがあるけれども，彼らはその結果を反省し，自分たちの理論を柔軟に修正していく．反省的実践家は，自分自身である種の理論構築作業を行なっている「理論家」なのである．

　反省的実践家という行為者のイメージは，ギデンズの構造化理論（structuration theory）の中心的な要素でもある（Giddens, 1984）．彼は，人間が因果マップをもって事象の推移に介入し，その行為によって社会を生成する主体性（agency）をもつ，と主張する．「人間であるということは，目的志向的なエージェントであるということであり，このようなエージェントは理由をもって自分自身の諸活動を行なっており，そう促されればその理由について比量的に（discursively）詳しく述べることができる（その理由について嘘を言うことを含む）[117]．」ショーンと同様にギデンズもまた社会的行為者はその合理性が限られたものであるにせよ，反省を行なうという点で有能であると考えている．社会的な行為者はその実践において，自分たちが役に立つと信じている知識を自分たちの目的達成のためにフル動員して

---

(117) Giddens (1984), p. 3.

合理的に行為しようとしている．だが同時に自分たちがある行為を行なった時の理由を尋ねられれば，その理由を1ステップずつ論理的に考えて述べることができるし，自分自身の行為とそのコンテクストとの相互作用のプロセスをモニターして自分の行為を変えて行くことができる．ギデンズは，前者の意識，すなわち目的達成のために自分の知識をフル動員している時の意識を実践的意識（practical consciousness）と呼び，出来事の推移について論理的な思考をめぐらしている時の意識を比量的意識（discursive consciousness）と呼ぶ．実際に自分の目的追求に夢中になっている時の意識が実践的意識であり，それについて言語を用いて反省している時の意識が比量的意識だと考えればよい．本書では前者についてはそのまま実践的意識という用語を引き継いでいるが，後者については一般的な理解のしやすさを考慮して反省的意識と呼称を代えている．

　実践的意識の下で行なわれた（あるいは行なわれている）活動とその意識そのものを，反省的意識（比量的意識）の下で対象化して考えることが反省作用である．もちろん行為の背後にある知識とか信念のすべてが即座に，しかも何の努力もなしに，反省的意識によって捉えられるわけではない．だが反省的意識の下で時間をかけて考えれば，行為の背後にある知識や信念のかなりの部分に到達することが原理的には可能である，という点が重要なのである．

　このような反省能力が備わっているということは，行為者が長期的には高度な学習能力をもっているということを意味している．反省的実践家は，事前に研究者が用意している具体的な学習モデルを超越することが可能である．たとえば，ある行為の結果，正の価値を得たら自分の行動レパートリーの中からその選択肢を実行する確率を高め，負の価値を得たら低める，といったようなコンピュータ・シミュレーションにのりやすい適応的モデル（adaptive model）で想定されている学習パターンも，反省的実践家はそれを意識することによって乗り越えることが可能である．反省的実践家たちは，試行錯誤を通じて既存の信念構造の下で直線的に知識を累積していくシングル・ループ学習（single-loop learning）ができるばかりでなく，その信念の改変を行なうダブル・ループ学習（double-loop learning）も，さらには

そのダブル・ループ学習自体とそれが行なわれるコンテクストまで検討の対象にする第2次学習（deutero learning）さえも遂行することができる（Argyris and Schön, 1978）. この学習に関する自己言及（self-reference, self-reflection）のプロセスは論理的にも無限に続けることができ，じっくりと考える時間さえあれば反省的実践家たちはこの第2次学習さえも乗り越える学習が可能であるだろう[118]. 反省的意識と実践的意識の相互作用が行なわれる反省的実践家に関しては，事後的にどのような学習パターンがとられたのかを類推することが可能だとしても，事前に特定の学習パターンを規定して予測を行なうことは極めて困難なのある.

反省的実践家という仮定の下で成立する学習プロセスは，あらゆる予測を上回って展開される可能性がある. その意味で，個々人の活動を問題解決や情報処理（information processing）ではなく知識創造（knowledge creation）だと考える方がふさわしい（野中，1990）. どこかに正解が存在すると仮定できるのであれば，その正解に向かう情報処理として個々人の活動を概念化することもできるであろう. しかし研究者も含めた社会内存在の誰によっても事前にそのような「正解」を確定することはできない. 経営現象も含めた社会現象は，社会のメンバーが反省的対話を通じて常に現時点の社会秩序を創り変える活動を展開しているプロセスなのであり，社会は静的な状態として在るもの（being）ではなく何かに成ろうとしているプロセス（becoming）なのである（Sztompka, 1991; Weick, 1979a）. このように考えれば，誰にも予測できていない新しい知識を創造する活動として反省的実践家の活動を概念化し，企業や産業や社会を知識創造プロセスとして把握する視点の重要性が明確になると思われる.

しかし，反省的実践家の学習能力が高度であり，その活動を知識創造だと捉えるとしても，合理性の制約を認めるかぎり，反省的実践家は常に何らかの知識や信念によって縛られた存在でもあるという点を忘れてはならない. 反省的実践家は，意図の上では合理的だったはずの行為がもたらした事後的な非合理性について思考し，自分の知識と信念を改変しようとすることが可

---

(118) 自己言及についてはたとえば，Von Foerster（1984）を参照せよ.

能である．だが同時に，反省的意識の下で行なわれるこの知識と信念の改変作業，すなわち学習も，合理性の制約を受けている．しかも社会システムには〈意図せざる結果〉が満ちあふれている（Von Glasersfeld, 1984；Watzlawick, 1984）．したがって学習が完全に行なわれるわけではなく，また時には奇妙な因果帰属を行なってしまい，その奇妙な因果帰属に拘泥してしまう可能性もあるだろう（Riedl, 1984）．社会において行為を遂行していく人間が，対話を必要とする根拠はこの辺りにあるのではなかろうか．

　反省的実践家は自ら新しい知識を創造するけれども，その自ら生み出した新しい知識に縛られることもある．反省的実践家は長期的には経験や対話を通じてその知識と信念の限界を乗り越えることができるけれども，短期的にはそれに制約されることがあり，また知識を創造する主体であると同時に，自ら創り出した知識に縛られる存在でもある．この２重性が，変数システム観の想定していた研究者—実践家関係に代わる経営学者と反省的実践家の反省的対話のプロセスに意味を与えるカギである．反省的実践家を仮定することによって，社会科学における不変の法則の確立が難しくなり，変数システム観に基づいた〈実践的に役に立つ経営学〉という経営学の自己同定が難しくなる．しかし，反省的実践家を仮定することによって，法則を見つけだして実務家に伝授する，というミッション以外の経営学のあり方が見えてくるのである．すなわち，企業における実践について反省的意識の下で行なわれている実践家たちの対話のプロセスに経営学者が参加すると考えればよい．経営現象を巡って行なわれる社会的な対話に経営学者が参加することは，必ずしも企業の意思決定の現場に参加するということを意味しているわけではない．企業の経営に関して広く企業内外で行なわれている社会的な対話のプロセスに経営学者は独自の視点をもって参画するのである．この社会的対話のプロセスは，現時点で多数の実践家と同時代的に行なわれるものばかりを意味しているわけではない，という点には注意が必要である．企業における実践への問いかけが，10年ないし20年かけて多様な多段階の経路を経て実践家に届く場合もあるだろう．逆の経路，すなわち実践家たちの問題意識が経営学者に届く経路についても，同様のことが生じうる．ここで対話という言葉で想定しているのは，直接的なコミュニケーションばかりでなく，このよう

な歴史的な時間の中で生じる社会的な言説のやりとりを含んでいるのである．

　実践家たちは新しい知識を生み出して，自分たちの行なっていることを意味付けようとしている．この意味付与のプロセスはそれ自体では合理性の制約を受けている．それ故に彼らは自分たちの創り出した知識に囚われるという現象が生じる．実践家のもつ時間に制限があり，実践的意識の下で企業活動にのめり込んでいなければならない時間が長ければ長いほど，実践家の反省作用の制約は大きくなるであろう．実践家は，日々の実践が忙しくなるほどに，ルーチンな意思決定はノン・ルーチンな意思決定を駆逐するという「計画のグレシャムの法則」に囚われがちだと考えられる（March and Simon, 1958）．

　この実践家の反省作用の部分を独自の実践的活動として展開しているのが経営学者である．経営学者が独自の視点から（あるいは独自の制約に縛られて），経営現象に関して行なわれている様々な対話のプロセスに参画することによって，社会の構成員間での反省的対話のプロセスを活性化することができる．社会研究（social studies）の目指すものは，結局のところ，この社会の構成員間で行なわれている対話のプロセスを活性化し，自分で創り出した社会現象のイメージに自分が囚われている状況から彼ら（と自分たち）が抜け出すための相互作用を展開することだと思われる．もちろん経営学者もまた経営学者固有の合理性の制約を受けている．したがって経営学者の編み出す経営現象の説明が常に完全な「正解」を提供するわけではない．しかし，経営学者もまた方法論の研究者や反省的実践家，他の社会科学の分野の研究者などと対話のプロセスに参加している．経営学者もまた，これらの対話を通じて自ら創り出した信念に囚われている状況から少しずつ解放されるはずである．実践家も学者も，結局のところ，筋の通った議論を通じて自分たちの社会システムを内側から生成し続ける活動に従事しているのであって，一方がデータを提供し，他方が法則を伝授するといった活動に従事しているのではない．

(2)　〈意図せざる結果〉を探究する意義

　本書が目指すべき方向として主張した経営学の説明様式は，①マクロ現象

のパターンを確定し，②そのパターンを生成した行為の背後にある思考経路を解釈し，③その思考経路の下で採られた行為を合成して初めのマクロ現象のパターンを論理的に再構成するという作業をたどるものである．われわれが特に重視するのは，行為の背後にある思考経路を解釈して一般的に了解可能にする作業とその行為の社会的合成プロセスの解明である．またその際に，われわれが特に重視するのは，このような行為が合成されることで，当初の意図とは異なる結果が生じているような現象である．〈意図せざる結果〉の追究をとりわけ重視しているのは，それによって実践家と経営学者との反省的対話が促進されるとわれわれが考えているからである．

意図せざる結果には，①意図した結果が生じなかった場合や②意図した結果も生じたが意図したのとは異なる結果も生じた場合，③意図した結果が生じたがその生成経路が異なっていた場合などがある．①の場合には実践家たちが自ら進んで何らかの反省作業を創始するであろうが，後2者（②と③）については，実践家たちが反省作業を創始するとはかぎらない．しかもその反省作業を通じてかえって間違った信念を生成してしまう可能性が高いのも，この後2者である．

たとえば②の場合であれば，意図していなかった結果が発生していても実践家は，それに気づかない，あるいは気づいていても深く考えない方が合理的であると判断する，ということもありうるだろう．また③の場合には，意識されていないメカニズムによって自分の目的が達成されたのにもかかわらず，自分の信念の正しさについて確信を強化するプロセスが発生しうる．だがこの意識されていないメカニズムが，まだ気づかれていない他の副作用も同時に生み出していたり，意図せざるときに実践家が自分でそのメカニズムを破壊してしまう場合もあるだろう．社会現象に見られる複雑な相互依存関係を考えれば，これらの副作用の無視も，メカニズムの意図せざる破壊も決して小さな問題ではない．反省的実践家が，自分たちはうまくいっていると安心しているような場合にも，実は経営学者が解明するべき謎が隠されている場合がある．

反省的実践家は自ら知識を創造することができるが，同時にその知識に囚われることもある．特に複雑な社会の相互依存関係の中で，実践的な仕事を

遂行するのに多くの時間を費やさなければならないのであれば，尚更自らの知識に囚われて，必ずしも自分にとって望ましいわけではないマクロ現象を生み出してしまうような信念を自らの行為を通じて強化することがあるだろう．このような信念に基づいた行為が社会的な合成プロセスを経ることで自己強化されてしまうような仕組を社会的トラップ（罠）と呼ぶことにしよう．社会的行為者は，このような社会的トラップを意図せずに創りあげ，それにはまり込んでしまうことがある．社会研究としての経営学の重要な課題のひとつは，このような社会的トラップの仕組を明らかにし，反省的実践家との対話のプロセスを創始し，彼らがその社会的トラップから自らを解放する作業の支援をすることにあるとわれわれは考えている．

　もちろん反省的実践家としての経営学者もまた，自ら創りだした社会的トラップにはまり込む場合もあるだろう．自然科学や工学の華々しい成果を見せられて，これらの学問とまったく同じ意味での科学を経営の領域でも創造できるという信念も，このような社会的トラップを創りだしていたように思われる．たとえば，自然科学を模した評価規準を研究者に課すことで，学説史や社会科学における認識論や存在論の議論が疎んじられるような傾向が表われてきたように思われる．皆が変数システム観に立ち，カヴァー法則モデルの妥当性を信じ込んでいれば，法則定立のための作業を行なっていない研究が研究者集団内で高く評価される可能性は低いであろう．学説史の価値が貶（おとし）められれば，学説史を学んだり古典を耽読する若手研究者が減り，「自分たちの先人たちが行なってきた研究によって法則が多数見いだされ，それが累積的に蓄積されてきたのだ」という誤った信念を自己チェックするための基礎知識が研究者集団の間で徐々に共有されなくなる．研究の質が高いとか低いという評価は，研究者集団における〈権威によって重みづけられた多数決〉によって左右されていることを考えれば，学説史的な知識が共有されなくなることは研究者たちが独力では抜けられない社会的トラップを皆で努力して創り上げてしまっていることになるだろう．

　しかし，ほんの少しだけでも学説史や社会科学論の知識を援用すれば，過去数十年にわたって本当に社会科学の領域で累積的に発見事実が積み重ねられてきた領域などほとんど存在しないことがすぐに分かるはずである[119]．

一見ベスト・プラクティスに見える経営技法も，客観的な法則性に基づいて最善のものなのではなく，たとえば資本主義市場経済を是として人々が合意を形成しているが故に現段階で最善に見えるだけだと判明するものも多いはずである．経営技法に関して最終的な判断を下す市場は，物理的な環境ではなく，人々の判断の集計なのである．一見物理的な環境に見える工場内の機械設備さえも，誰かが意図的に設計し，誰かの意思決定によって意図的に工場に導入されているのである．このような観点に立てば，近年の経営組織論や経営戦略論の領域では，企業や経営に関して，人々がこれから創造していこうとする秩序を考える上での多様な視点が生み出されてきたとは主張できるように思われるが，不変の法則や不変の有効性をもつ経営手法が累積的に生み出されてきたなどとは間違っても主張できるようには思われない．

　われわれはここで，具体的なデータに基づいて議論をすることに意味がないとか，これまでに経験的な研究が何も明らかにしてこなかったなどと主張しているのではない．われわれが主張しているのは，そのような経験的研究が明らかにしてきたのは，その時点の経営の状態であり，人々の信念や合意の状態であって，不変の法則ではない，ということである．経営学は，実践家の生成した社会的パターンについて何らかの特定化作業を行なった上で，そのパターンが何故，どのようにして生じているのかを経営学者同士あるいは経営学者と実践家との間で対話してきた研究分野として解釈することができるであろう．社会研究の一分野としての経営学の歴史は，それぞれの時代の知識に囚われながらも，常に経営の実践に関わる問題（実践家が意識していてもいなくてもよい）を深く考察し，少しでも現状の知識によって創り出された視野の制約を乗り越えようとしてきた歴史だと考えた方が良いとわれわれは考えている．企業活動に直接携わる実践家やその活動の結果として影響を受ける人々が囚われがちな社会的トラップをひとつひとつ明らかにして，現状の知識の制約を少しずつ取り除くこと，またその過程で経営学者も反省的実践家との対話や他の専門の研究者との対話を通じて自ら陥っている社会的トラップから抜け出そうとすること，このような社会的行為者たちの行な

---

　(119)　たとえば Giddens（1984）や Wren（1994）などを参照せよ．

う反省的対話を通じた解放のプロセスに，経営学者もまた社会研究者として，あるいは社会システムのメンバーとして参画しているのである．

もちろんわれわれはこれ以外に経営学にとって可能な自己認識が存在しないとは考えていない．ここで考察してきたような経営学のイメージ以外にもまだ多様な経営学観があり得るはずであり，それを模索して行くことも経営学者がこれから取り組むべき重要な課題のひとつであろう．今後の研究の活性化が待たれるところである．

## 3．変数システム観の罠

もうひとつの残された課題，すなわち，変数システム記述も行為システム記述も，実在そのものではなく，実在に関する言説であるにもかかわらず，変数システム記述ではなく，行為システム記述を優先することが重要だと本書が主張しているのは何故なのかについて，本書の見解を明らかにしておく作業に取りかかることにしよう．

変数システム記述も行為システム記述も実在そのものではなく，ひとつのあり得る言説あるいは観念の世界のモデルである．それ故，たとえばミルトン・フリードマンであれば主張するであろうように，どちらの様式を採用するかは予測（prediction）が当たるか当たらないかをもって判断するべきである（Friedman, 1953），という立場に基づいた批判が本書の基本的な主張に対して向けられる可能性がある．実在（reality）そのものを言説によって完全に再現することは不可能なのであるから，言説の世界に登場するモデルは多かれ少なかれ虚構である．それ故，われわれ人類が環境適応を行なう上で，より「便利」な虚構を合理的に選択するべきである，というタイプの批判がそれである．

しかし，本書で展開されてきた議論に基づいて考えれば，自然科学の領域ではこの種の論理実証主義の思考法がまだ有用性を持っていると主張できるとしても[120]，社会研究の領域では予測は実際上ばかりでなく原理上も困難

---

(120) フリードマンの立場を批判的合理主義と呼ぶべきか論理実証主義と呼ぶべきか

である．既に本書で強く主張してきたように，社会研究においては，説明（過去のある時点に仮想的に戻って行なわれる予測）は可能であっても，現在から将来に向けて行なわれる，言葉の真の意味での予測は原理的にほぼ不可能である．知識と権力を持った行為者が精確な〈読み〉を生み出せるとしても，その〈読み〉を予測と見なすことはできない．社会現象に関しては，モデルそのものが〈読み〉の精確さを保証しているのではなく，そのモデルを生成する行為者の知識あるいはモデル通りに人々の行為を強制する権力が〈読み〉の精確さを保証しているのである．

　予測が原理的に困難なのであるから，より「便利」な虚構を選択するべきだという判断基準は妥当性を欠いていることになる．予測を原理的に困難にしている理由は，社会現象を生成している行為者が反省能力をもっていることであり，それ故に社会研究がギデンズの主張する2重の解釈学的なプロセスをたどっている，ということである．この2重の解釈学的なプロセスに注目するならば，行為システム記述と変数システム記述が同じように「虚構」であるとしても，やはり存在論的誤謬をできるかぎり避けるべきであるという立場を強く主張できるとわれわれは考えている．

　2重の解釈学とは，何らかの信念に基づいて人々が生成した社会現象を，彼らの解釈というフィルターを通じて研究者が認識し，その研究者の解釈結果が再び人々の信念にフィードバックされ，それによってまた次の社会現象が生成される，という社会研究の基本的な流れを概念化したものである．社会研究者は客観的に社会現象を観察して分析結果を提出しているのではなく，社会現象を生成する活動に従事しているのである．このような〈創り─創られるプロセス〉に参画している社会研究者にとって，実在を変数のシステムへと簡略化して伝達することは，一方で多くの実践家たちの認知能力の節約を可能とするけれども，実践家たちの信念を簡略化することで，次に生成される社会現象を内側から簡略化してしまう，という行為者と社会システムの些末化（trivialization）をもたらす可能性がある．われわれのミッションが反省的実践家の反省プロセスを深耕（あるいは脱些末化：de-trivialization）

---

　　議論の余地はある．しかしここで紹介されている部分に関しては論理実証主義的であると著者は判断している．

し，そうすることで筋の通った対話を促進していくことにあるとすれば，変数システム記述がもたらす簡略化は常に行為システム記述による複雑化によって補完されなければならない，というのが本書の基本的な考え方である．変数システム記述は常に行為システム記述によって裏打ちされなければならないのに対し，行為システム記述はそれ単独でも成立しうるという点で，変数システム記述が従であり，行為システム記述が主なのである．

このような行為者と社会システムの内側からの些末化に関して，ここでは変数システム観の問題点を2つ示唆しておきたい．ひとつは変数システム観が人々に抱かせる決定論的社会観の問題であり，もうひとつは変数システム観による時間圧縮の問題である．

(1) **決定論的社会観**

変数システム観が社会システムにもたらしうるひとつの問題は，社会システムを構成する行為者たちに，社会システムが法則に基づいて決定論的に動いている，という印象を与えてしまうことである．研究者たちが，「所詮，理論というのは虚構であって，実在そのものではない」と注意書きを施したとしても，同時にその研究者たちが「他の理論よりも予測精度が高い」という理由で特定の理論の妥当性を主張しているのだから，その理論の受取手である一般の行為者たちは変数システム観に基づいて構成された理論的虚構をあたかも実在そのものであると錯覚する可能性が非常に高い．このとき，変数システム観が保持している決定論的な社会観がそのまま無反省に一般の行為者たちに摂取されてしまうという問題が生じうる．しかも自然科学と工学が同様の世界観を基礎にして日常生活で実感できるほどの多様な成果を生み出している現代社会というコンテクストの下では，社会システムについても同様に有用な法則が見いだされ，それに基づいて成果が生み出されるはずだ，という暗黙の期待が社会研究に対して抱かれている，というのが実状であろう．

他方，一般の行為者たちが日々直面している状況を想定してみれば，日常生活においても，あるいは組織メンバーとしての職業生活においても，「社会システムは自分の思い通りには動かない」と実感している人が多いことは

容易に納得されるであろう．この「思い通りに動かない」という感覚を，変数システム観の決定論的な社会観に基づいて一般の行為者たちが検討するならば，彼らは次のような結論に到達する可能性が高い．すなわち，社会システムは自分の意志や意図とは独立の決定論的な法則の支配している機械のようなものであり，たとえば企業組織のような社会システムの構成員になることは，大きな機械の歯車の1つになることである，という結論である．

しかし行為システム観に基づいて考えれば，社会システムが「思い通りに動かない」のは，それが機械のような決定論的な世界ではなく，意図をもった自由な個人の集合体だからである．自分も含めて社会システムのメンバー全員が自由度をもっており，それぞれ独自の意図をもち，それぞれ独特の解釈を生成しているから，社会や組織は誰か1人の思い通りには動かない．社会システムが「思い通りに動かない」理由は，それが「冷たい機械」のようなものだからではなく，意図をもった自由な人間の創り出す関係だからであり，多様な視点から行なわれる多様な解釈が幾重にも厚く重ねられて状況が定義されているからであり，機械とは異なる非決定論的な世界だからである．

実在としての社会システムが非決定論的であるにもかかわらず，変数システム観の想定しているような決定論的なものだと想定された場合，行為者たちはどのような行為を遂行するであろうか．彼らは，変数システム観の提示する理論モデルが社会システムを操作するための公式であるかのように信じ込むという可能性がある．もちろん実在が非決定論的であるはずなのだから，決定論に基づいたモデルは，行為者たちの経験を通じて反証されていく可能性もある．しかしこのような反証を通じて，行為者たちは社会研究のもたらす理論モデルが「使えない」と考え，「社会科学系の学問を学んでも意味がない」という結論に到達してしまう可能性もある．あるいはまた，自己成就的予言に満ちている社会システムにおいては，その理論モデルを信じ込んだ人々が多数派になることで，実在があたかも決定論的に動いているかのような状況が産出されてしまうこともあり得る．どちらにせよ，理論モデルを自ら生み出すために自分の頭で深く考えるという習慣よりも，むしろ専門家が次々に生み出す理論モデルを受動的に消費するという態度，もしくはそのような理論モデルがまったく社会的に有用性を欠いているという蔑視が広く共

有されていく可能性がある．このような状況が好ましいことなのか否かを判断するには，もちろん，たとえば自分の頭で深く考えることが良いことである，といった価値前提が必要であろう[121]．しかし，価値前提についての議論を行なう前の時点で，2重の解釈学的プロセスによって，変数システム観が上のような事態を生起させる可能性がある，という点については十分に注意しておく必要があるであろう．

## (2) 時間圧縮

　変数システム観の中心的な認識論モデルであるカヴァー法則モデルについて，もう一度思い返していただきたい．カヴァー法則モデルは，個別具体的な事象を包含するような一般的な関係へと，その個別具体的な事象を位置づけることによって，予測と説明が可能になるという考え方である．カヴァー法則モデルにおける論理は，集合の包含関係の論理と同型である．カヴァー法則モデルは，個別具体的な事象を包含するような，より一般的・抽象的なカテゴリーを探索したり，また逆に後者から前者を推測する．たとえば，カヴァー法則 $\{X \to Y\}$ は，多様な個別具体的な事象 $\{x_1 \to y_1, x_2 \to y_2, \cdots, x_n \to y_n\}$ を含んでいる．後者の個別具体的な事象の観察から一般化を行なって前者のカヴァー法則を見つけだしたり（帰納），逆に前者のカヴァー法則に基づいて，たとえば $x_k \to y_k$ が成立することを予測したり（演繹）するのである．

　図8-2には，カヴァー法則モデルに基づく経験的研究の基本的な論理が図式的に示されている．ここで $X$ を理論と考え，$Y$ を経験的な観察と想定していただきたい．理論 $X$ が真であることを，その経験的観察 $Y$ を通じて研究者が確信を強めていくプロセスは，通常，①—(b)のように表わすことができる．ある理論 $X$ が真であれば，経験的事象 $Y$ が観察できる．ここまでは理論言明と操作言明を組み合わせた演繹的な作業である．実証研究の問題点は，ここで $Y$ を確認したからといって，必ずしも $X$ が真であったと断言することが可能ではないところにある．$Y$ を説明する対抗仮説ある

---

[121] Zald (1993) や Delanty (1997) は，社会批判能力のある知識人層の育成あるいは市民の反省能力の高度化が重要な社会科学の機能であると主張している．

図8-2　X⇒Yの論理の図式的理解

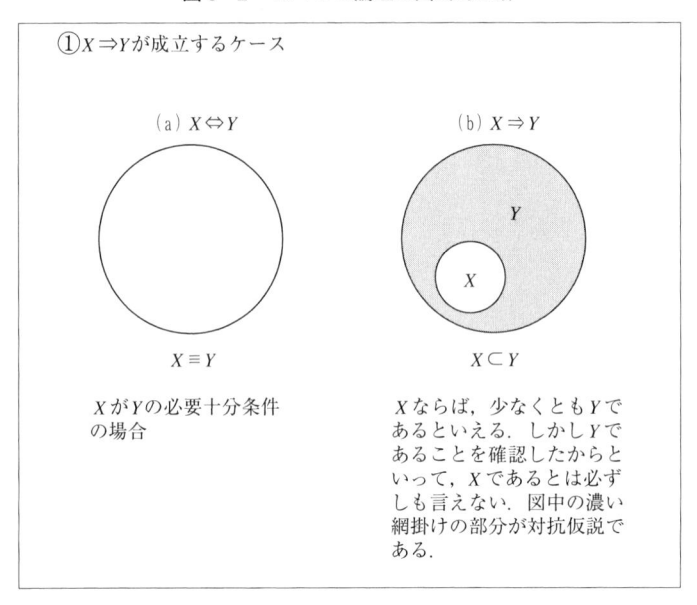

```
①X⇒Yが成立するケース

    (a) X⇔Y              (b) X⇒Y

       ○                    ◉
                           (Y, X)

      X≡Y                  X⊂Y

  XがYの必要十分条件      Xならば，少なくともYで
  の場合                  あるといえる．しかしYで
                          あることを確認したからと
                          いって，Xであるとは必ず
                          しも言えない．図中の濃い
                          網掛けの部分が対抗仮説で
                          ある．
```

いは対抗理論が存在しうるからである．これが①─(b)の網掛けを施したYの部分である．この部分を徐々に排除して，できるだけ①─(a)の状態へと近づけていくことを実証研究は目指しているのだが，現実には対抗理論は無限に存在しうる．それ故，経験的研究は，理論を真であると確立することはできず，反証に耐えたという位置づけしか与えることができないのである (Popper, 1959; Singleton, Jr. et al., 1993; Stinchcombe, 1968)．

このような思考作業の基本的な論理は，因果関係そのものについても同様に用いられる，という点にカヴァー法則モデルの時間圧縮効果をもたらす理由が存在する．今度は $X$ と $Y$ をそれぞれ原因変数と結果変数であると考えよう．このとき，先の理論と経験的事象の間の関係と同型のものが因果推論プロセスにも見いだされる．すなわち，$X$ が $Y$ の原因変数であるという推論を行なう場合，論理的には $X$ という集合が $Y$ という集合の部分集合になっていればよい．図8-2で言えば図の左側の①─(a)と(b)の状態であれば，$X$ が $Y$ の原因変数のひとつであることを主張できる．(a)の場合には

$X$ の説明力が完全であるのに対し，(b)の場合には生じている現象 $Y$ の一部しか説明できていない．この状態は，たとえば回帰分析の場合であれば，決定係数が(a)の方が(b)よりも高いという事態に対応している．

　ここで強調しておきたい点は，この論理的な関係は集合の包含関係であって，因果の矢印が存在していないという点である．因果の矢印が存在することが想定される場合も，また，因果の矢印とは関係ない包含関係を考察する場合も，いずれも論理的には同型の議論が展開されるということである．因果の矢印はこの論理的な思考作業のどこにも現われないのである．

　このような思考法の問題点をより明確に認識するために，やや戯画的ではあるが，次のような具体例を思い浮かべていただきたい．たとえば，ある人がAとBという2つの航空会社の飛行機を利用した際の自分の経験について振り返っている状況を想定しよう．その人は，A社のスチュワーデスはB社のスチュワーデスよりも身長が高かったと認識しているとしよう．簡便のため，厳密な測定の結果，この認識が正しかったと想定しておこう．この人は，少なくとも自分の限られた経験に限って言えばA社のスチュワーデスの方がB社のそれよりも身長が高いと考えるであろう．しかし，この人の経験は限られている．彼の経験を基にしてA社全体とB社全体を比較して前者のスチュワーデスの方が後者のそれよりも身長が高いと一般化することは妥当ではない．このような一般化を行なうには，両者のスチュワーデスを無作為抽出によってサンプリングし，その平均身長を比較しなければならないであろう．さて，このような手続きを経て，たしかにA社のスチュワーデスの方がB社のそれよりも平均的に身長が高かったとしよう．このとき，標本抽出が無作為であれば，この命題が一般に成り立っていると高い確率で信じることができる．もちろん，A社のスチュワーデスのうち最も身長が低い人が，B社の最も身長の高いスチュワーデスよりも身長が高かったという事態は，現実の世界では観察されることはないであろう．通常は平均身長がA社のスチュワーデスの方が高い，という命題が得られるはずである．A社のスチュワーデスであればB社のそれよりも身長が高いと判断しても，間違う確率が高くはない，という状態である．個別具体のケースでは例外は存在するが，そのような例外はその他の変数が統計的にコントロールされていないから生

じるのである．

　ここで明らかになった経験的命題は，ある人がA社のスチュワーデスである，という事実を確認することによって，その人の身長が高いという言明が真である確率をたしかに高める．しかし，だからといって，A社のスチュワーデスであるという事態が，その人の高身長を規定する原因である，と主張可能であろうか．多くの人々にとって，「あの人は背が高いね．何故だろう．」「そりゃ，彼女はA社のスチュワーデスだからだよ」という日常会話は成り立っているように思われるであろう．しかし，この後者の発言は最初の問いである「何故」に対して因果論的に答えたものではない．他の条件を変えずにB社からA社に転職することによって，その人の身長が伸びるわけではないことは自明であろう．また，通常の推論を行なうのであれば，その人は身長が高いが故にA社に採用になったという，因果の矢印が逆向きであることを指摘できるであろう．しかし，このような因果の矢印の逆転もまた「何故」という問いに答えてはいない．「何故A社は身長の高い人を採用するのか」という問いに答えなければならないからである．この問いに対して答えるためには，A社の採用担当者がどのような意図をもっているのか，という意図や意識の了解作業を行なわなければならないはずである．これが行為システム観におけるメカニズムの解明である．

　同様のことは，実際に因果的な連関があると想定できる場合にも当てはまる．「技術革新に積極的な企業は利益率が高い」といった統計的な知見も，技術革新に積極的な企業という集合と利益率の高い企業という集合に重複部分が多いことを指しているだけであって，因果の矢印そのものについては言及していない．「あの会社の利益率が高い．何故だろう」という問いに対して，「そりゃ，あの会社は技術革新に積極的だからだよ」という会話は，学会における公式の会話として成立しているように見えながら，実は上のスチュワーデスに関する会話と同様の問題を抱えている．技術革新と企業の利益率との関係について，論理的にはスチュワーデスに関する会話と同型であるにもかかわらず，あたかも因果関係に関する妥当な会話であるかのように思わせる要素は，この2つの変数の間の関係が，多くの経営学者たちに比較的容易にメカニズムを示唆するからであろう．現時点の経営学者たちは，①

技術革新に積極的な企業は新規な製品特性をもつ製品開発に積極的であること，②現代社会では新規な特性をもつ製品がより高い満足をもたらすと考えている顧客が多いこと，③その製品特性による差別化によって他社の模倣が遅れること，などといった行為システム記述に基づいた前理解を共有している．それ故に，論理の型としてはスチュワーデスの例と技術革新の例は同型であるにもかかわらず，この技術革新に関するカヴァー法則に関する議論を多くの経営学者たちが因果的な推論だと主観的に信じて疑わない，という事態が生じているのである．

　カヴァー法則モデルに基づいた経験的研究においては，原因変数側の集合と結果変数側の集合の間に，確率判断を変える何らかの関係が存在さえすれば，両者を結びつける因果関係のメカニズムに関して深い考察を欠いたままでも，あたかも因果論的な議論を行なっていると自分たちで思いこむ可能性が高い．この思考法に基づいた経験的作業の中には，$X \rightarrow Y$ の矢印部分を単にタイムラグとして扱っているものも見られるが，それも異時点間の集合の間に包含関係があるか否かをチェックしているだけであって，実は矢印そのものについては，ほとんど無視しているといえるであろう．すなわち，カヴァー法則モデルは矢印を圧縮し，またその間に流れている時間を圧縮し，同じ論理平面上の集合の包含関係のチェックを行なう作業に注意を集中しているのである．

　図8-3には，カヴァー法則モデルの思考法に見られる時間圧縮のイメージが描かれている．実在の世界の因果的な連関は，何らかの経路をたどりながら集合 $X$ と集合 $Y$ を連結している．ところがカヴァー法則モデルの思考法は，この図の左側（実在の因果連関）を正面から2次元的に把握する．集合論的な論理の平面上で因果連関に関する推論を処理していくプロセスにおいて，実在としての意図や行為，相互行為，反省，意図の改変，といったメカニズムの部分が時間展開に関して圧縮されているのである．「因果関係を表わす『……ならば……である（ない）』には時間が含まれているが，論理の『……ならば……である（ない）』は無時間的なものである[122]」という

---

[122] Bateson (1979), 邦訳, p. 78.

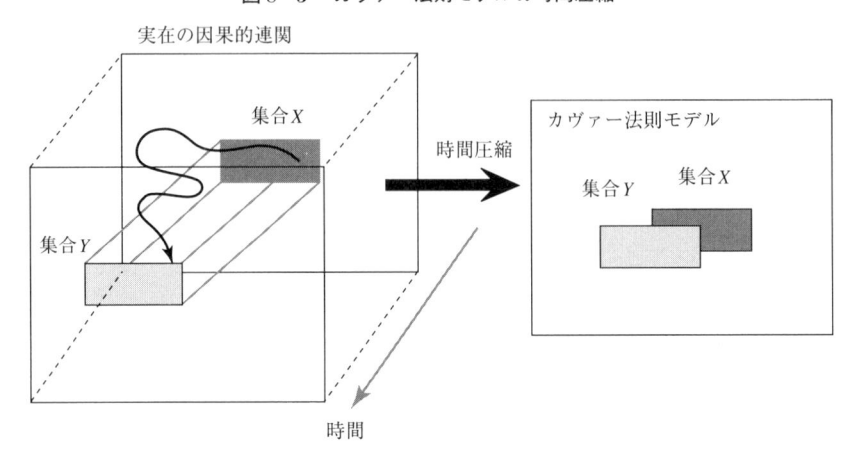

図8-3　カヴァー法則モデルの時間圧縮

実在の因果的連関

集合 X

時間圧縮

集合 Y

カヴァー法則モデル

集合 Y　　集合 X

時間

　ベイトソンの主張は，このようなカヴァー法則モデルの時間圧縮を指摘したものだと解釈することができるであろう（Bateson, 1979 ; Tsoukas, 1994）．
　カヴァー法則モデルによる時間圧縮という思考バイアスは，経営学的な言説がやりとりされる場面で実際に観察可能である．たとえば企業が他社との差別化を行ない，それによって大きな利潤を獲得可能な市場地位を確立している状況を説明する場合を想定してみていただきたい．実践家も経営学者も，考察の対象となっている企業が他企業と差別化しているポイントを列挙するという作業を自然に行なうことが多い．つまり，この企業は製品特性で他社と差別化しているばかりでなく，流通チャネルでも差別化し，顧客に強力なブランド・イメージを確立している，などなど重層的な差別化ができているから，強固な市場地位を保持しているのだ，という説明がそれである．このような説明のやり方は，図8-4の上に示されるような同時並列的な要因列挙であると特徴づけられるであろう．
　しかしながら，行為システム観に基づいて説明を展開しようとするのであれば，同じ図の下半分にみられるように，時間展開を伴う，プロセスに注目した説明法が採られるはずである．その説明法は，たとえば次のようなステップを追いかける．

図8-4　重層的差別化に関する説明スタンスの相違

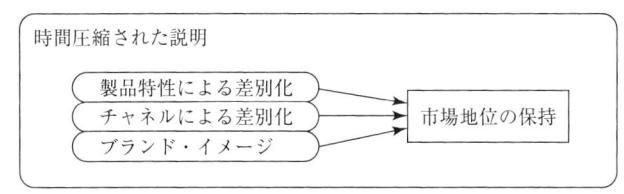

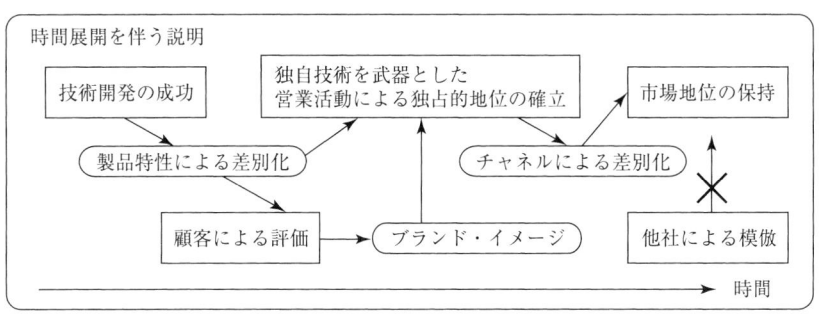

```
┌─ 時間圧縮された説明 ──────────────────┐
│   ┌─────────────┐                        │
│   │ 製品特性による差別化 │─┐              │
│   ├─────────────┤ │  ┌─────────┐ │
│   │ チャネルによる差別化 │─┼─→│ 市場地位の保持 │ │
│   ├─────────────┤ │  └─────────┘ │
│   │ ブランド・イメージ    │─┘              │
│   └─────────────┘                        │
└────────────────────────────────┘

┌─ 時間展開を伴う説明 ──────────────────────────────┐
│  ┌─────────┐   ┌──────────────┐    ┌─────────┐  │
│  │技術開発の成功│   │独自技術を武器とした  │    │市場地位の保持│  │
│  └────┬────┘   │営業活動による独占的地位の確立│    └────▲────┘  │
│       ↓        └──────▲───────┘           │       │
│  ┌─────────┐          │         ┌─────────┐  │       │
│  │製品特性による差別化│──────────┤         │チャネルによる差別化│──┤       │
│  └────┬────┘                    └─────────┘  ×      │
│       ↓                                      ┌─────────┐  │
│  ┌─────────┐   ┌─────────┐                │他社による模倣│  │
│  │顧客による評価│──→│ブランド・イメージ│              └─────────┘  │
│  └─────────┘   └─────────┘                              │
│                                                     ─→ 時間   │
└────────────────────────────────────────┘
```

①その会社はまず技術開発の段階で独創的な業績をあげた．
②その業績を基礎にして製品特性の差別化に成功した．
③製品特性の差別化が最終消費者から高く評価された．
④最終消費者の評価が高かったために流通業者との取引において強い立場に立つことができ，暗黙の排他的な取引関係を形成することができた．
⑤この排他的な取引関係を構築したが故に，その後，他社が製品特性そのものは同質化してきても短期的には市場シェアを奪われないような状態になった．
⑥そのような状態を認識した他社が，その製品特性を同質化したものを市場に導入して追随することを諦めた．他社の追随が無かったがために，その会社の製品は高いブランド・イメージを確立できた．

　行為システム観に立った場合には，このような時間展開を伴った説明がしばしば採用され，変数システム観に基づくと要因の同時並列的列挙がしばしば採用されるように思われる．どちらがより妥当な説明法であるのかについ

ては読者の判断に任せるべき問題であるとしても，どちらが意図せざる結果への注目を促し，間接経営戦略の発想へと到達しやすい説明法であるのかという問いに対しては，後者（行為システム観）であると答えることができると思われる．しかも，変数システム観に基づいて社会システムの変革を示唆する場合，時間展開を考慮に入れない原因変数側の全面的かつ同時的な操作という特徴をもつ案が提出されやすいということが予想されるのに対し，行為システム観に基づいたそれは，時間をかけて一歩ずつ，辛抱強く社会システムを変革していくシナリオ作成と共有という特徴をもった案が提出されやすいであろうということが予想される．より具体的には，変数システム観では「一気に多重的差別化できるようにするべきである」という抜本的な改革案が提出されやすいのに対し，行為システム観では「まず技術開発に資源を投入し，その成果をもって顧客と流通チャネルを押さえ，他社の同質化を回避する」というように時間展開に伴って集中するべきポイントを移動させていくような提案が提出されやすいのである．本書の視点からすれば，社会システムの変革に関して，行為システム観の方が社会システムの些末化を免れる思考法であると考えられる．このような時間展開を伴った説明を解釈・合成を通じて行なうことが，実践家の反省的思考を促し，行為者と社会システムの脱些末化につながるというのがわれわれの立場である．

## 4．結びに代えて
### ——経営学教育に対するインプリケーション——

　われわれが今まで議論してきた反省的対話の経営学あるいは行為システム観に立った経営学（行為の経営学）という立場が，大学や大学院において経営学教育をどのように行なっていくべきなのかという点について示唆するものを記すことで，本書の議論を締めくくることにしよう．行為システム観の経営学という立場が経営学者たちのひとつの重要な実践の場である学部教育・大学院教育に対して，具体的な示唆を与えることを確認することで，これまでの議論がより実感として具体的な関連性をもつ（relevant）ものだということを理解しやすくすることがそのネライである．

法則性を学生に伝授するのでないという立場をとりながら，しかも何かを学びたいという意欲的な学生に対して，行為の経営学はどのような知的資産を学生に提供できるのだろうか．この問題を考えるために，われわれはまず，知識には次のような3つのタイプがあり，それぞれの有用性には意味の違いがあることを示唆することから議論を開始したい．

3つのタイプの知識のうちのひとつめは，物質世界の法則を知っていると役に立つ，という意味で有用なタイプの知識である．簡単な法則をいくつか知っていれば，科学研究活動以外の日常生活でも便利である．水は摂氏0度で凍るというカヴァー法則など，われわれの生活に実際に役立っている自然科学系の知識は大量に存在する．

物質世界の法則性は，自分がそれを知っていても知らなくても，また他人がそれを知っていてもいなくても，それによって法則自体の真偽が影響を受けることはない．もちろん科学の教科書に出てくる用語や法則を覚えれば，多くの人とコミュニケーションをするのが簡単になる．だが物質世界の法則性は皆が知っているからという多数派の論理のみによって支持されているのではなく，物質世界の実在によっても支持されている（反証されていない）と考えることができるだろう[123]．本書の基本的な立場は，このような物質世界の法則性と同じような法則性を社会システムに関しては獲得することが非常に難しい，というものである．われわれ社会研究者が他者に対して伝達できる知識のうち，ほとんどのものは，この種の法則性ではない．

社会に関する知識には，皆が知っているから，あるいは皆がそれについて合意しているから，それ故にこそ，その知識をもっていると有用だというタイプの知識がある．これが2つめのタイプである．たとえば英語を話せるようになることに価値がある理由のひとつは，明らかに多くの人が英語を話すという事実である．スロヴァキア語を学ぶより英語を学んだ方が，社会の実

---

[123]　もちろんこのような見解に対して，自然科学も何らかの客観的な基準に基づいて進歩しているわけではないという反論も出てくるかもしれない．しかし本章の主たる読者に対して社会科学の特徴を際だたせて紹介する上では，この手の反論に対する再反論まで展開しなくても良いだろうと判断し，もっとずっと難解な議論は割愛することにした．

在に関してより精確なアプローチが可能であるなどとは考え難い．同様に，『日本経済新聞』に登場する業界用語や専門用語を知っていると便利なのは，その用語によって社会の実在を把握しやすくなるというよりも，経営の実践家たちが構成する社会システムでは，多くの人がそれらの用語を共通語として使うからだという理由の方が重要であろう．GNP や GDP という言葉を知っているから，あるいはマーケティング・ミックスという言葉を知っているから，社会の実在に関してより妥当な見解に到達できるとはかぎらない．他の優れた記述言語の体系を構築することで，より妥当な見解に到達可能になるという可能性をわれわれは否定できないであろう．しかし，多くの人がその用語を使っているかぎり，その用語を覚えれば，その用語を使っている人達と簡単にコミュニケーションができるという便利さがある．業界用語や専門用語にはネットワーク外部性が存在するのである．

業界用語や専門用語ばかりでなく，社会人としての「常識」と言われるものの大部分も，やはりこの種の有用性をもっている．異なる社会では自分の慣れ親しんできた社会常識が役に立たないことを確認すれば，「常識」がこの第 2 タイプの知識であることを確かめることができるであろう．たとえば日本で外食したりホテルに泊まったりしても，お店の人に「ありがとう」と言えば良い．だが，アメリカでは「ありがとう」の言葉にプラスして，自分が適切だと思うチップを上乗せすることが，うまく生きていくためには重要である．日本の常識はアメリカでは役に立たず，逆にチップのあげ方に関する知識は日本社会だけで生きていくには役に立たない．

また変数システム記述がわれわれに提供する社会現象の規則性に関する知識も，その有用性がこのような「常識」によって支えられているという点で，この第 2 のタイプの派生物であると位置づけることが可能であろう．われわれの直面している社会的状況は，法則によって規則性を示しているわけではないが，それでも人々が共有している「常識」に基づいて規則性を呈示することが多い．この規則性は「常識」が改変されないかぎり持続する．このような規則性が存在するが故に，変数システム記述はまったく無用のものであるということにならないのである．実際，変数システム記述が提供してくれる規則性は，日常生活を営んでいく上で「便利」である場合が多い．たとえ

ば「売上高に対する研究開発費比率が高い会社ほど，常務会に占める理科系出身者の比率が高く，逆もまた真である」というような規則性が存在するとしよう．この規則性は，企業における行為主体たちの選択の結果として成立している規則性であり，究極的には彼らが保有するさまざまな「常識」に依拠しているものである．それ故，これは法則ではない．しかし，この規則性を知っていることは，様々な場面で思考時間の節約を可能にしてくれる，という意味で有用なのである．われわれはこのような「日常的なカヴァー法則」を大量に知識として蓄積し，人々の「常識」が変革されないかぎり，有用な知識として活用しているのである．

しかし既に社会的トラップに関して議論した際に示唆したように，人々が現在保有している「常識」は必ずしもその人々が生きていく上で「便利」であるとはかぎらない．それ故に「常識」を疑い，その妥当性について思考を巡らせることが重要なのである．そのような社会的な「常識」や，「常識」に基づいて生成される社会現象の規則性を対象として，それが生成され維持される背後に存在する行為システムのメカニズムを解明する思考法そのものを，知識と呼ぶべきか，スキルと呼ぶべきか，判断に迷うところではある．しかし，ここではこの種の思考法を第3番目のタイプの知識として分類しておくことにしよう．行為の経営学が目指しているのは，まさにこの種の思考法の開発と展開であり，この第3番目のタイプの知識あるいは思考法こそ，社会科学系の大学や大学院で学生たちに身につけさせていくべきものだと本書は考えている．

たとえば「企業の寿命は30年である」という「規則性」が存在すると考えてみよう．明らかにこの「規則性」は法則ではない．したがってこの「規則性」を記憶しておいても役に立つとは限らない．さて，この「規則性」を一般の人々が知って，何時その会社の株を売却するべきかと考えたとしよう．明らかに30年めの日には株券は紙屑になるから，少なくともその1日前に売却しておかないとならない．だが，全員が自分と同じようにこの「規則性」を知っていて，同じように考えているとすれば，皆が一遍に株を売り出すので株価が暴落するだろう．だから，その前の日に売っておく方がいい．いや待て，皆もやはりそう〈読んだ〉とすると，さらにその1日前に……．こう

考えていくと，会社設立と同時に即座に株を購入し，即座に株を売却するということになる．しかし，そうすると設立直後にその会社の株が暴落するので，もし会社の寿命が30年あるのなら，この時に買い手になっていた方が良いかも知れない．

初めの「規則性」を使って株価の最適な購買時期を考える問題には〈正解〉がない．さらに，会社の所有者が変わることで「企業の寿命」が尽きたとするならば，この「規則性」自体も成立しなくなる．だからこの「規則性」を知っていると何かに役に立つかと問われれば，否と答えるしかない．

だが，このプロセスを考えることには意味がある．何よりもまず，上のような「規則性」が堅牢な基盤の上に成り立っている不動のものなのか，あるいは多くの人々の信念によってのみ支えられた危ういものなのかが分かるからである．ここで「ある規則性を皆が知っている」という文章に換えて，「ある『常識』を皆が信じ込んでいる」という文章を当てはめれば，上のような思考法の意義がより明確になるであろう．「常識」は有益な効果を社会メンバー全員にもたらすこともあるけれども，逆に社会メンバー全員を不幸な状態に導くこともあり得る．皆がある「常識」を信じて疑わないために，皆にとって不都合なことが生じるということがある．人種差別や性差別等の問題も，ほとんどの場合，多くの人々が何らかの「カヴァー法則」を真であると考えているが故に社会的に生成・維持される．たとえば「○○人は犯罪を犯す確率が高い」とか「女性は定年まで会社に勤務しない確率が高い」といった「カヴァー法則」はしばしば観察される．こういった「カヴァー法則」は，本来一人ひとりの個別具体についてひとつずつ考えるべき問題を，特定のカテゴリーに一般化された「規則性」を使って解決するのであるから，たしかに思考の経済性を高めている．しかし，犯罪に関する社会学的研究が示唆してきたように (Collins, 1982)，この種の「カヴァー法則」は自己成就的予言の性質をもっており，それによって達成される思考の経済性は非常に大きな社会的不公正を伴ってしまう可能性がある．

社会科学の研究は，この第3番目の知識である反省的思考法を身に付ける上で適切なものであると思われる．もちろん大学では各種の専門用語やいろいろな「規則性」を学生に教授している．しかし大学で専門用語や「規則

性」を教えるのは，その専門用語や「規則性」そのものを学生に受動的に摂取してもらい，その第2タイプの知識を身に付けた「社会的に有用な人材」へと育成することにネライがあるわけではない．むしろ，その専門用語や「規則性」を手段として用いて思考法そのものを身に付けさせることがネライである．第2番目のタイプの知識が永続性を保証されないものであり，一旦陳腐化してしまうと再教育を受けなければならないと考えられるのに対し，むしろ第2タイプの知識を常に自分で反省し，自ら独自のモデルを構築していくような思考法そのものは，反省的実践家として生きていく人々が実行を通じた反省的学習を遂行する上で長期にわたって有効な知的資産となるはずである．しかし，この反省的思考法は，単に「もっと良く考えなさい」と学生に促すことで身に付けさせることが可能なものではない．抽象的に社会について考える，という思考プロセスは，具体的な社会の仕組を記述する言語や，具体的な「規則性」の提供する思考の契機を持たなければ促進しにくいとわれわれは考えている．

　この思考法の教育に関しては，比喩的にではあるが，ポランニの暗黙知の議論が重要な示唆を与えてくれる．ポランニ自身が呈示している例にならって，人間がネジをドライバーで木片にとめる状況を想定してみよう[124]．このとき，ドライバーを回している人間は，直接的にはドライバーの把っ手を回すという作業をしているのだが，ネジが木に喰い込んで行くプロセスを感覚的につかみとることができる．ドライバーの把っ手を専門用語，ネジが木に喰い込んで行く感覚を思考法だと置き換えることで，この比喩がどのようなものであるのかが明らかになるであろう．ドライバーの把っ手を使わなければ，ネジが木に喰い込んで行くプロセスを感覚的に体験できないように，専門用語や既存のモデルや「規則性」を使わないと社会についての思考プロセスを体感し，修得することができない．それ故，少なくとも必要最小限の専門用語等を身に付けないと反省的思考法を育成することができないので，それらを大学で教育することに意味があるのであって，それら第2タイプの知識を保有していること自体に社会的な有用性があるという理由でそれを教

---

　[124] Polanyi（1966）やGelwick（1977）を参照せよ．

室で学生に伝達することを目指すべきではない．行為の経営学にとって，強調点はあくまでも思考法を体感させ，自ら独自の解釈・合成を創造していける知的基盤を学生の頭の中に構築することなのである．

　ドライバーの例を一歩進めて考えることで，この思考法を身につければ，予測は可能でないものの，世の中の動きについて〈読み〉を生成できるのが何故かが理解できる．ここでは，社会の動きに関する〈読み〉を，ネジが木に喰い込んで行くプロセスだと考え，ドライバーを思考法だと考えれば良い．社会システムは直接目に見えるものではなく，社会システムの挙動も実在そのものを直接観察できるわけではない．目で見えないものを〈見る〉あるいは〈読む〉ためには，慣れ親しんだ思考法という「ドライバー」が必要である．社会システムを〈読む〉には反省的思考法を道具として用い，反省的思考法を道具として頭の中に創り出すためには，専門用語やモデルや「規則性」や学説を学ぶという手段が有効なのである．こういった一連の作業を行なっているのがゼミナール教育などを主とする大学時代の教育なのである．

　もちろんこれと同様の思考法を身につける手段は，行為システム観に立った経営学ばかりでないだろう．その他の学問分野や社会生活そのものが，この種の思考法の訓練になることは十分に考えられる．しかし，多くの学生が卒業後に加入していく企業の世界に関して，そこに観察される「規則性」や用語などを思考の契機として発展してきた経営学は，他の学問分野よりも企業経営に関する反省的思考法を開発する上で有利であると共に，学問としての論理の体系性が備わっているかぎりにおいてではあるけれども，企業における実践生活そのものよりも思考法育成の契機として有利であると思われる．実際の経営実践に携わっている反省的実践家との対話を通じて，論理的に体系化された独自の観点を構築し，現代企業社会に参加していく学生たちに反省的思考法を身につけさせていくことこそ，経営学の目指すべき姿なのである．

# 参 考 文 献
(ABC順)

Abell, Derek F., and John S. Hammond, *Strategic Market Planning*. Englewood Cliffs, NJ: Prentice-Hall, 1979. (片岡一郎・古川公成・滝沢茂・嶋口充輝・和田充夫訳『戦略市場計画』ダイヤモンド社, 1982.)
Abernathy, William J., *The Productivity Dilemma: Roadblock to Innovation in the Automobile Industry*. Baltimore: Johns Hopkins University Press, 1978.
Abernathy, William J., Kim B. Clark, and Alan M. Kantrow, *Industrial Renaissance: Producing a Competitive Future for America*. New York: Basic Books, 1983.
Adams, J. Stacy, "Interorganizational Processes and Organization Boundary Activities," in B.M. Staw and L.L. Cummings, (Eds.), *Research in Organizational Behavior*, Vol. 2. Greenwich, CT: JAI Press, 1980, pp. 321-355.
Aguilar, Francis Joseph, *Scanning the Business Environment*. New York: Macmillan, 1967.
Aldrich, Howard E., and Peter V. Marsden, "Environments and Organizations," in N. J. Smelser, (Ed.), *Handbook of Sociology*. Newbury Park, CA: Sage, 1988, pp. 361-392.
Allen, Thomas J., "Distinguishing Engineers from Scientists," in Katz, Ralph, (Ed.), *Managing Professionals in Innovative Organizations: A Collection of Readings*. Cambridge, MA: Ballinger, 1988, pp. 3-8
Aoki, Masahiko, *Information, Incentives, and Bargaining in the Japanese Economy*. Cambridge: Cambridge University Press, 1988. (永易浩一訳『日本経済の制度分析:情報・インセンティブ・交渉ゲーム』筑摩書房, 1992.)
Argyris, Chris, "Some Unintended Consequences of Rigorous Research," *Psychological Bulletin*. Vol. 70, No. 3, 1968, pp. 185-197
Argyris, Chris, and Donald A. Schön, *Organizational Learning: A Theory of Action Perspective*. Reading, MA: Addison-Wesley, 1978.
Asanuma, Banri, "Manufacturer-Supplier Relationships in Japan and the Concept of Relation-Specific Skill," *Journal of the Japanese and International Economics*. Vol. 3, 1989, pp. 1-30
Asanuma, Banri, "Japanese Manufacturer-Supplier Relationships in Interna-

tional Perspective : The Automobile Case," in P. Sheard, (Ed.), *Japanese Corporation and International Adjustment*. Sydney : Allen & Unwin, 1992.

Astley, W. Graham, and Andrew H. Van de Ven, "Central Perspectives and Debates in Organization Theory," *Administrative Science Quarterly*. Vol. 28, 1983, pp. 245-273.

Astley, W. Graham, and Raymond F. Zammuto, "Organization Science, Managers, and Laguage Games," *Organization Science*. Vol. 3, No. 4, 1992, pp. 443-460.

Bacharach, S. B., "Organizational Theories : Some Criteria for Evaluation," *Academy of Management Review*. Vol. 14, No. 4, pp. 496-515.

Barnard, Chester I., *The Functions of the Executive*. Cambridge, MA : Harvard University Press, 1938.

Bateson, Gregory, *Mind and Nature : A Necessary Unity*. New York : Bantam Books, 1979.（佐藤良明訳『精神と自然：生きた世界の認識論』思索社, 1982.）

Bertalanffy, Lutwig von, "The Theory of Open Systems in Physics and Biology," *Science*. No. 111, pp. 23-29, 1950.

Bhaskar, Roy, *A Realist Theory of Science*, (2nd Ed.). Hertfordshire, UK : Harvester Wheatsheaf, 1978.

Boudon, Raymond, *The Logic of Social Action : An Introduction to Sociological Analysis*, (D. Silverman, (Trans.)). London : Routledge & Kegan Paul, 1981.

Boudon, Raymond, *The Unintended Consequences of Social Action*. London : Macmillan, 1982.

Boudon, Raymond, *Theories of Social Change : A Critical Appraisal*, (J. C. Whitehouse, (Trans.)). Cambridge : Polity, 1986.

Boulding, Kenneth E., *The Image : Knowledge in Life and Society*. Ann Arbor, MI : University of Michigan Press, 1956.

Boulding, Kenneth E., "General Systems Theory : The Skelton of Science," in Walter Buckley, (Ed.), *Modern Systems Research for the Behavioral Scientist*. Chicago : Aldine, 1961.

Brandenburger, Adam M., and Barry J. Nalebuff, "The Right Game : Use Game Theory to Shape Strategy," *Harvard Business Review*, July-August, 1995, pp. 57-71

Burns, Tom, and G. M. Stalker, *The Management of Innovation*. Oxford : Oxford University Press, 1961, 1994.

Burrell, Gibson, and Gareth Morgan, *Sociological Paradigm and Organizational*

*Analysis.* London : Heinemann, 1979.
*Business Week.* "The Great Digital Watch Shake-out," May 2, 1977, pp. 78-80.
*Business Week.* "Texas Instruments Shows U. S. Business How to Survive in the 1980s," Sepember 18, 1978, pp. 66-92.
*Business Week.* "The Long-term Damage from TI's Bombshell," June 15, 1981, p. 52.
*Business Week.* "When Marketing Failed at Texas Instruments," June 22, 1981, pp. 62-64.
Campbell, Donald T., " 'Degrees of Freedom' and the Case Study," in E. S. Overan, (Ed.), *Methodology and Epistemology for Social Science : Selected Papers.* Chicago : University of Chicago Press, 1988, pp. 377-388.
Cannella, Jr., Albert A., and Ramona L. Paetzold, "Pfeffer's Barriers to the Advance of Organizational Science : A Rejoinder," *Academy of Management Review.* Vol. 19, No. 2, 1994, pp. 331-341.
Child, John, "Organizational Structure, Environment and Performance : The Role of Strategic Choice," *Sociology.* Vol. 6, No. 1, January, 1972, pp. 1-22.
Collins, Randall, *Sociological Insight : An Introduction to Nonobvious Sociology.* New York : Oxford University Press, 1982. （井上俊・磯部卓三訳『脱常識の社会学 : 社会の読み方入門』岩波書店, 1992.）
Comité Professionnel Interregional de la Montre, *Les Montres à Quartz Situation et Perspectives 1975.* （海外市場研究会訳『水晶時計の現状と展望1975年』, mimeo, 1976.）
Cusumano, Michael A., *The Japanese Automobile Industry : Technology and Management at Nissan and Toyota.* Cambridge, MA : Harvard University Press, 1985.
Cusumano, Michael A., and Akira Takeishi, "Supplier Relations and Management : A Survey of Japanese, Japanese-Transplant, and U. S. Auto Plants," *Strategic Management Journal.* Vol. 12, 1991, pp. 563-588.
Delanty, Gerard, *Social Science : Beyond Constructivism and Relativism.* Minneapolis, MN : University of Minnesota Press, 1997.
電波新聞社編『'81電子工業年鑑』電波新聞社, 1981.
Dill, William R., "Enivironment as an Influence on Managerial Autonomy," *Administrative Science Quarterly.* Vol. 2, No. 4, March 1958, pp. 409-443.
DiMaggio, Paul, "Cultural Entrepreneurship in Nineteenth-Century Boston : The Creation of an Organizational Base for High Culture in America," *Media, Culture and Society.* Vol. 4, 1982a, pp. 33-50.
DiMaggio, Paul, "Cultural Entrepreneurship in Nineteenth-Century Boston,

Part II : The Classification and Framing of American Art," *Media, Culture and Society*. Vol. 4, 1982b, pp. 303-322.

DiMaggio, Paul, "Structural Analysis of Organizational Fields : A Blockmodel Approach," in L. L. Cummings and Barry M. Staw, (Eds.), *Research in Organizational Behavior*, Vol. 8. Greenwich, CT : JAI Press, 1986, pp. 335-370.

DiMaggio, Paul, "Interest and Agency in Institutional Theory," in L. G. Zucker, (Ed.), *Institutional Patterns and Organizations : Culture and Environment*. Cambridge, MA : Ballinger, 1988, pp. 3-21.

DiMaggio, Paul, "Comments on 'What Theory is Not'," *Administrative Science Quarterly*. Vol. 40, 1995, pp. 391-397.

DiMaggio, Paul, and Walter W. Powell, "The Iron Cage Revisited : Institutional Isomorphism and Collective Rationality in Organizational Fields," *American Sociological Review*. Vol. 48, April 1983, pp. 147-160.

Donaldson, Lex, *In Defense of Organization Theory : A Reply to the Critics*. Cambridge : Cambridge University Press, 1985.

Donaldson, Lex, "The Weick Stuff : Managing beyond Games," *Organization Science*. Vol. 3, No. 4, November 1992, pp. 461-466.

Downey, H. Kirk, Don Hellriegel, and John W. Slocum, Jr., "Environmental Uncertainty : The Construct and Its Application," *Administrative Science Quarterly*. Vol. 20, No. 4, December 1979, pp. 613-629.

Dubin, Robert, "Theory Building in Applied Areas," in Marvin D. Dunnette, (Ed.), *Handbook of Industrial and Organizational Psychology*. Chicago : Rand McNally, 1976, pp. 17-39.

Duncan, Robert B., "Characteristics of Organizational Environments and Perceived Environmental Uncertainty," *Administrative Science Quarterly*. Vol. 17, No. 3, September 1972, pp. 313-327.

Durkheim, Emile, *De la division du travail social : Étude sur l'organisation des société supérieures*, Paris : P. U. F., 1893. （田原音和訳『社会分業論』青木書店, 1971.)

Durkheim, Emile, *The Rules of Sociological Method : And Selected Texts on Sociology and Its Method*, (W.D. Halls, (Trans.)). London : Macmillan, 1982.

Dyson, Robert G., *Strategic Planning : Models and Analytical Techniques*. Chichester : John Wiley & Sons, 1990.

Eisenhardt, K. M., "Building Theories from Case Study Research," *Academy of Management Review*. Vol. 14, No. 4, 1989, pp. 532-550.

*Electronics*. "New IC Market : Electronic Watches," December 21, 1970, pp.

83-84.

*Electronics*. "Liquid Crystals Begin to Turn on," May 8, 1972, pp. 73-76.

*Electronics*. "A Case for New Watchmakers," May 22, 1972, pp. 59-62.

*Electronics*. "Field-effect LCDs May Give Watches Push in the Market," August 16, 1973, p. 33.

*Electronics*. "News Briefs: Optel Cuts Staff Drastically," July 8, 1976, p. 40.

*Electronics*. "Watch Surge Generates LCD Shortage," January 6, 1977, pp. 67-69.

*Electronics*. "Gas-discharge-display Sales Soar," February 17, 1977, pp. 65-66.

*Electronics*. "Electronics Newsletter: Intel Gets out of Watch Business, Closes Microma," September 15, 1977, p. 34.

*Electronics*. "Big Makers Bow out of Watch LCDs," September 8, 1981, pp. 50-52.

Elster, Jon, *Explaining Technical Change: A Case Study in the Philosophy of Science*. Cambridge: Cambridge University Press, 1983.

Elster, Jon, *Nuts and Bolts for the Social Sciences*. Cambridge: Cambridge University Press, 1989.

Emery, F. E., and E. L. Trist, "The Causal Texture of Organizational Environments," *Human Relations*. Vol. 18, No. 1, 1965, pp. 21-32.

Finan, William F., and Jeffrey Frey, （生駒俊明・栗原由紀子訳）『日本の技術が危ない：検証・ハイテク産業の衰退』日本経済新聞社，1994．

Friedman, Milton, "The Methodology of Positive Economics," in Milton Friedman, (Ed.), *Essays in Positive Economics*. Chicago: University of Chicago Press, 1953, pp. 3-43.

藤本隆宏「自動車産業における効果的製品開発の論理：他産業への一般化は可能か」『ビジネス・インサイト』，No. 11, 1995, pp. 8-31.

藤本隆宏『生産システムの進化論』有斐閣，1997．

Fundenberg, Drew, and Jean Tirole, *Game Theory*. Cambridge, MA: MIT Press, 1992.

Geertz, Clifford, *The Interpretation of Cultures: Selected Essays*. New York: Basic Books, 1973. （吉田禎吾・柳川啓一・中牧弘允・板橋作美訳『文化の解釈学』[Ⅰ]・[Ⅱ] 岩波現代選書，1987．）

Gelwick, Richard, *The Way of Discovery: An Introduction to the Thought of Michael Polanyi*. Oxford: Oxford University Press, 1977. （長尾史郎訳『マイケル・ポラニーの世界』多賀出版，1982．）

Giddens, Anthony, *The Constitution of Society: Outline of the Theory of Structuration*. Cambridge: Polity, 1984.

Giddens, Anthony, *New Rules of Sociological Method: A Positive Critique of Interpretative Sociology*, (2nd Edition). Oxford: Polity Press, 1993.

Glaser, Barney G., and Anselm L. Strauss, *The Discovery of Grounded Theory : Strategies for Qualitative Research*. Hawthorne, NY : Aldine de Gruyter, 1967. （後藤隆・大出春江・水野節夫訳『データ対話型理論の発見：調査からいかに理論を生み出すか』新曜社，1996.）

Gouldner, Alvin W., *Patterns of Industrial Bureaucracy*. Glencoe, IL : Free Press, 1954.

Habermas, Jürgen, *Theorie und Praxis : Sozialphilosophische Studien*. Neuwied, 1963. （細谷貞雄訳『理論と実践』未来社，1975.）

Habermas, Jürgen, *Zur Logik der Sozial Wissenschaften*. Frankfurt am Main : Suhrkamp Verlag, 1970. （清水多吉・木前利秋・波平恒男・西阪仰訳『社会科学の理論によせて』国文社，1991.）

Hannan, Michael T., and John Freeman, "The Population Ecology of Organizations," *American Journal of Sociology*. Vol. 82, No. 5, 1977, pp. 929-964.

Hannan, Michael T., and John Freeman, "Structural Inertia and Organizational Change," *American Sociological Review*. Vol. 49, April 1984, pp. 149-164.

Hart, B. H. Liddell, *Strategy*, (2nd Revised Edition). New York : Praeger, 1967.

Hayek, Friedrich A., "The Use of Knowledge in Society," *American Economic Review*. Vol. 35, No. 4, 1945, pp. 519-530. （「社会における知識の利用」，田中真晴・田中秀夫編訳『市場・知識・自由：自由主義の経済思想』ミネルヴァ書房，1986, pp. 52-76.）

Hayek, Friedrich A., "The Meaning of Competition," The Stafford Little Lecture delivered at Princeton University on May 20, 1946, in *Individualism and Economic Order*. London : Routledge & Kegan Paul, 1949, pp. 92-106. （「競争の意味」，田中真晴・田中秀夫編訳『市場・知識・自由：自由主義の経済思想』ミネルヴァ書房，1986, pp. 77-99.）

Hayek, Friedrich A., "Competition as a Discovery Procedure," in *New Studies in Philosophy, Politics, Economics and the History of Ideas*. Chicago : University of Chicago Press, 1978, pp. 179-190.

Hayek, Friedrich A., *The Counter-Revolution of Science : Studies on the Abuse of Reason*. Glencoe, IL : Free Press, 1952. （佐藤茂行訳『科学による反革命：理性の濫用』木鐸社，1979.）

Hayes, Robert H., and Steven C. Wheelwright, *Restoring Our Competitive Edge : Competing through Manufacturing*. New York : John Wiley & Sons, 1984.

日野須磨子「アメリカ合衆国の時計業界見聞記（III）」『国際時計通信』第23巻第12号，1982, pp. 447-452.

Hirschi, T., and H. C. Selvin, *Delinquency Research : An Appraisal of Analytic Methods*. New York : Free Press, 1967.

Hofer, Charles W., and Dan Schendel, *Strategy Formulation : Analytical Concepts*. St. Paul, MN : West, 1978.

Hollis, Martin, *The Philosophy of Social Science : An Introduction*. Cambridge : Cambridge University Press, 1994.

Hrebiniak, Lawrence G., and Willam F. Joyce, "Organizational Adaptation : Strategic Choice and Environmental Determinism," *Administrative Science Quarterly*. Vol. 30, 1985, pp. 336-349.

Hubbard, R. and J. S. Armstrong, "Replications and Extensions in Marketing : Rarely Published but Quite Contrary," *International Journal of Research in Marketing*. Vol. 11, No. 3, 1994, pp. 233-248.

Hyman, H. H., *Survey Design and Analysis*. Glencoe, IL : Free Press, 1955.

今井賢一・金子郁容『ネットワーク組織論』岩波書店, 1998.

Imai, Kenichi, Ikujiro Nonaka, and Hirotaka Takeuchi, "Managing the New Product Development Process : How Japanese Companies Learn and Unlearn," in Kim B. Clark, Robert H. Hayes, and Christopher Lorenz, (Eds.), *The Uneasy Alliance : Managing the Productivity-Technology Dilemma*. Boston : Harvard Business School Press, 1985, pp. 337-375.

石井淳蔵『マーケティングの神話』日本経済新聞社, 1993.

伊丹敬之『新・経営戦略の論理：見えざる資産のダイナミズム』日本経済新聞社, 1984.

伊丹敬之「見える手による競争：部品供給体制の効率性」伊丹敬之・加護野忠男・小林孝雄・榊原清則・伊藤元重『競争と革新：自動車産業の企業成長』東洋経済新報社, 1989, pp. 144-172.

伊丹敬之・伊丹研究室『逆転のダイナミズム：日米半導体産業の比較研究』NTT出版, 1998.

加護野忠男『組織認識論：企業における創造と革新の研究』千倉書房, 1988.

加護野忠男・野中郁次郎・榊原清則・奥村昭博『日米企業の経営比較：戦略的環境適応の理論』日本経済新聞社, 1983.

金井壽宏『変革型ミドルの探求：戦略・革新指向の管理者行動』白桃書房, 1991.

慶應ビジネス・スクール『株式会社　モスフードサービス』出版年不明.

小池和男編『大卒ホワイトカラーの人材開発』東洋経済新報社, 1991.

小池和男『仕事の経済学』東洋経済新報社, 1991.

Kontopoulos, Kyriakos, *The Logics of Social Structure*. Cambridge : Cambridge University Press, 1993.

Kotler, Philip, *Marketing Management : Analysis, Planning, and Control*, (4th Edition). Englewood Cliffs, NJ : Prentice-Hall, 1980. （村田昭治監修・小坂恕・疋田聰・三村優美子訳『マーケティング・マネジメント：競争戦略時代の発想と展開』プレジデント社, 1983.）

Kramer, Roderick M., "Intergroup Relations and Organizational Dilemmas: The Role of Categorization Processes," in L. L. Cummings and Barry M. Staw, (Eds.), *Research in Organizational Behavior*, Vol. 13. Greenwich, CT: JAI Press, 1991, pp. 191-228.

Kreps, David M., *Game Theory and Economic Modelling*. Oxford: Oxford University Press, 1990.

Kuhn, Thomas S., *The Structure of Scientific Revolution*. Chicago: University of Chicago Press, 1962. (中山茂訳『科学革命の構造』みすず書房, 1971.)

Kusunoki, Takeru, and Tsuyoshi Numagami, "Interfunctional Transfers of Engineers in Japan: Empirical Findings and Implications for Cross-Functional Integration," *IEEE Transactions on Engineering Management*. Vol. 45, No. 3, 1998, pp. 250-262.

Lawrence, Paul R., and Jay W. Lorsch, *Organization and Environment: Managing Differentiation and Integration*. Boston: Harvard Business School Press, 1967.

Leonard-Barton, Dorothy, "A Dual Methodology for Case Studies: Synergistic Use of a Longitudinal Single Site with Replicated Multiple Sites," *Organization Science*. Vol. 1, No. 3, 1990, pp. 248-266.

Levine, Sol, and Paul E. White, "Exchange as a Conceptual Framework for the Study of Interorganizational Relationships," *Administrative Science Quarterly*. Vol. 5, No. 3, December 1960, pp. 583-601.

Loasby, Brian J., "Hypothesis and Padadigm in the Theory of the Firm," *The Economic Journal*, Vol. 81, No. 324, 1971, pp. 863-885.

McNamee, Patrick B., *Tools and Techniques for Strategic Management*. Oxford: Pergamon, 1985.

March, James G., and Herbert A. Simon, *Organizations*. New York: John Wiley & Sons, 1958. (土屋守章訳『オーガニゼーションズ』ダイヤモンド社, 1977.)

Marsden, Richard, "The Politics of Organizational Analysis," *Organization Studies*. Vol. 14, No. 1, 1993, pp. 93-124.

Marx, Karl, (手島正毅訳)『資本主義的生産に先行する諸形態』国民文庫, 1963.

Merton, Robert K., "The Unanticipated Consequences of Purposive Social Action," *American Sociological Review*. Vol. 1, 1936, pp. 894-904.

Merton, Robert K., *Social Theory and Social Structure*. New York: Free Press, 1949.

Miles, Matthew B., and A. Michael Huberman, *Qualitative Data Analysis: An Expanded Sourcebook*, (2nd Edition). Thousand Oaks, CA: Sage, 1994.

Miles, Raymond E., and Charles C. Snow, *Organizational Strategy, Structure, and Process*. New York: McGraw-Hill, 1978.

Miles, Raymond E., and Charles C. Snow, and Jeffrey Pfeffer, "Organization-Environment: Concepts and Issues," *Industrial Relations*. Vol. 13, October 1974, pp. 244-264.

Mintzberg, Henry, *The Rise and Fall of Strategic Planning*. New York: Prentice-Hall, 1994.

Mintzberg, Henry, and James Brian Quinn, *The Strategy Process: Concepts, Contexts, Cases*, (2nd Edition). Englewood Cliffs, NJ: Prentice-Hall, 1991.

三戸公『随伴的結果：管理の革命』文眞堂，1995.

Morgan, Gareth, (Ed.), *Beyond Method: Strategies for Social Research*. Newbury Park, CA: Sage, 1983.

Mowery, David C., "The U. S. National Innovation System: Origins and Prospects for Change," *Research Policy*. Vol. 21, 1992, pp. 125-144.

『日経エレクトロニクス』「台頭する液晶ディスプレイ：マトリックス型の研究が進む」，1972年5月8日，pp. 32-43.

『日経産業新聞』「液晶　急速に価格低下」，1977年5月13日，p. 2.

野中郁次郎『組織と市場：組織の環境適合理論』千倉書房，1974.

野中郁次郎『企業進化論』日本経済新聞社，1985.

野中郁次郎『知識創造の経営：日本企業のエピステモロジー』日本経済新聞社，1990.

沼上　幹「液晶ディスプレイ産業の日米比較：進化の場生成と進化の経済性」『ビジネス　レビュー』第39巻第1号，1991，pp. 33-60.

沼上　幹「柔軟性の罠：フレキシブルな競争システムが技術転換のタイミングに及ぼす遅延効果について」『ビジネス　レビュー』第41巻第2号，1993，pp. 30-48.

沼上　幹「第2部第4章　卒業式を自由な人生の葬式だと思っている学生諸君へ」（金井壽宏・米倉誠一郎・沼上幹編『創造するミドル』有斐閣，1994，pp. 238-329.）

沼上　幹「個別事例研究の妥当性について」『ビジネス　レビュー』第42巻第3号，1995a, pp. 50-70.

沼上　幹「間接経営戦略への招待」『ビジネス　インサイト』第11巻，1995b, pp. 32-45.

沼上　幹「経営学におけるマクロ現象法則確立の可能性」『組織科学』第28巻第3号，1995c, pp. 85-99.

沼上　幹「第8章　固定的な産業システムのもつ技術転換への適応力」（企業行動研究グループ編『日本企業の適応力』日本経済新聞社，1995d, pp.

241-276.)

Numagami, Tsuyoshi, "Flexibility Trap: A Case Analysis of U. S. and Japanese Technological Choice in the Digital Watch Industry," *Research Policy*. Vol. 25, 1996, pp. 133-162.

沼上 幹「行為のシステムとしての環境と変数のシステムとしての環境:経営学における意図せざる結果の探究に向かって」『一橋論叢』第117巻第8号, 1997, pp. 52-72.

Numagami, Tsuyoshi, "The Infeasibility of Invariant Laws in Management Studies: A Reflective Dialogue in Defense of Case Studies," *Organization Science*. Vol. 9, No. 1, 1998, pp. 2-15.

沼上 幹『液晶ディスプレイの技術革新史:行為連鎖システムとしての技術』白桃書房, 1999.

Pennings, Johannes M., "The Relevance of Structural-Contingency Model for Organizational Effectiveness," *Administrative Science Quarterly*. Vol. 20, September 1975, pp. 393-410.

Pennings, Johannes M., "Structural Contingency Theory: A Reappraisal," in B. M. Staw and L. L. Cummings, (Eds.), *Research in Organizational Behavior: An Annual Series of Analytical Essays and Critical Reviews*, Vol. 14. Greenwich, CT: JAI Press, 1992, pp. 267-309.

Pettigrew, Andrew M., "Longitudinal Field Research on Change: Theory and Practice," *Organization Science*. Vol. 1, No. 3, 1990, pp. 267-292.

Pettigrew, Andrew M., "The Character and Significance of Strategy Process Research," *Strategic Management Journal*. Vol. 13, 1992, pp. 5-16.

Pfeffer, Jeffrey, "Barriers to the Advance of Organizational Science: Paradigm Development as a Dependent Variable," *Academy of Management Review*. Vol. 18, No. 4, 1993, pp. 599-620.

Polanyi, Michael, *The Tacit Dimension*. London: Routledge & Kegan Paul, 1966. (佐藤敬三訳『暗黙知の次元:言語から非言語へ』紀伊國屋書店, 1980.)

Pondy, Louis R., and Ian I. Mitroff, "Beyond Open System Models of Organization," in B. M. Staw, (Ed.), *Research in Organizational Behavior*, Vol. 1. Greenwich, CT: JAI Press, 1979, pp. 3-39.

Popper, Karl R., *The Logic of Scientific Discovery*. London: Hutchinson, 1959. (大内義一・森博訳『科学的発見の論理』(上・下) 恒星社厚生閣, 1971.)

Porter, Michael E., *Competitive Strategy*. New York: Free Press, 1980. (土岐坤・中辻萬治・服部照夫訳『競争の戦略』ダイヤモンド社, 1982).

Pugh, D. S., D. J. Hickson, C. R. Hinings, and C. Turner, "The Context of Organization Structures," *Administrative Science Quarterly*. Vol. 14, No.

1, March 1969, pp. 91-114.

Ragin, Charles C., *Comparative Method : Moving beyond Qualitative and Quantitative Strategies*. Berkeley, CA : University of California Press, 1990. (鹿又伸夫・高瀬武典・長谷川計二・野宮大志郎『社会科学における比較研究』ミネルヴァ書房, 1993.)

Riedl, Rupert, "The Consequences of Causal Thinking," in P. Watzlawick, (Ed.), *The Invented Reality : How Do We Know What We Believe We Know ? (Contributions to Costructivism)*. New York : Norton & Company, 1984, pp. 69-94.

リエボ, ガストン,「水晶ウォッチの現状, 推移および予測についての報告」『HIC』第21巻第2号, 1980, pp. 44-49.

榊原清則『企業ドメインの戦略論:構想の大きな会社とは』中公新書, 1992.

榊原清則『日本企業の研究開発マネジメント:"組織内同形化"とその超克』千倉書房, 1995.

佐藤郁哉『暴走族のエスノグラフィー』新曜社, 1984.

佐藤郁哉『フィールドワーク:書を持って街へ出よう』新曜社, 1992.

Sayer, Andrew, *Method in Social Science : A Realist Approach*, (2nd Edition). London : Routledge, 1992.

Schön, Donald A., *The Reflective Practitioner : How Professionals Think in Action*. New York : Basic Books, 1983.

Schoonhoven, Claudia Bird, "Problems with Contingency Theory : Testing Assumptions Hidden within the Language of Contingency 'Theory'," *Administrative Science Quarterly*. Vol. 26, 1981, pp. 349-377.

Scott, W. Richard, "Organizational Structure," *Annual Review of Sociology*. Vol. 1, 1975, pp. 1-20.

Scott, W. Richard, *Organizations : Rational, Natural, and Open Systems*, (3rd Edition). Englewood Cliffs, NJ : Prentice-Hall, 1992a.

Scott, W. Richard, "The Organization of Environments : Network, Cultural, and Historical Elements," in John W. Meyer, and W. Richard Scott, (Eds.), *Organizational Environments : Ritual and Rationality*, (Updated Edition). Newbury Park, CA : Sage, 1992b, pp. 155-175.

Selznick, Philip, *TVA and the Grass Roots*. Berkeley, CA : University of California Press, 1949.

Selznick, Philip, *Leadership in Administration*. New York : Harper and Row, 1957.

嶋口充輝『統合マーケティング』日本経済新聞社, 1986.

嶋口充輝・石井淳蔵『現代マーケティング』有斐閣Sシリーズ, 1987.

Shintaku, Junjiro and Kotaro Kuwada, "Reorganizing Mature Industry through

Technological Innovation : De-maturity in Watchmaking Industry," *Gakushuin Economic Papers*. Vol. 26, No. 2, November 1989, pp. 119-135.

Silverman, David, *The Theory of Organizations : A Sociological Framework*. New York : Basic Books, 1970 (first American Edition, 1971).

Simon, Herbert A., *Administrative Behavior : A Study of Decision-Making Processes in Administrative Organization*, (3rd Edition). New York : Free Press, 1976. （松田武彦・高柳暁・二村敏子訳『経営行動：経営組織における意思決定プロセスの研究』ダイヤモンド社，1992.）

Singleton, Royce A., Jr., Bruce C. Straits, and Margaret M. Straits, *Approaches to Social Research*, (2nd Edition). New York : Oxford University Press, 1993.

Sjoberg, Gideon, Norma Williams, Ted R. Vaughan, and Andrée F. Sjoberg, "The Case Study Approach in Social Research : Basic Methodological Issues," in Joe R. Feagin, Anthony M. Orum, and Gideon Sjoberg, (Eds.), *A Case for the Case Study*. Chapel Hill, NC : University of North Carolina Press, 1991, pp. 27-79.

Starbuck, William H., "Organizations and Their Environment," in Marvin D. Dunnette, (Ed.), *Handbook of Industrial and Organizational Psychology*. Chicago : Rand McNally, 1976, pp. 1069-1123.

Stinchcombe, Arthur L., *Constructing Social Theories*. Chicago : University of Chicago Press, 1968.

Sutton, Robert I., and Barry M. Staw, "What Theory is Not," *Administrative Science Quarterly*. Vol. 40, 1995, pp. 371-384.

Sztompka, Piotr, *Society in Action : The Theory of Social Becoming*. Cambridge : Polity, 1991.

田島壮幸『企業論としての経営学』税務経理協会，1984.

Takeishi, Akira, *Strategic Management of Outsourcing : Managing Supplier Involvement across and within the Boundary in Automobile Product Development*, MIT Ph. D dissertation, October 1997.

竹内弘高・榊原清則・加護野忠男・奥村昭博・野中郁次郎『企業の自己革新』中央公論社，1986.

Thompson, James D., "On Building an Administrative Science," *Administrative Science Quarterly*, Vol. 1, 1956, pp. 102-111.

Thompson, James D., *Organization in Action : Social Science Bases of Administrative Theory*. New York : McGraw-Hill, 1967.

Thompson, James D., and William J. McEwen, "Organizational Goals and Environment : Goal-Setting as an Interaction Process," *American Sociological Review*. Vol. 23, No. 1, February 1958, pp. 23-31.

Tosi, Anthony M., "On the Measurement of the Environment : An Assesment of the Lawrence and Lorsch Environmental Uncertainty Scale," *Administrative Science Quarterly*. Vol. 18, 1973, pp. 27-36.

Tsoukas, Haridimos, "The Validity of Idiographic Research Explanations," *Academy of Management Review*. Vol. 14, No. 4, 1989, pp. 551-561.

Tsoukas, Haridimos, "Introduction : From Social Engineering to Reflective Action in Organizational Behaviour," in Haridimos Tsoukas, (Ed.), *New Thinking in Administrative Behaviour*. Oxford : Butterworth-Heinemann, 1994, pp. 1-22.

津田眞澂『日本的経営の論理』中央経済社, 1977.

津田眞澂『現代経営と共同生活体：日本的経営の理論のために』同文舘, 1981.

Van Maanen, John, "Style as Theory," *Organization Science*, Vol. 6, No. 1, 1995, pp. 133-143.

Von Krogh, Georg, and Johan Roos, *Organizational Epistemology*. London : Macmillan, 1995.

Von Foerster, Heinz, "Principles of Self-Organization : In a Socio-Managerial Context," in H. Ulrich and G. J. B. Probst, (Eds.), *Self-Organization and Management of Social Systems : Insights, Promises, Doubts, and Questions*. Berlin : Springer-Verlag, 1984, pp. 2-24.

Von Glasersfeld, Ernst, "An Introduction to Radical Constructivism," in P. Watzlawick, (Ed.), *The Invented Reality : How Do We Know What We Believe We Know ? (Contributions to Costructivism)*. New York : Norton & Company, 1984, pp. 17-40.

Wack, Pierre, "Scenarios : Uncharted Waters Ahead," *Harvard Business Review*. September-October, 1985a, pp. 73-89.

Wack, Pierre, "Scenarios : Shooting the Rapids," *Harvard Business Review*. November-December, 1985b, pp. 139-150.

Wallace, Walter L., "Toward a Disciplinary Matrix in Sociology," in N. J. Smelser, (Ed.), *Handbook of Sociology*. Newbury Park, CA : Sage, 1988, pp. 23-76

Watzlawick, Paul, "Self-fulfilling Prophecies," in P. Watzlawick, (Ed.), *The Invented Reality : How Do We Know What We Believe We Know ? (Contributions to Costructivism)*. New York : Norton & Company, 1984, pp. 95-116.

Weber, Max, "Critical Studies in the Logic of the Cultural Sciences," in E. A. Shils and H. A. Finch, (Trans. and Eds.), *The Methodology of the Social Sciences*. New York : Free Press, 1949. （森岡弘通訳「文化科学の論理学の領域における批判的研究」『歴史は科学か』みすず書房, 1965年所収.）

Weber, Max, "The Nature of Social Action," in W. G. Runciman, (Ed.), and E. Matthews, (Trans.), *Max Weber : Selections in Translation*. Cambridge : Cambridge University Press. 1978.

Weick, Karl E., *The Social Psychology of Organizing*. Reading, MA : Addison-Wesley, 1969. (金児暁嗣訳『組織化の心理学』誠信書房, 1980.)

Weick, Karl E., *The Social Psychology of Organizing*, (2nd Edition). New York : Random House, 1979a. (遠田雄志訳『組織化の社会心理学』〔原書第2版〕文眞堂, 1998.)

Weick, Karl E., "Cognitive Processes in Organizations," in B. M. Staw, (Ed.), *Research in Organizational Behavior*, Vol. 1. Greenwich, CT : JAI Press, 1979b, pp. 41-74.

Weick, Karl E., "What Theory Is Not, Theorizing Is," *Administrative Science Quarterly*. Vol. 40, 1995, pp. 385-390.

Whittington, Richard, "Environmental Structure and Theories of Strategic Choice," *Journal of Management Studies*. Vol. 25, No. 6, 1988, pp. 521-536.

Whittington, Richard, "Putting Giddens into Action : Social Systems and Managerial Agency," *Journal of Management Studies*. Vol. 29, No. 6, 1992, pp. 693-712.

Whittington, Richard, *Corporate Strategies in Recession and Recovery : Social Structure and Strategic Choice*. London : Unwin Hyman, 1989.

Whittington, Richard, *What is Strategy : and Does It Matter ?* London : Routledge, 1993.

Winch, Peter, *The Idea of a Social Science : And Its Relation to Philosophy*, (2nd Edition). London : Routledge, 1990.

Wonnacott, Ronald J., and Thomas H. Wonnacott, *Econometrics*. New York : John Wiley & Sons, 1970. (国府田恒夫・田中一盛訳『計量経済学序説』培風館, 1975.)

Wren, Daniel A., *The Evolution of Management Thought*, (4th Edition). New York : John Wiley & Sons, 1994.

山崎淑夫「時計表示」佐々木昭夫編『液晶エレクトロニクスの基礎と応用』オーム社, 1979, pp. 103-120.

安田三郎・海野道郎『社会統計学　改訂第2版』丸善, 1977.

Yin, Robert K., *Case Study Research : Design and Methods*. Beverly Hills, CA : Sage, 1984.

吉原英樹『戦略的企業革新』東洋経済新報社, 1986.

吉原英樹・佐久間昭光・伊丹敬之・加護野忠男『日本企業の多角化戦略』日本経済新聞社, 1981.

吉川弘之監修・JCIP 編『メイド・イン・ジャパン：日本製造業変革への指針』ダイヤモンド社, 1994.

Zald, M. N., "Organization Studies as a Scientific and Humanistic Enterprise : Toward a Reconceptualization of the Foundations of the Field," *Organization Science*. Vol. 4, No. 4, 1993, pp. 513-528.

Zucker, Lynne G., "Introduction : Institutional Theories of Organization : Conceptual Development and Research Agenda," in L. G. Zucker, (Ed.), *Institutional Patterns and Organizations : Culture and Environment*. Cambridge, Mass.: 1988, pp. xiii-xix.

# 事項索引

**ア行**

アストン研究　43
厚い記述　146
イギリス経験論　80
意識　116
意図　86, 116
意図せざる結果　20-22, 29, 140, 232
意図の上での合理性　182
意図をもった行為主体　29
因果帰属　232
因果テクスチャー　30, 33, 37
因果の矢印　6
陰謀説　138
ウェーバー主義パラダイム　141
液晶ディスプレイ　150

**カ行**

解釈学的アプローチ　86, 220
解釈学的研究　19
解釈-合成　134, 137-138, 155, 162
解釈社会学的研究　19
開放システム　70
開放システム・モデル　68
カヴァー法則　78
カヴァー法則モデル　78-82, 86, 93, 98-99, 128, 153-155, 219-220
カシオ計算機の電卓競争　194
環境　22
環境記述様式　27
環境メカニズムの論理　211
還元主義　80
間接経営戦略　186, 195
間接性　195, 199-200
間接的アプローチ　188-189
企業行動　102
技術転換のタイミング　152
規則性　251-252
基本設計期　103

業界の構造分析　47
共感　140
共有地の悲劇　145
虚構のシステム　226
クロックワーク　69
経営資源の論理　208
経営戦略論　46
計画のグレシャムの法則　233
経験主義　78
経験的な規則性　125
決定論的社会観　239
言説　226
行為システム観　217, 223, 225
行為システム観に立った経営学　248
行為システム記述　29, 218
行為の経営学　217, 225, 246
行為のシステム　27
構造機能主義的研究　19
固定的な取引システム　152, 159, 161
合成　145
構成概念　28
構造化理論　229
合理主義　78
合理性の制約　228
個別事例研究　220
コンティンジェンシー理論　38, 109
コンテクスト変数　43
コントロール・システム　69, 72-73, 93, 94, 218, 220

**サ行**

些末化　238
産業進化モデル　103
産業の基礎的諸条件　102
サンプル・サーベイ調査　220
参与観察法　144
時間圧縮　241-248
自己言及　75, 231
自己再生産するシステム　71, 75

自己成就的予言　83
自己組織化　75
自己破壊的な予言　116
市場構造　102
市場行動　102
市場成果　103
事象の規則性　82, 86
システム観　67
実行理論　77, 87, 229
実在　226, 237
実践的意識　195-196, 230
実践的に役に立つ経営学　90-91, 120, 220, 232
シナジー効果　145
シナリオ分析　49
支配均衡　109
支配された戦略　110
社会的トラップ　200, 235-236
社会的分業　139
重回帰分析　3
集計　140
囚人のジレンマ・ゲーム　112
柔軟性　149-156
柔軟性の罠　149, 180
柔軟な取引システム　152, 159-161
主観主義　12, 58
主体性　11, 142, 229
順序的相互依存　145
常識　250-252
象徴処理システム　71
焦点組織　30
情報処理　231
ジョンソン＆ジョンソンの歯ブラシ・リーチ　192
事例研究　63-64
シングル・ループ学習　231
信念　116
筋の通った対話　187
全体主義　146
戦略的選択　58
戦略のプロセス学派　52
相互依存関係　29, 145
相互作用的相互依存　145
相乗効果　145
組織慣性の論理　210

存在論　66
存在論的仮定　67, 76, 93

**タ行**

大規模な技術変化への適応力　152
第2次学習　231
大陸合理主義　80
対話不可能状態　1-2, 19
脱些末化　239
タテマエの理論　12, 77, 87
多頭システム　71
ダブル・ループ学習　231
チキン・ゲーム　114
知識　132
知識生成環境の論理　210
知識創造　231
チャーター　43
調整ゲーム　118
通常期　103
DSM（動的散乱モード）　162
適応的モデル　230
統計的な一般化　80
特定的な状態　103
取引システムの柔軟性　152

**ナ行**

内的イメージをもつシステム　71
ナッシュ均衡　110
二重の解釈学　110-112, 128
日常的なカヴァー法則　251
認識論　66
認識論的仮定　67, 78, 93

**ハ行**

発光ダイオード　156
パワー（権力）　132
反省作用　228
反省的意識　195-196, 230
反省的行為者　223
反省的思考法　253-254
反省的実践家　223, 225, 227-233
反省的対話　232-233
反省能力　100
比較研究　63
標本数　4

比量的意識　230
不変のカヴァー法則　101
不変の法則　79, 101, 220
ブラックボックス　135
フレームワーク　69
プロセス学派　52
変数システム観　217, 223
変数システム記述　28, 218
変数のシステム　3, 7, 27, 38
法則定立的アプローチ　78, 220
法則定立的研究　19
方法論的全体主義　80

**マ行**

マルクスの発展段階論　103
メカニズム解明モデル　78-81, 84, 86, 98-99, 128, 219-220
メカニズムの解明　78
メカニズムの解明努力　100, 137, 155
ミシュランの3つ星システム　192
モスフードサービス　200-207

**ヤ行**

要素還元主義　146
予測　237
予測確率　5
読み　115, 117, 254
読みの解釈　143

**ラ行**

流動的な状態　103
了解　83, 117
了解的方法　86

# 人名索引

## ア行

アギラー，F. 53
浅沼萬里 151
アストレー&ヴァンドヴェン 59
アストレー&ザムート 89
石井淳蔵 13-19
伊丹敬之 151
ウィッティングトン，R. 60
ウェーバー，M. 64, 84
ウォーラス，W.L. 88
エメリー&トリスト 31-38, 57
エルスター，J. 22, 60, 111
オールドリッジ&マースデン 22, 52

## カ行

加護野忠男 13
ギデンズ，A. 22, 59, 60
グールドナー，A. 21
クーン，T. 68

## サ行

シューンホーフェン，C. 56
ショーン，D. 229
シルヴァーマン，D. 89
シングルトン，R. 81
スコット，R. 52, 64-66
スターバック，W. 22
スペンサー，H. 139
セルズニック，P. 21

## タ行

ダウニー，H.K. 55
ダンカン，R. 38, 39-43
チャイルド，J. 58
ディル，W.R. 54
デュービン，R. 92
デュルケム，E. 84, 139
トシ，A.M. 55

## ハ行

ドナルドソン，L. 89
ドレイジン&ヴァンドヴェン 59
トンプソン，J.D. 70, 89, 91
トンプソン&マクエヴァン 53

### ハ行

ハーバマース，J. 227
バーンズ&ストーカー 53
ハイニングス，C.R. 43-46
ヒクソン，D.J. 43-46
ピュー，D.S. 38, 43-46
ブードン，R. 22, 111, 141-143, 145
藤本隆宏 7-12
プフェッファー，J. 88
ブラウ，P. 21
フリードマン，M. 237
フレビニアク&ジョイス 59
ベイトソン，G. 245
ペニングス，J.M. 55
ベルタランフィ，L.v. 31
ポーター，M. 47-49
ボールディング，K.E. 68
ポッパー，K. 89
ホッブズ，T. 227
ポランニ，M. 253
ポンディ&ミトロフ 67-78

### マ行

マーチ&サイモン 53
マートン，R.K. 21, 52, 83
マイルズ，R.E. 59
三戸公 21

### ラ行

ラザースフェルド，P. 65
リデル・ハート，B.H. 189
レヴィン&ホワイト 53
ローレンス&ローシュ 55

**ワ行**

ワイック, K. 17, 56

ワック, P. 49

■著者略歴

## 沼上 幹〔ぬまがみ つよし〕

一橋大学博士（商学）

| | |
|---|---|
| 1960年 | 静岡県三島市生まれ |
| 1983年 | 一橋大学社会学部卒業 |
| 1985年 | 一橋大学大学院商学研究科修士課程修了 |
| 1988年 | 成城大学経済学部専任講師 |
| 1991年 | 一橋大学商学部附属産業経営研究所専任講師 |
| 1992年 | 同助教授 |
| 1997年 | 一橋大学商学部へ配置換え |
| 2000年 | 一橋大学大学院商学研究科教授 |
| 2011年 | 一橋大学大学院商学研究科・研究科長・商学部長 |
| 2014年 | 国立大学法人一橋大学・理事・副学長（教育・学生・大学経営戦略担当） |
| 2018年 | 一橋大学大学院経営管理研究科教授 |
| 2021年 | 紫綬褒章受章 |
| 2023年 | 一橋大学名誉教授・早稲田大学ビジネス・ファイナンス研究センター研究院教授　現在に至る |

主要業績

"Infeasibility of Establishing Invariant Laws in Management Studies," *Organization Science,* Vol. 9, No. 1, January-February, 1998, pp. 1-15.

"Flexibility Trap: A Case Analysis of U.S. and Japanese Technological Choice in the Digital Watch Industry," *Research Policy,* Vol. 25, 1996, pp. 133-162.

『液晶ディスプレイの技術革新史－行為連鎖システムとしての技術－』白桃書房，1999．（第43回日経経済図書文化賞・第40回エコノミスト賞・2000年度組織学会高宮賞受賞）

『組織戦略の考え方－企業経営の健全性のために－』筑摩書房，2003．

『組織デザイン』日本経済新聞社，2004．

『わかりやすいマーケティング戦略 新版』有斐閣，2008．

『経営戦略の思考法』日本経済新聞出版社，2009．

『ゼロからの経営戦略』ミネルヴァ書房，2016．

『小倉昌男：成長と進化を続けた論理的ストラテジスト』PHP研究所，2018（第13回企業家研究フォーラム賞（著書の部）(2019年)）

『事業創造のダイナミクス』白桃書房，1989．（榊原清則・大滝精一との共著）

『一橋大学ビジネススクール　知的武装講座』プレジデント社，2002．（共著）

『ビジネススクール流　知的武装講座PartIII』プレジデント社，2006．（共著）

『戦略とイノベーション』リーディングス日本の企業システム，有斐閣，2005．（伊丹敬之ほかとの共編）

『組織の〈重さ〉－日本的企業組織の再点検－』日本経済新聞出版社，2007．（共著）

『企業戦略白書Ⅷ 日本企業の戦略分析』東洋経済新報社，2009．（共著）

*Dynamics of Knowledge, Corporate Systems and Innovation,* Berlin: Springer-Verlag, March 2010. (Co-edited with Itami, Hiroyuki, Ken Kusunoki, and Akira Takeishi)

『現代の経営理論』有斐閣，2008年11月．（伊藤秀史・田中一弘・軽部大との共編著）

■ 行為の経営学
　　ーー経営学における意図せざる結果の探究ーー　　　　　　〈検印省略〉

■ 発行日──2000年3月6日　　初版第1刷発行
　　　　　　2024年1月6日　　　　第9刷発行

■ 著　者──沼上　幹（ぬまがみ　つよし）

■ 発行者──大矢栄一郎

■ 発行所──株式会社　白桃書房（はくとうしょぼう）
　　　　　　〒101-0021　東京都千代田区外神田5-1-15
　　　　　　☎03-3836-4781　📠03-3836-9370　振替00100-4-20192
　　　　　　https://www.hakutou.co.jp/

■ 印刷・製本──藤原印刷
　　　© Tsuyoshi Numagami 2000 Printed in Japan　ISBN978-4-561-15126-5　C3034

本書のコピー，スキャン，デジタル化等の無断複製は著作権法上での例外を除き禁じられています。本書を代行業者等の第三者に依頼してスキャンやデジタル化することは，たとえ個人や家庭内の利用であっても著作権法上認められておりません。

**JCOPY** 〈出版者著作権管理機構　委託出版物〉
本書の無断複写は著作権法上での例外を除き禁じられています。複製される場合は，そのつど事前に，出版者著作権管理機構（電話 03-5244-5088，FAX 03-5244-5089，e-mail:info@jcopy.or.jp）の許諾を得てください。
落丁本・乱丁本はおとりかえいたします。

# 好 評 書

沼上幹 著
## 液晶ディスプレイの技術革新史【オンデマンド版】
―行為連鎖システムとしての技術　　　　　　　　　　　本体価格 10,000 円

加藤俊彦・佐々木将人 編著
## 「行為の経営学」の新展開
―因果メカニズムの解明がひらく研究の可能性　　　　　本体価格 2,727 円

加藤俊彦 著
## 技術システムの構造と革新
―方法論的視座に基づく経営学の探究　　　　　　　　　本体価格 4,400 円

古瀬公博 著
## 贈与と売買の混在する交換
―中小企業 M&A における経営者の葛藤とその解消プロセス　本体価格 4,600 円

兒玉公一郎 著
## 業界革新のダイナミズム
―デジタル化と写真ビジネスの変革　　　　　　　　　　本体価格 6,100 円

組織学会 編
## 組織論レビュー
―Ⅰ 組織とスタッフのダイナミズム
―Ⅱ 外部環境と経営組織
―Ⅲ 組織の中の個人と集団
―Ⅳ マクロ組織と環境のダイナミクス　　　　　　　　本体価格 各 3,000 円

---

東京　**白桃書房**　神田

本広告の価格は本体価格です。別途消費税（10%）がかかります。